汽车专业“十四五”精品教材

新能源汽车结构与原理

（微课版）

主　编　马亚亚　周　健　曲　彬

副主编　罗富娟　蔡丽娟　韩宇洪　蔡佳丽

哈尔滨工程大学出版社
Harbin Engineering University Press

内容简介

为贯彻落实二十大精神，推动战略性新兴产业融合集群发展，构建新一代新能源增长引擎，本书依照国家标准编写，力求突出新能源汽车技术。本书共分八个项目，主要包括新能源汽车的认知、新能源汽车的安全操作、动力电池及管理系统、驱动电机及控制器的结构与检测、辅助电气系统、纯电动汽车的结构原理、混合动力汽车的结构原理、其他新能源汽车简介。

本书既可作为应用型本科、职业院校汽车专业的通用教材，也可作为汽车修理厂、汽车运输部门的工人和技术人员的参考用书。

图书在版编目（CIP）数据

新能源汽车结构与原理 ： 微课版 / 马亚亚，周健，曲彬主编. —哈尔滨 ： 哈尔滨工程大学出版社，2023.8

ISBN 978-7-5661-4121-7

I. ①新… II. ①马… ②周… ③曲… III. ①新能源—汽车 IV. ①U469.7

中国国家版本馆 CIP 数据核字（2023）第 164072 号

新能源汽车结构与原理（微课版）

XINNENGYUAN QICHE JIEGOU YU YUANLI（WEIKE BAN）

责任编辑 吴振雷

封面设计 赵俊红

出版发行 哈尔滨工程大学出版社

社　　址 哈尔滨市南岗区南通大街 145 号

邮政编码 150001

发行电话 0451-82519328

传　　真 0451-82519699

经　　销 新华书店

印　　刷 唐山唐文印刷有限公司

开　　本 889 mm×1 194 mm　1/16

印　　张 12.5

字　　数 360 千字

版　　次 2023 年 8 月第 1 版

印　　次 2023 年 8 月第 1 次印刷

定　　价 49.80 元

http://www.hrbeupress.com

E-mail:heupress@hrbeu.edu.cn

前　言

面对全球范围内日益严峻的能源形势和环保压力，我国在“中国制造 2025”和“十四五”等一系列规划中，将新能源汽车列为战略新兴产业，并对新能源汽车的研发、生产、购买、充电设施等上下游相关产业，给予了强有力的政策扶持。

二十大报告指出，积极稳妥推进碳达峰碳中和。立足我国能源资源禀赋，坚持先立后破，有计划分步骤实施碳达峰行动。深入推进能源革命，加强煤炭清洁高效利用，加快规划建设新型能源体系，积极参与应对气候变化全球治理。为此，发展新能源汽车技术已成必然趋势。

汽车的消费提高了人们的生活质量，方便了人们的出行，但也带来了对石油的大量消耗和依赖性，甚至出现了能源危机，同时汽车尾气也造成了空气污染，成为产生雾霾的主要因素之一。为此，全世界都在应对石油短缺、环境污染和气候变暖的共同挑战，也纷纷出台了相关的措施以节能减排。在汽车领域，各国提高汽车节能技术和汽车尾气排放标准，加快培育和发展节能汽车与新能源汽车，这既是有效缓解能源和环境压力、推动汽车产业可持续发展的紧迫任务，也是加快汽车产业转型升级、培育新的经济增长点和国际竞争优势的战略举措。

本书依照国家标准，力求突出新能源汽车技术。书中内容翔实，图文并茂，注重实例介绍，可读性强。本书共分八个项目，主要包括新能源汽车的认知、新能源汽车的安全操作、动力电池及管理系统、驱动电机及控制器的结构与检测、辅助电气系统、纯电动汽车的结构原理、混合动力汽车的结构原理、其他新能源汽车简介。

本书由重庆电讯职业学院的马亚亚、周健、曲彬担任主编，由重庆电讯职业学院的罗富娟、蔡丽娟、韩宇洪、蔡佳丽担任副主编。本书的相关资料和售后服务可扫描封底微信二维码或登录 www.bjzzwh.com 下载获得。

在编写过程中，编者引用了大量原厂手册及文献资料，在此向原作者们表示衷心的感谢！由于新能源汽车领域的技术日新月异，同时编者的知识和能力也存在不足，书中难免存在疏漏之处，请读者及时反馈，以便以后修订。

编　者

目 录 CONTENTS

项目一

新能源汽车的认知

学习目标

知识目标

◆了解新能源汽车的概念与分类。

◆了解纯电动汽车。

◆了解混合动力汽车。

◆了解燃料电池电动汽车。

能力目标

◆能够简述新能源汽车的发展历史。

◆明确当前各国新能源汽车的发展状况。

素质目标

◆要善于应变、善于预测、处事果断，能依据实际情况进行决策。

◆坚定技能成才、技能报国的理想信念。

思政目标

具备服务意识和团队合作精神，树立正确的世界观、人生观、价值观。

项目引入

当前，石油资源日益匮乏，发展新能源汽车成为世界各国战略发展的重要方向。相较于传统燃油汽车，新能源汽车能够有效减少汽车排放的废气问题，也能够有效解决汽车能源消耗问题，因此发展新能源汽车势在必行。

任务工单

【任务实施】

1. 学生分组进行资料的搜集整理，并对搜集到的资料进行讨论。

问题 1：新能源汽车的定义？

问题 2：新能源汽车的未来发展如何？

2. 按照实际操作过程，将操作内容及实施过程中遇到的问题或解决方法记录在表 1-1 中。

表 1-1　任务实施过程记录表

序号	操作内容	遇到的问题	解决方法
1			
2			
3			
4			

【任务评价】

学生展示任务实施的成果，并协同老师完成表 1-2 所示的任务评价表。

表 1-2　任务评价表

评价项目	评价内容	分值 / 分	评价分值 / 分		
			自评	互评	师评
职业素养考核项目	考勤、仪容仪表	10			
	团队交流与合作意识	10			
	创新意识、纪律意识	10			
专业能力考核项目	积极参与教学活动并正确理解任务要求	10			
	认真搜集并积极讨论相关资料	10			
	任务实施过程记录表的完成度	10			
	对新能源汽车的了解程度	20			
	对新能源汽车未来发展的了解程度	20			
合计：综合分数____________		100			
综合评价：					
备注：					

任务一　新能源汽车的发展

一、新能源汽车的起源

新能源汽车发展史

19 世纪，美国人托马斯制造出第一辆用直流电机驱动的电动车。1899 年 5 月，世界首辆车速超过 100 km/h 的电动汽车“La Jamais Contente”（“永不满足”号）的出现，标志着电动汽车进入商业化阶段。英国、法国和美国先后涌现了一批著名的电动汽车制造公司，如最早的电动汽车制造厂 Morris 和 Salom 拥有的电动客车和货车公司。1830—1900 年，在匈牙利、美国、荷兰、英国、法国、奥地利和德国，都有人制造出电动汽车。到 1912 年，美国约有 34 000 辆注册的电动汽车，几乎涵盖了各种车型。这一时期也成为早期电动汽车发展的黄金时期。

从燃油发动机的出现，到燃油发动机大规模进入汽车市场，电动汽车的发展遭遇了巨大的挑战。福特公司大规模生产工艺的进步，使燃油汽车价格降低，更加速了电动汽车的消失。因此在 20 世纪 30 年代至 20 世纪 60 年代，电动汽车步入冬眠期。

20 世纪 70 年代初，蔓延全球的中东石油危机的爆发让燃油发动机市场受到冲击，从而使电动汽车重新进入各大厂家的视线，欧洲、亚洲的多个国家投入了大量的人力、物力重新致力于电动汽车的开发和研究。美国三大汽车制造商通用、福特和克莱斯勒都开发了相应的电动汽车。1991 年 12 月，宝马公司在法兰克福车展上推出 E1 电动汽车，电动汽车的“春天”又一次来到。

二、新能源汽车的复苏

从 20 世纪 90 年代开始，在能源和环境的双重压力下，对电动汽车的研究开发再次进入活跃期。这一时期，世界各大汽车制造商纷纷推出了各自的电动汽车，美国的通用、福特等汽车公司在电动汽车的发展中起着非常重要的作用。在日本，几乎所有的汽车生产商，如丰田、日产、马自达、三菱、铃木、大发、五十菱等，都制定了各自的商业化电动汽车发展规划。欧洲的许多国家，尤其是法国、德国、意大利和英国都纷纷进入电动汽车市场，其中活跃的汽车公司有雪铁龙、雷诺、宝马、奔驰、奥迪、大众、菲亚特等。

日产公司于 1947 年发布了其研发的第一款电动汽车，在此之后，相继发布了多款电动汽车。而“聆风”（Leaf）作为日产公司推行的电动汽车专项产品，于 2010 年在美国和日本同步上市。该车在锂离子动力电池的支持下，一次充电可行驶 160 km。

除了日本的汽车制造商在研发和销售电动汽车之外，美国各大汽车制造商也纷纷推出了各自品牌的电动汽车。美国通用汽车公司从 1916 年就开始电动汽车的研发，并在 2013 年发布了雪佛兰 Spark EV 纯电动汽车。而福特公司也于 20 世纪 60 年代发布了第一辆电动汽车 Comuta，其后，于 20 世纪 60 年代后期开始相继研发了 Cortina 商用电动汽车、Fiesta、Escort 和 ETX 等多款电动汽车。

在欧洲，意大利菲亚特汽车公司也是较早从事电动汽车研发的企业。该公司于 1974 年研发了第一辆试验性电动汽车 X1/23；于 1990 年推出了城市用实用型电动汽车 Panda Elettra。20 世纪 90 年代，菲亚特公司又陆续推出了 Cinquecento Elettra 电动客车、Ducato Elettra 电动货车、两座电动汽车 Zic 和四座电动汽车 Seicento Elettra 等。

德国宝马公司在 1989 年推出了第一代电动汽车 E30E；于 1991 年研制出改进的电动汽车 E36E，同年正式推出了专门设计的两门四座电动汽车 E1；在 1992 年又推出四门四座电动汽车 E2。2013 年年底，宝马 i3 纯电动汽车正式售卖；量产版的宝马 i3 输出转矩达 250 N·m，0～100 km/h 的加速时间少于 8 s，最高车速为 150 km/h，由一组高性能、可充电的 220 kW·h 的锂离子动力电池组提供电能。

法国雪铁龙公司在 20 世纪 90 年代也开始发展电动汽车，以适应环保和节能的要求。1990 年，其投放市场的是 Peugeot 106 和 Citroen ax 电动轿车，随后又推出了 Peugeot lon 和 Citroen Citela 等。

三、国内新能源汽车的崛起

除了国外市场，国内市场各大汽车生产厂家也纷纷踏进电动汽车领域。目前，比亚迪新能源策略为双驱战略，即公共交通和个人交通全面发力。在公共交通领域推广比亚迪自主研发的电动大巴 K9，在个人市场领域推广插电式混合动力车。其中，比亚迪 K9 大巴已经在国内主要城市宝鸡、长沙、西安以及英国、荷兰、哥伦比亚等国家进行了市场化运营。2015 年，比亚迪还推出了四款新能源汽车，其中比亚迪唐在 2015 年 1 月 20 日上市，而之后比亚迪宋、元也上市，其中宋和元还同步推出了燃油版。

深圳比亚迪戴姆勒新技术有限公司成立于 2010 年，公司专注于新能源汽车的生产，其中汽车动力核心技术由比亚迪提供，车身技术由奔驰提供，合资公司的经营范围主要包括设计研究和开发乘用车。

上海汽车集团股份有限公司（简称“上汽集团”）在战略上非常重视新能源汽车市场。2014 年 9 月，上汽集团举行了“新能源汽车万里行”的推广活动。2015 年，上汽集团开拓了十几个新能源汽车市场，在北京市场加大了对纯电动汽车的推广。此外，上汽集团于 2016 年推出了新的插电式混合动力车型，于 2018 年还推出了纯电动汽车，其中包括 SUV 车型。

北京新能源汽车股份有限公司（简称“北汽新能源”），是一家以环保乘用车为主要经营范围的新能源科技公司，成立于 2009 年。经过多年的发展积累，北汽新能源已掌握整车系统集成与匹配、整车控制系统、电驱动系统三大关键核心技术，旗下的 EC180、EU260、EX260、EV160、EH300、物流车等多款产品已投入市场或示范运营。目前，北汽新能源已与中山大洋电机股份有限公司、北京普莱德新能源电池科技有限公司、爱思开电池材料科技（江苏）有限公司等多家公司展开了战略合作，并与美国 Areva 公司签订了股权认购协议，成为后者的第一大股东。

近年来，我国统筹推进技术创新、推广应用和基础设施建设，新能源汽车产业发展取得积极成效。截至 2021 年底，全球新能源汽车累计销量突破 1 600 万辆，我国占比超过 50%。2022 年上半年，全球新能源汽车销量超过 422 万辆，同比增长 66.3%；其中，我国新能源汽车销量达 260 万辆，同比增长 115%，市场渗透率达 21.6%。

2022 年，我国新能源汽车产业发展成绩斐然，产销量再创新高。全年新能源汽车产销量分别为 705.8 万辆和 688.7 万辆，同比增速分别达 96.9% 和 93.4%，连续 8 年保持全球第一，新能源汽车市场渗透率已达 25.6%。

任务二 新能源汽车的定义及性能优点

《节能与新能源汽车产业发展规划（2012—2020 年）》中提出，新能源汽车是指采用新型动力系统，完全或主要依靠新型能源驱动的汽车。新能源汽车主要包括纯电动汽车（EV），插电式混合动力汽车（PHEV）及燃料电池电动汽车（FCEV）。

《新能源汽车产业发展规划（2021—2035 年）》中指出，以习近平新时代中国特色社会主义思想为指引，坚持创新、协调、绿色、开放、共享的发展理念，以深化供给侧结构性改革为主线，坚持电动化、网联化、智能化发展方向，深入实施发展新能源汽车国家战略，以融合创新为重点，突破关键核心技术，提升产业基础能力，构建新型产业生态，完善基础设施体系，优化产业发展环境，推动我国新能源汽车产业高质量可持续发展，加快建设汽车强国。

《电动汽车术语》（GB/T 19596—2017）中将纯电动汽车定义为驱动能量完全由电能提供的、由电机驱动的汽车。电机的驱动电能来源于车载可充电储能系统或其他能量储存装置。

汽车在国民生产、生活中扮演着极其重要的角色，汽车工业已成为国民经济的重要支柱产业。但是，汽车在给人们提供便捷、舒适的同时也带来了很多负面影响，如能源危机、环境污染等。为缓解资源与环境的双重压力，各国相继出台了一系列政策来支持新能源汽车的发展。从当今汽车工业的研究热点来看，新能源汽车已成为汽车工业的发展方向，而作为传统汽车向纯电动汽车转变过程中的过渡产品——混合动力汽车，在现今电池技术发展受一定约束的背景下，具有更好的发展前景。

新能源是指在可持续发展的原则下，自然界中尚未被广泛利用的、相对清洁且不会耗尽的能源资源，如太阳能、地热能、风能、海洋能、生物质能和核聚变能等。与传统的化石燃料（如石油、天然气、煤炭）相比，新能源具有更低的环境影响和更广阔的发展潜力。新能源越来越多地被用于风电产业、地热利用产业、沼气发电产业、生物质产业、太阳能光伏产业。

传统燃油汽车对化石燃料有依赖性，导致环境污染严重，这不得不迫使汽车更换动力源，急需向新能源方向改革创新，新能源汽车也成为汽车发展的必然趋势。

一、新能源汽车的定义

汽车根据内燃机加注的燃料不同可分为汽油汽车、柴油汽车以及添加乙醇的汽油汽车等；而新能源汽车有汽车与新能源利用的双重含义。根据利用能源方式的不同，新能源汽车可分为纯电动或油电混合式新能源汽车、替代燃料新能源汽车以及其他形式的新能源汽车。

2009 年 6 月，中华人民共和国工业和信息化部发布了《新能源汽车生产企业及产品准入管理规则》

（2009 年 7 月 1 日正式实施），明确指出：新能源汽车是指采用非常规的车用燃料作为动力来源（或使用常规的车用燃料、采用新型车载动力装置），综合车辆的动力控制和驱动方面的先进技术，形成的技术原理先进、具有新技术、新结构的汽车。非常规的车用燃料指除汽油、柴油、天然气（NG）、液化石油气（LPG）、乙醇汽油（EG）、甲醇、二甲醚之外的燃料。

2020 年，国务院办公厅印发《新能源汽车产业发展规划（2021—2035 年）》。

二、新能源汽车的性能优点

新能源汽车从技术的角度出发，具有传统汽车无法通过改进内燃机或变速器来获取的基本性能，具体如下。

1. 节省燃油

如果是纯电动汽车，则无须消耗燃油。如果是混合动力汽车，则可以优化内燃机运行工况，节省燃油。对使用汽油燃料的内燃机，最佳空燃比略大于 14.7 ∶ 1。但是单一内燃机动力的汽车经常需要运行在加速、爬坡以及冷启动等工况下，此时为了追求动力性，其空燃比会偏离最佳空燃比，从而导致油耗增加和排放变差。混合动力汽车的一个设计方式就是通过驱动电机的动力输出来弥补汽车行驶工况变化时内燃机的不足。通过对车辆驱动线路的改进，让驱动电机的动力根据行驶工况的改变来输出，进而让内燃机的运行转速保持稳定，并使其始终工作在最佳空燃比附近，如图 1-1 所示。

2. 良好的动力输出性能

如果是纯电动汽车，则驱动车辆的驱动部件是电机。电机具有加电后反应快、低速输出扭矩大等特性，若把这一特性通过变速器输出到车轮上，则汽车表现出来起步快，同时运转平稳流畅，具备无级变速器的优秀品质。

如果是混合动力汽车，则它的驱动力通常来自内燃机输出动力和驱动电机力，相比于传统汽车仅有一种内燃机动力来源，混合动力汽车能够在车辆急加速的情况下，及时通过调动电机或者增加电机的输出功率的方式来提升输出扭矩，增加车辆的动力性。而传统汽车如果需要做到快速加速，就必须通过增加燃油供给，并经过一个完整的吸气、压缩、做功、排气的工作循环，这会导致输出动力的滞后。图 1-2 为混合动力采用电机辅助来平滑输出扭矩的曲线图。

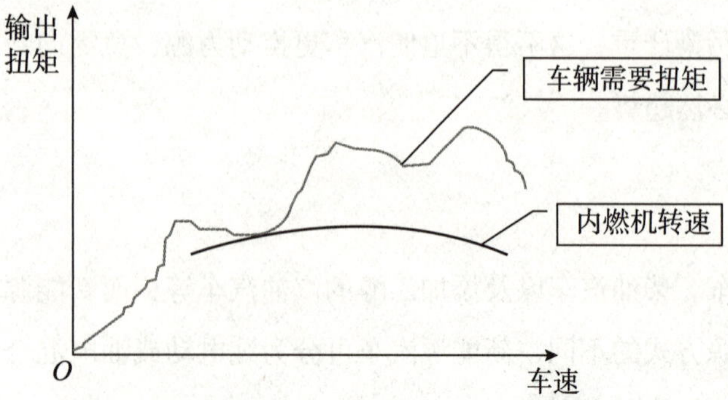

图 1-1　内燃机能够在不同工况下保持稳定和空燃比

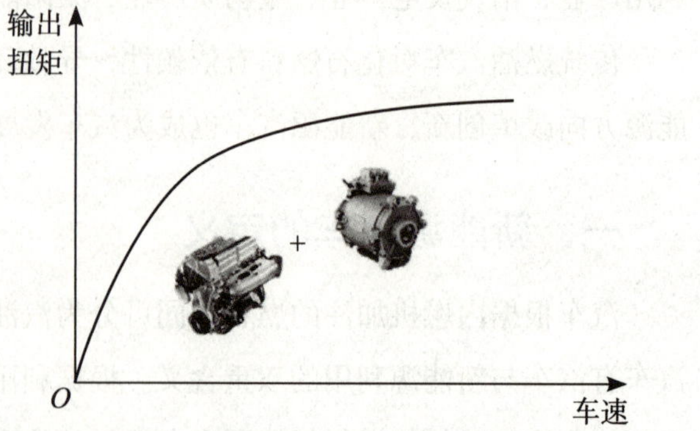

图 1-2　混合动力采用电机辅助来平滑输出扭矩的曲线图

3. 实现自动停机与自动启动控制性能

绝大部分新能源汽车采用自动启停系统，能够轻松实现自动停机与自动启动的控制，如图 1–3 所示。纯电动汽车在停车等待红灯时，只需要切断供给电机的电能即可实现零能量消耗。采用混合动力的汽车，通常内燃机都取消了传统的 12 V 启动机，改由驱动电机来直接驱动内燃机的启动。因此，当车辆控制系统监测到不需要内燃机运行的情况对，如当车辆在等待红灯时处于怠速运行情况下，系统将会自动关闭内燃机的运行，待需要内燃机运行的时候再通过驱动电机快速启动内燃机。这样的设计能够进一步降低车辆在怠速时的燃油消耗和尾气排放。

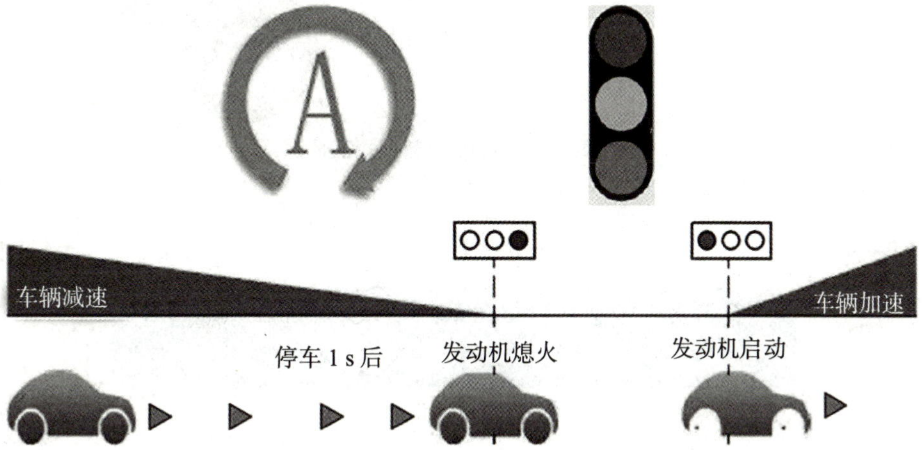

图 1–3　自动启停工作示意图

4. 能量利用率更高

传统汽车的能量利用率很低。内燃机从吸入燃油和空气到输出动力，需要经过四个行程，真正能够把燃油所产生的能量的 35% 用在驱动车辆上已经算是非常高的比例了。

实际上内燃机工作时，很大一部分能量被作为热量散失掉了，如图 1–4 所示。例如，需要对内燃机进行水冷，这部分能量就是不能被利用的。还有就是车辆制动时，有一部分能量被制动摩擦损耗掉，如果能保持车辆持续前进，不踩制动踏板，那么汽车油耗也会比同样情况下频繁制动低。

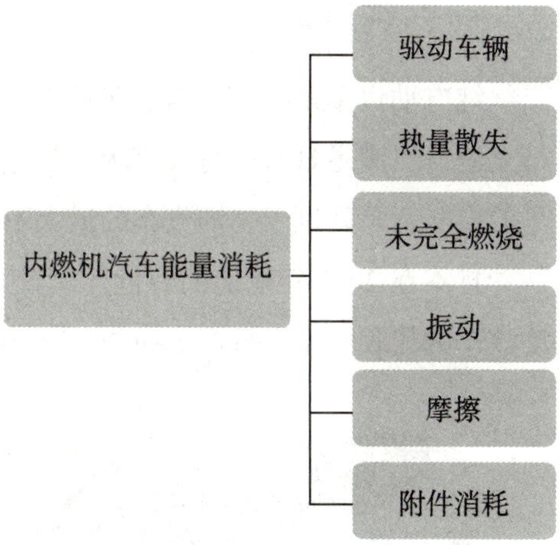

图 1–4　内燃机汽车能量消耗的主要方式

但是，新能源汽车中的纯电动汽车因为取消了内燃机，所以可以降低热量散失、未完全燃烧等损失，其有效利用率超过了 50%。此外，即使是混合动力汽车，由于通过电力系统的辅助来优化内燃机的工作，有些混合度较高的混合动力汽车可以在大部分时间都由纯电力驱动，其能量利用率也有大幅提高。

新能源汽车有一个很重要的能量利用方式就是制动能量回收，如图 1–5 所示。制动能量回收是指通过连接车辆驱动轴的电机，在新能源汽车需要制动时，先给电机上加载负荷让电机利用这个负荷来发电，逆向拖动车辆制动的一种方式。制动能量回收可以有效降低由制动导致的摩擦能量消耗。

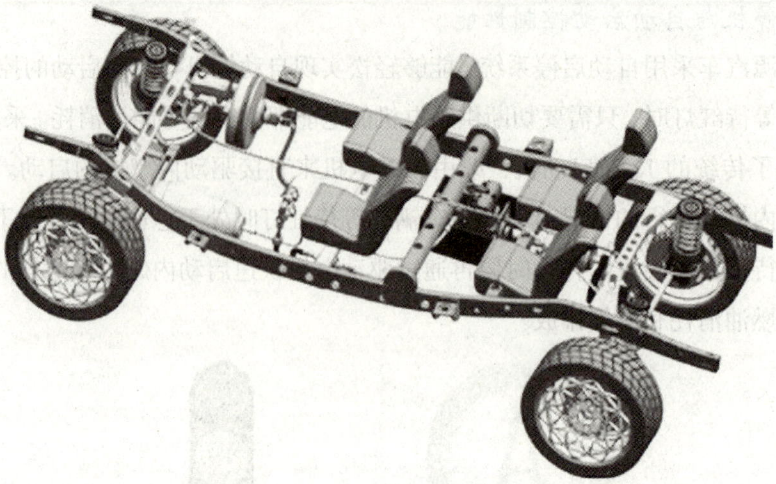

图 1–5　制动能量回收路径

任务三　新能源汽车的分类

一、纯电动汽车

纯电动汽车是纯粹靠电能驱动的车辆。它可以通过家用电源、专用充电桩或者在特定的充电场所进行充电，以满足日常的行驶需求。纯电动车对环境的影响比传统车辆小。电力驱动及控制系统是电动汽车的核心，是区别于燃油汽车的最大不同点。

日本在 2011 年以前拥有世界上较大的纯电动汽车消费群，日产 Leaf 和三菱 iMiEV 电动汽车是纯电动汽车的代表车型。日产 Leaf 如图 1–6 所示，三菱 iMiEV 如图 1–7 所示。

图 1–6　日产 Leaf

图 1–7　三菱 iMiEV

欧洲的纯电动汽车以德国产车型为代表。大众 e–GOLF 采用一台峰值功率为 85 kW、峰值转矩为 270 N · m 的永磁同步电机，如图 1–8 所示；宝马 i3 的车身采用全碳纤维材质，锂离子电池组与底盘一体化设计，底盘由铝合金材质制造，整车质量仅为 1 340 kg。

图 1-8 大众 e-GOLF

我国生产纯电动汽车的企业较多，下面以比亚迪和北京汽车集团有限公司（简称“北汽”）系列纯电动汽车为例进行介绍。比亚迪 e5 的整车质量为 1 900 kg，采用 60 kW · h 三元锂电池，最高车速为 130 km/h，续航里程达 400 km，如图 1-9 所示。北汽 EV160 的整车质量为 1 295 kg，续航里程为 200 km，采用 30.4 kW · h 锂离子电池组，最高车速为 125 km/h，如图 1-10 所示。

图 1-9 比亚迪 e5

图 1-10 北汽 EV160

二、混合动力汽车

混合动力汽车广义上是指有至少两种动力源，使用其中一种或多种动力源提供部分或全部动力的车辆。混合动力汽车狭义上是指同时装备两种动力来源——热动力源（由传统的汽油机或柴油机产生）与电动电源（电池与电机）的汽车。目前，混合动力汽车多采用传统的发动机和电机两套系统作为动力源，使用的发动机既有柴油机也有汽油机，因此可以使用传统汽油或柴油，也有的发动机经过改造可以使用其他替代燃料，如压缩天然气、丙烷和乙醇燃料等。

美国通用公司的 Volt 和福特公司的 Fusion Energy 2016 款采用了排量为 1.5 L、压缩比为 12.5：1 的直喷发动机和两个永磁同步电机，电池容量为 18.4 kW · h，纯电续航里程为 80 km。福特 Fusion Energy 如图 1-11 所示。

日本混合动力汽车公司有丰田、本田、三菱、日产等。其中，丰田普锐斯插电式混合动力版汽车搭载了 1.8 L 阿特金森循环发动机，电池组使用 168 个电压为 1.2 V 的车用级电池串联而成，电池组总电压为 201.6 V，电池容量为 1.3 kW · h。丰田普锐斯如图 1-12 所示。

图 1–11　福特 Fusion Energy

图 1–12　丰田普锐斯

比亚迪秦（图 1–13）是比亚迪股份有限公司自主研发的 DM（即双模）二代高性能三厢轿车。比亚迪秦的动力系统由一台大功率电机和 1.5T 汽油发动机组成，可以任意切换纯电动和混合动力模式，最高车速可达 185 km/h，百公里加速时间为 6.9 s。比亚迪秦使用 220 V 家用交流电即可充电，纯电动模式下，续航里程可达 70 km。

图 1–13　比亚迪秦

三、燃料电池电动汽车

燃料电池电动汽车（FCEV）兴起于 20 世纪 70 年代末，以燃料电池为动力源，通过氢氧反应产生电能驱动电机来驱动车辆行驶。燃料电池电动汽车的动力系统主要由燃料电池发动机、燃料储蓄装置、驱动电机、动力电池等组成，采用燃料电池发电作为主要能源，通过电机驱动车辆。由于该车型的排放物为水，氢氧利用率较高，因此被普遍认为是一种新型、高效、清洁的环保车型。

我国燃料电池汽电动汽车主要标准如表 1–3 所示。

表 1–3　我国燃料电池电动汽车主要标准

标准代号	标准名称	标准内容及适用范围
GB/T 24548—2009	《燃料电池电动汽车　术语》	规定了与燃料电池电动汽车相关的术语及其定义；适用于使用气态氢的燃料电池电动汽车整车及部件
GB/T 24549—2020	《燃料电池电动汽车　安全要求》	规定了燃料电池电动汽车整车、关键系统等方面的安全及手册要求；适用于使用压缩气态氢的燃料电池电动汽车
GB/T 24554—2022	《燃料电池发动机性能试验方法》	规定了燃料电池发动机常温启动特性、低温启动特性稳态特性、动态响应特性、动态平均效率、高温运行试验气密性检测、绝缘电阻测试、测量及功率密度测试等试验方法；适用于车用质子交换膜燃料电池发动机的测试

续表

标准代号	标准名称	标准内容及适用范围
QC/T 816—2009	《加氢车技术条件》	规定了用于装运和加注高压氢气的车辆的术语和定义、要求、标志和运输、停放及随车文件；适用于用定型汽车底盘改装的装运和加注高压氢气的加氢车
GB/T 26990—2011	《燃料电池电动汽车　车载氢系统技术条件》	规定了燃料电池电动汽车的车载氢系统的技术条件；适用于使用压缩氢作为燃料，在环境温度为 15 ℃时，工作压力不超过 35 MPa 的燃料电池电动汽车
GB/T 26991—2011	《燃料电池电动汽车　最高车速试验方法》	规定了燃料电池混合动力电动汽车最高车速的试验方法；适用于使用压缩氢气的燃料电池混合动力电动汽车（FCHEV）
GB/T 26779—2021	《燃料电池电动汽车加氢口》	规定了燃料电池电动汽车加氢口的型式、标志、要求以及试验方法；适用于使用压缩氢气为工作介质，额定加注压力不超过 70 MPa，工作环境温度为 -40 ～ 85℃的燃料电池电动汽车加氢口

丰田 Mirai 是一款氢燃料电动汽车（图 1-14），使用了高压氢气作为动力能源，高压氢气被储存在位于车身后半部分的高压储氢罐中。丰田 Mirai 所使用的聚酰胺连线外加轻质金属的高压储氢罐可以承受 70 MPa 的压力，并分别置于后轴的前后。高压氢添加的过程与传统添注汽油或柴油的过程相似，但对于安全性和加注设备有独立的安全标准。充满丰田 Mirai 的储氢罐需要 3 ～ 5 min，在 JC08 工况下，丰田 Mirai 的氢储量可以支持 700 km 续航里程。减压后的氢气进入位于乘员舱下方的燃料电池中，氢原子在燃料电池的阴极上反应，释放电子从而产生电能。多个燃料电池的串联使得输出电压达到使用的标准。

图 1-14　丰田 Mirai

项 目 小 练

一、填空题

1. 新能源又称__________，是指传统能源之外的各种能源形式，刚开始开发利用或正在__________、有待推广的能源，如__________、地热能、__________、海洋能、生物质能和核聚变能等。

2．新能源汽车是指采用________作为动力来源（或使用常规的车用燃料、采用新型车载动力装置），综合车辆的________和________的先进技术，形成的技术原理先进、具有新技术、新结构的汽车。

3．新能源汽车的性能优点：________、良好的动力输出性能、________与自动启动控制性能、________。

4．美国人________制造出第一辆用________的电动车。

二、简答题

1．简述新能源汽车的发展历程。

2．简述不同新能源汽车的主要区别。

项目二

新能源汽车的安全操作

学习目标

知识目标

◆了解电动汽车的高压系统布置。

◆了解高压系统的潜在危害。

◆认识电动汽车的充电装置。

◆熟悉电动汽车动力电池的充电方式及注意事项。

能力目标

◆掌握高压安全防护措施。

◆掌握意外触电的急救方法。

◆具备电动汽车的充电操作能力。

素质目标

◆增强与时俱进的精神，以及爱岗敬业、奉献社会的道德风尚。

◆增强安全意识，提高电动汽车相关操作技术素质。

思政目标

具有安全、规范操作的意识及综合职业能力；具有自主学习的意识，以及分析问题、解决问题的能力。

项目引入

新能源汽车应用电、氢、天然气等能源作为动力，存在一定的危险。能源的安全关乎汽车的稳定，进而关乎驾驶员及乘客的生命安全。安全问题一直是汽车行业的重中之重，如何安全稳定地研发、发展、销售、使用新能源汽车也就成了至关重要的事情。

任务工单

【任务实施】

1. 学生分组进行资料的收搜整理，并对搜集到的资料进行讨论。

问题 1：新能源汽车的高压防护有哪些方面？

____

____

问题 2：新能源汽车的充电需要注意哪些问题？

____

____

2. 按照实际操作过程，将操作内容及实施过程中遇到的问题或解决方法记录在表 2-1 中。

表 2-1　任务实施过程记录表

序号	操作内容	遇到的问题	解决方法
1			
2			
3			
4			

【任务评价】

学生展示任务实施的成果，并协同老师完成表 2-2 所示的任务评价表。

表 2-2　任务评价表

评价项目	评价内容	分值 / 分	评价分值 / 分		
			自评	互评	师评
职业素养考核项目	考勤、仪容仪表	10			
	团队交流与合作意识	10			
	创新意识、纪律意识	10			
专业能力考核项目	积极参与教学活动并正确理解任务要求	10			
	认真搜集并积极讨论相关资料	10			
	任务实施过程记录表的完成度	10			
	对新能源汽车高压系统的了解程度	20			
	对新能源汽车充电系统的了解程度	20			
合计：综合分数______		100			
综合评价：					
备注：					

任务一 高压防护

一、电动汽车的高压系统组成及布置

新能源汽车安全操作

电动汽车内部与动力电池直流（DC）母线相连或由动力电池电源驱动的高压驱动零部件系统即电动汽车的高压系统。整车带有高压电的零部件有动力电池、驱动电机、高压配电盒（PDU）、DC/DC 电源变换器、车载充电器（OBC）、电动空调压缩机、电加热器（PTC）、高压线束等，这些零部件组成了整车的高压系统。其中动力电池、驱动电机、高压控制系统为纯电动汽车的三大核心部件，为了保证高压安全，对高压部件和车体进行了二级绝缘处理，如图 2-1 所示。

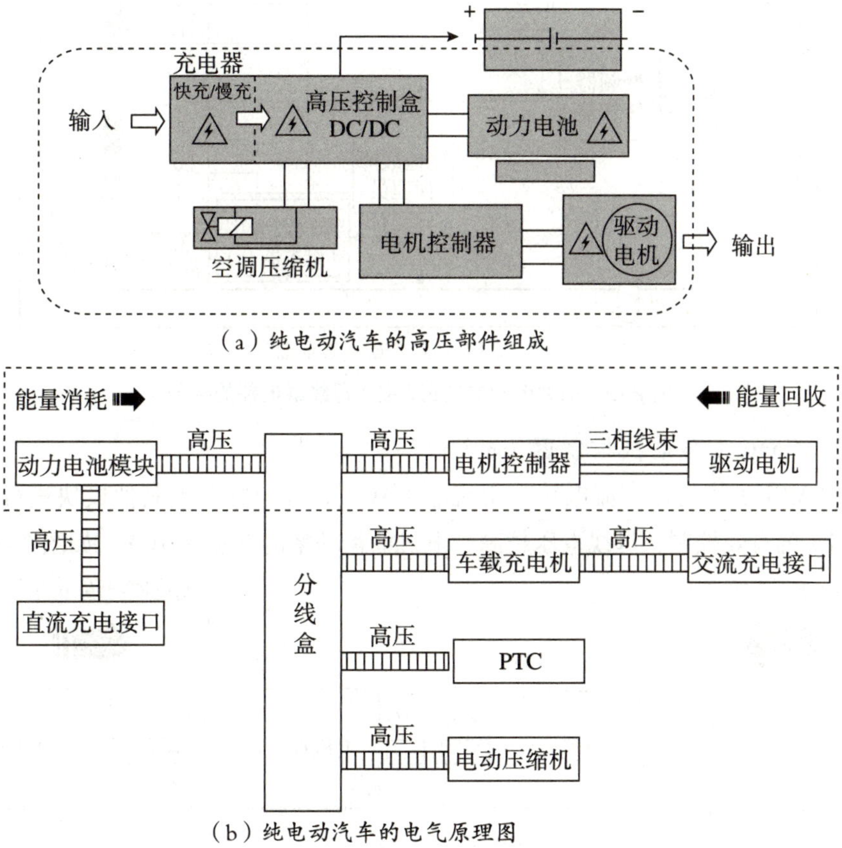

（a）纯电动汽车的高压部件组成

（b）纯电动汽车的电气原理图

图 2-1 纯电动汽车的高压部件组成和电气原理图

1. 动力电池与管理系统（BMS）

新能源电动汽车的整车动力来源是动力电池，其电压一般为 400 V，输出电流能够达到 300 A。现在的新能源电动汽车都向高电压系统（千伏）发展。动力电池的电压平台等级是按照整车需要配置的，动力电池的容量大小直接影响整车的续航里程。电池的电芯单体串 / 并联在一起，强电回路配置了负责通断的主正 / 主负继电器、电流测量传感器以及防止短路事故造成重大危害的熔断器，如图 2-2 所示。

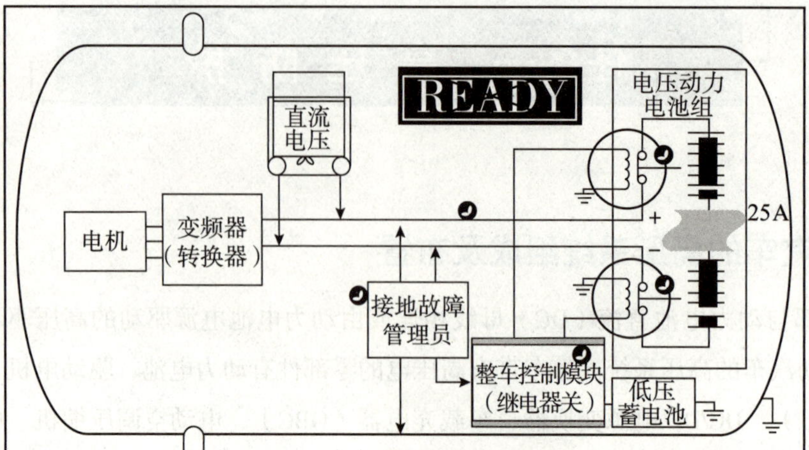

（a）主正母线继电器

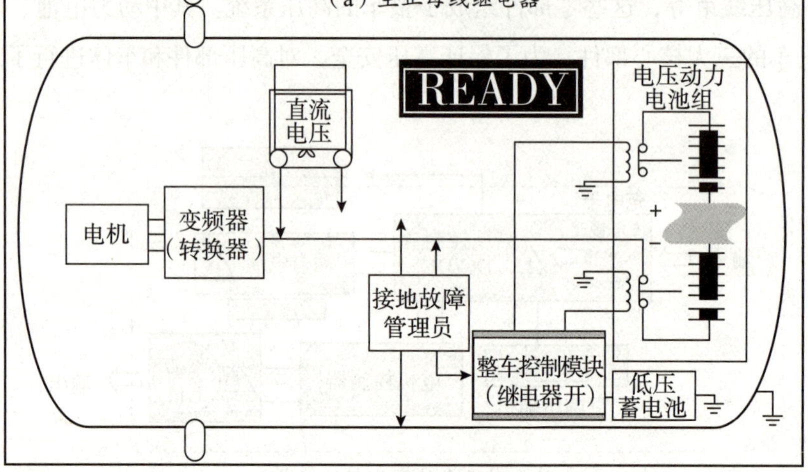

（b）主负母线继电器

图 2-2 动力电池的主正 / 主负母线继电器的控制

2. 驱动电机（MG）与电机控制器（MCU）

电机控制器（MCU）将高压直流电转为交流电（AC），并与整车上其他模块进行信号交互，实现对驱动电机（MG）的有效控制，母线电压越高，电机的恒功率的转速区越宽，如图 2-3 所示。

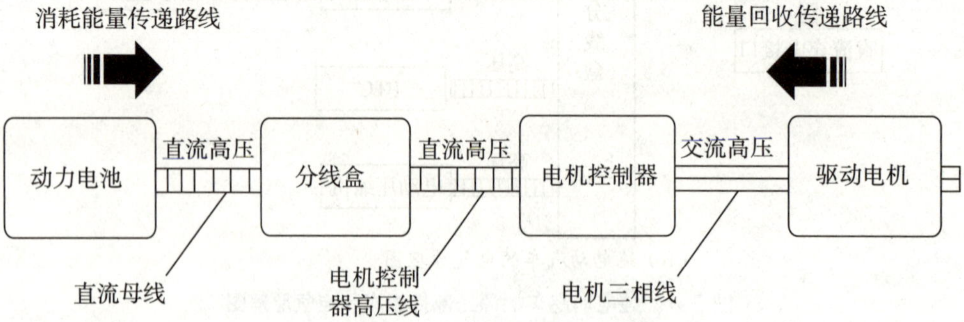

图 2-3 电机能量传递路径示意图

3. 高压配电盒（PDU）

新能源电动汽车的高压配电盒是所有纯电动汽车、插电式混合动力汽车的高压电大电源分配装置，如图 2-4 所示。新能源电动汽车的高压配电盒类似于低压电路系统中的电器保险盒，可将动力电池总成输送的电能分配给电机控制器、空调压缩机和 PTC 等。在交流慢充时，充电电流也会经过配电盒并流入动力电池以为其充电。高压配电盒由很多高压继电器、高压保险丝组成，内部还有相关的芯片，以便同相关模块实现信号通信，确保整车高压用电安全，如图 2–5 所示。

图 2–4　混合动力电动汽车的高压配电盒

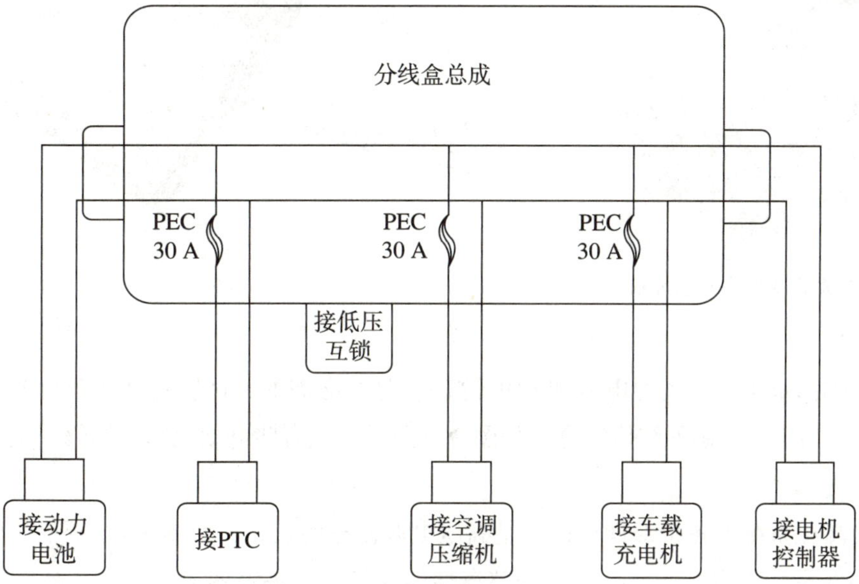

PEC：保险丝

图 2–5　高压配电盒原理图

4. 车载充电器（OBC）

车载充电器是一个将交流电转为直流电（AC/DC）的慢充电装置。因为动力电池是一个高压直流电源，当使用交流电进行充电的时候，电池包不能直接进行电量储存，因此需要电源转换装置 OBC。将高压交流电转为高压直流电，从而给动力电池充电，如图 2–6 所示。

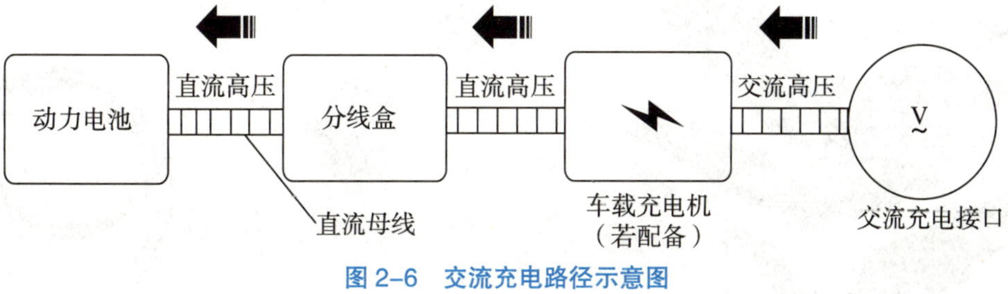

图 2–6　交流充电路径示意图

5. DC/DC 电源变换器

在新能源电动汽车上，DC/DC 是一个将高压直流电转为低压直流电的装置。新能源电动汽车上没有发动机，整车用电的来源也不再是发电机和蓄电池，而是动力电池和蓄电池。由于整车用电器的额定电压为低压，因此需要 DC/DC 装置来将高压直流电转为低压直流电，这样才能够保持整车用电平衡。

6. 电动压缩机

电动车没有发动机，它的压缩机是通过高压电源直接驱动的，如图 2–7 所示。

7. PTC

电动汽车的 PTC（水暖加热器）采用正温度系统材料，利用电能加热防冻液，沿袭燃油汽车的制热系统，解决除霜和车厢取暖、电池保温等一系列问题，如图 2–8 所示。

图 2–7　某电动汽车的电动压缩机

图 2–8　PTC

8. 维修开关

维修开关（维修塞）位于动力电池和 PDU 之间，是个必需的元件。当维修动力电池时，使用维修开关可以切断整车高压电，确保维修安全，如图 2–9 所示，也有些电动汽车无维修开关。

9. 高压线束

高压线束使高压系统上各个部件相连，是高压电源传输的媒介，如图 2–10 所示。高压线束区别于低压线束，这些线束均带有高压电，是保证整车性能和安全的关键零部件之一。高压线束设计的安全性是人们主要考虑的。高压线束需要传输的电流达 250 ～ 450 A，电压达 600 V 甚至更高，承受温度达 125 ～ 150 ℃，产品防护性能等级达到 IP67 及以上。

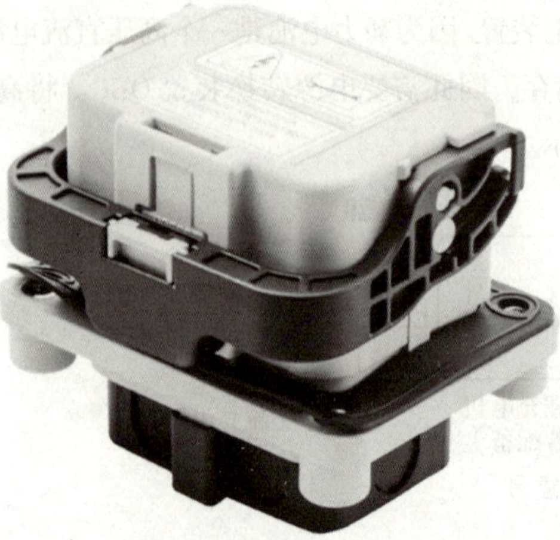

图 2–9　维修开关

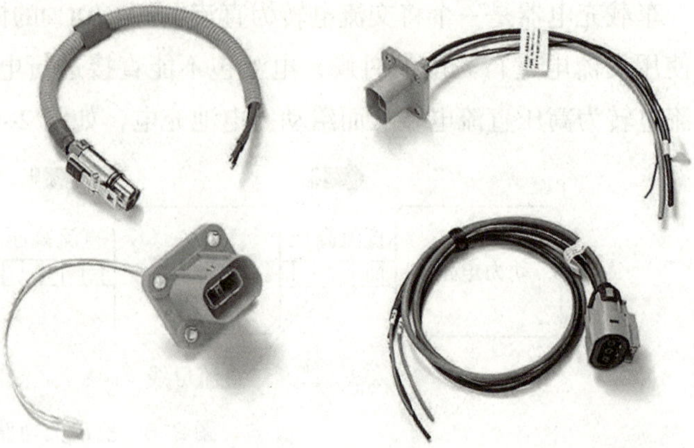

图 2–10　高压线束

目前典型车辆高压系统的电压如下。

（1）普锐斯三代（混合动力汽车）为双电压系统，电池包电压为 201.6 V，电机输入电压为 650 V。

（2）北汽 EV160（纯电动汽车）的动力电池包电压为 320 V。

（3）荣威 E50（纯电动汽车）的电池包电压为 380 V。

（4）比亚迪秦（混合动力汽车）的动力电池包电压为 528 V。

（5）比亚迪唐为高压系统，电压为 750 V。

目前面世的新能源电动汽车都向高电压系统（千伏）发展，未来电动汽车的高压系统的电压将会更高。

二、高压系统的潜在危害与触电急救

1. 高压系统的电压等级

依据《电动汽车高压系统电压等级》（GB/T 31466—2015），电动汽车高压系统直流电压等级如表 2-3 所示。依据《电动汽车安全要求》（GB/T 18384—2020），对电动汽车的电压进行规范，将电动汽车的工作电压分为 A、B 两个等级。电动汽车电压等级划分如表 2-4 所示。

表 2-3　电动汽车高压系统直流电压等级

高压系统直流电压等级					
144 V	288 V	317 V	346 V	400 V	576 V

注：1. 由于电动汽车技术进步、整车布置空间方面的因素，在具体应用时，可采用偏离该电压等级的其他电压。
2. 超级电容电动汽车高压系统可以参考本标准。

表 2-4　电动汽车电压等级划分

序号	工作电压等级	直流 /V	交流（15 ～ 150 Hz）/V
1	A 级	$0 < U \leqslant 60$	$0 < U \leqslant 30$
2	B 级	$60 < U \leqslant 1\,500$	$30 < U \leqslant 1\,000$

对于 A 级电压不需要进行触电防护了 B 级电压超过车辆制造标准允许的最大接触电压，因此在操作 B 级电压电路中的带电部件时应为接触人员提供安全防护。

电动汽车的高压系统都有高压安全设计，如维修开关、可插拔保险丝、漏电保护器、高压互锁、绝缘防护、绝缘电阻、电位均衡等，以降低高压系统因线路短路、线束漏电、连接松动等现象对人体的电伤害程度，但人体如触碰高压电路或者高压电线会导致严重烧伤甚至死亡。

2. IP 防护等级与电动汽车的安全防护等级

IP 防护等级系统由国际电工委员会（IEC）起草，将电器依其防尘防湿气之特性加以分级（表 2-5）。IP 防护等级是由 IP 后的两位数字来表述的，第一位数字表示电器防尘、防止固件外物侵入的等级（这里所指的外物含工具、人的手指等，均不可接触电器内的带电部分，以免触电），最高级别是 6；第二位数字表示电器防湿气、防水浸入的密闭程度，数字越大表示防护等级越高，最高级别是 8。目前市场上合规的电动汽车的所有高压部件都应该达到第 6 级固体颗粒防护标准和第 7 级液体侵入防护标准，保证车辆在潮湿、积水地面上可安全行驶。充电桩在室内防护等级不低于 IP32，在室外防护等级不低于 IP54。

表 2-5 IP 防护等级表

组成 IP	数字	防护程度	定义
第一位数字（防尘等级）	0	无防护	无特殊的防护
	1	防止大于 50 mm 的固体外物	防止直径大于 50 mm 的固体外物侵入
	2	防止大于 12 mm 的固体外物	防止直径大于 12 mm 的固体外物侵入
	3	防止大于 2.5 mm 的固体外物	防止直径大于 2.5 mm 的固体外物侵入
	4	防止大于 1 mm 的固体外物	防止直径大于 1 mm 的固体外物侵入
	5	防尘	无法完全防止灰尘侵入，但侵入灰尘量不会影响电器的正常运作
	6	防尘	完全防止灰尘侵入
第二位数字（防水等级）	0	无防护	无专门的防水措施
	1	防止水滴浸入	垂直落下的水滴（如凝结水）不会对电器造成损坏
	2	倾斜 15° 时，仍可防止水滴浸入	当电器由垂直倾斜至 15° 时，滴水不会对电器造成损坏
	3	防止喷洒的水浸入	防雨或防止与垂直方向的夹角小于 60° 的方向所喷洒的水浸入电器而造成损坏
	4	防止飞溅的水浸入	防止各个方向飞溅而来的水浸入电器而造成损坏
	5	防止喷射的水浸入	防止持续至少 3 min 的低压喷水
	6	防止大浪浸入	防止持续至少 3 min 的大量喷水
	7	防止浸水时水的浸入	在深达 1 m 的水中防止 30 min 的浸泡的影响
	8	防止沉没时水的浸入	在深度超过 1 m 的水中防止持续浸泡的影响，准确条件由制造商针对各设备指定

3. 高压系统的潜在危害

安全操作、预防电气事故是电动汽车电气安全的核心问题，如果在操作中不注意安全防护会带来灾害。例如，触电可造成人员伤亡，设备漏电产生的电火花可能酿成火灾、爆炸。触电是因人体意外接触电气设备或线路的带电部分而造成的人身伤害事故。人体触电时，通过人体的电流导致生理理机能失常或被破坏，如烧伤、肌肉抽搐、呼吸困难、心脏停搏，甚至危及生命。触电的危害程度与通过人体的电流的大小、持续时间的长短等因素有关。

人体电阻的大小是影响触电后人体受到伤害严重程度的重要物理因素。一般在干燥环境中，人体电阻在 2 kΩ ～ 20 MΩ 范围内；皮肤出汗时，为 1 kΩ 左右；皮肤有伤口时，为 800 Ω 左右。人体电阻由体内电阻和皮肤电阻组成，体内电阻基本稳定，约为 500 Ω。接触电压为 220 V 时，人体电阻的平均值为 1 900 Ω；接触电压为 380 V 时，人体电阻降为 1 200 Ω。研究人员经过对大量实验数据的分析研究确定，人体电阻的平均值一般为 2 000 Ω 左右，而在计算和分析时通常取下限值 1 700 Ω。

实验研究表明，对不同的人引起感觉的最小电流是不一样的，成年男性平均约为 1.01 mA，成年女性约为 0.7 mA，这个电流称为感知电流。这时人体由于神经受刺激而感觉轻微刺痛。不同的人触电后能自主摆脱电源的最大电流也不一样，成年男性平均为 16 mA，成年女性为 10.5 mA，这个电流称为摆脱电流。一般情况下，8 ～ 10 mA 以下的交流电流、50 mA 以下的直流电流可以视作人体允许的安全电流。通过人体的电流为 20 mA 时，人体就很难摆脱带电体；通过人体时电流达到 50 mA 时，对人将是致命的；通过人体的电流达到 100 mA 时，短时间内人就会窒息死亡。人体触电反应如表 2-6 所示。

表 2-6　人体触电反应

序号	电流 /mA	电流对人体的作用特征	
		50 ～ 60 Hz 的交流电	直流电
1	0.6 ～ 1.5	开始感觉手指发麻	无感觉
2	2.0 ～ 3.0	感觉手指强烈发麻	无感觉
3	5.0 ～ 7.0	感觉手指肌肉痉挛	手指有灼热感和刺痛
4	8.0 ～ 10.0	感觉手指关节与手掌痛，手已难以脱离电源，但尚能摆脱电源	手指灼热感增强
5	20.0 ～ 25.0	感觉手指剧痛，迅速麻痹，不能摆脱电源，呼吸困难	手指灼热感继续增强，手的肌肉开始痉挛
6	50.0 ～ 80.0	呼吸麻痹，心房开始震颤	强烈灼痛，手的肌肉痉挛，呼吸困难
7	90.0 ～ 100.0	呼吸麻痹，持续 3 min 或更长时间后，心脏停搏	呼吸麻痹

4. 触电急救

人体触电后，通常会出现面色苍白、瞳孔放大、脉搏和呼吸停止等症状。发生触电后，应立即对触电者进行现场急救，只要处理及时、正确，多数触电者都可以获救。触电后采取的急救措施如下。

（1）切断电源。无法切断电源时，可以用木棒、绝缘棒等快速将电线挑离触电者身体。救援者最好戴上橡皮手套、穿橡胶鞋等，千万不要用手去拉触电者。

（2）如果触电者神志清醒，呼吸、心跳均正常，可将其抬到温暖的地方静卧，严密观察，暂时不要让其站立或走动，防止引发休克或心力衰竭。

（3）如果触电者呼吸停止而脉搏存在，应使其就地平卧，松解衣扣，打开气道，立即进行口对口人工呼吸。有条件的可用气管插管，加压氧气并进行人工呼吸；也可用针刺人中、涌泉等穴，或让其服用呼吸兴奋剂。

（4）对于触电后心搏停止而呼吸存在的人，应立即做人工胸外心脏按压。

（5）对于呼吸、心跳均停止者，则应立即进行心肺复苏，以建立呼吸循环，恢复全身器官的氧供应。发生触电事故时，即使严重到“假死”状态，如果抢救及时、救护得当，绝大多数触电者也能化险为夷，转危为安。

（6）在抢救过程中，不要随意移动触电者。在送医院抢救的途中，注意保暖，严密观察触电者的呼吸、心跳、血压等。在医务人员未接替前不能停止急救。

（7）将灼伤或起泡的皮肤表面保护好。灼伤的范围一般很小，但症状却很严重，因此要用干净布料覆盖伤处口并包扎，防止伤口感染。

抢救过程要持续，在送往医院的途中也不能停止抢救。如触电者面色好转、嘴唇逐渐红润、瞳孔缩小、心跳和呼吸逐渐恢复正常，即可将其视为抢救有效的特征。

5. 防火及应对

新能源汽车的起火事故大多与动力电池失控相关，同时新能源汽车在充电不当、发生交通事故、维修或使用不当造成短路时也很容易发生火灾。新能源汽车的起火事故的特点如下。

（1）燃烧速度很快，猛烈。电池在燃烧时温度可达 1 000 ℃以上。

（2）火灾很难扑灭。电动汽车的电池往往都是锂电池，很多品牌的电动汽车的应急救援手册里都写明了电池着火可能需要 24 h 才能完全扑灭。冒烟表示电池内部仍处于高温状态，必须监控直到电池不再冒烟直至 1 h 以上，因为电池极易复燃。

（3）动力电池燃烧后会产生大量的有毒气体，如氟化氢、一氧化碳、氰化氢等。因此新能源汽车起火后，对于灭火人员的高压防护、高温防护和毒气防护的要求会更高，要求灭火人员戴好绝缘手套、呼吸面罩等。

由中国汽车工程学会和中国消防协会联合发布的《电动汽车火灾事故救援规程》（T/CSAE 84—2018）明确了火灾事故的处置程序：①识别车辆；②侦查环境情况，确定采取的灭火方案；③做好救援人员防护；④火灾扑救；⑤火灾扑灭后固守车辆；⑥如有需要，进行断电；⑦现场清理。

当高压电池未着火时，可按照传统车辆火灾处置方法进行灭火，可采用泡沫灭火器或干粉灭火器灭火。当高压电池着火时，应使用大量、持续的消防水进行灭火。这一方面是持续降温，降低电池复燃的风险；另一方面是利用大量的水来稀释锂电池燃烧过程中产生的有毒气体。

三、高压系统操作的安全防护

对新能源汽车的非高压部件（如制动系统、悬架系统和车身系统）进行检修时，不需要专业的安全防护措施。对高压系统中的高压部件进行检修时，必须采取特殊的防护措施，每位操作人员必须注意以下事项。

（1）必须具备操作高电压车辆所必需的资质，应具有特种作业操作证——低压电工作业证，明确专业职责、工作权限和处置权限。

在靠近开启的电机或高压系统的地方时，在人体内或体外有镇痛泵、除颤器、心脏起搏器、大脑起搏器、胰岛素泵、助听器等电子生命辅助仪器的员工不能参与高压系统的检修工作。禁止个人携带钥匙、手表、首饰等导电金属物品。

（2）必须使用安全防护装备。

（3）必须按规定使用装备（工具、车辆等）。注意汽车制造商的安全警告，遵守厂家要求的检修高压系统时的安全规程。

（4）必须掌握高压系统和氢气系统出现事故时以及人员触电时的急救措施。

1. 高压防护用具

高压防护用具包括个人防护用品、高压防护工具、安全标识、高压检测工具等。

（1）绝缘手套。绝缘手套是用绝缘性能良好的特种橡胶制成的，要求薄、柔软，有足够的绝缘强度和机械强度。绝缘手套可以使人的双手与带电体绝缘，防止人因双手同时触及同一电位的带电体或同时触及不同电位的带电体而触电。检修新能源汽车时要求绝缘手套耐压不小于 10 kV。

在使用绝缘手套前必须进行气密性检查，具体方法是将手套从口部向上卷，稍用力将空气压至手掌及指头部分，检查上述部位有无漏气，如图 2-11 所示，若发现有任何破损则不能使用。对于绝缘手套应每半年进行一次绝缘性检查。存放时应将绝缘手套放置在干燥处，不得接触油类及腐蚀性物品等。

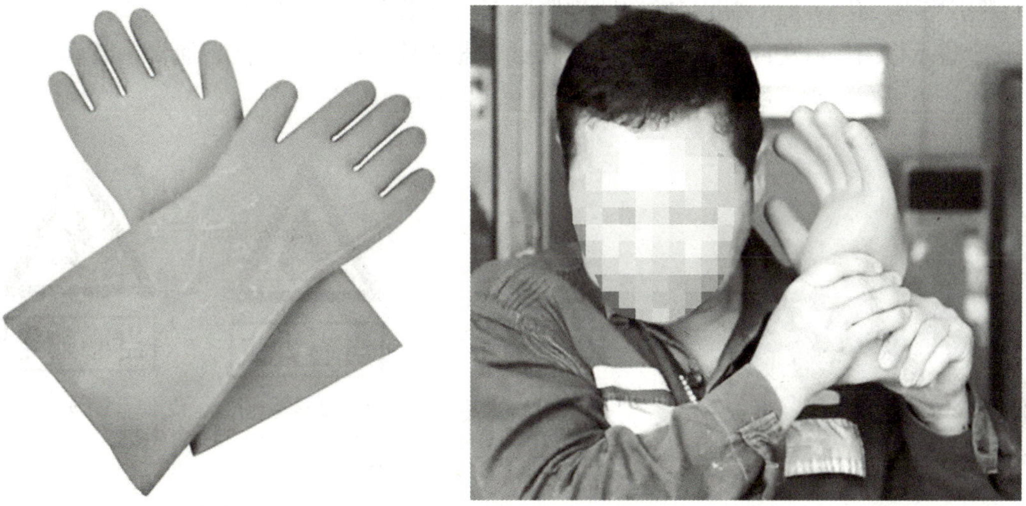

（a）　　　　（b）

图 2-11　绝缘手套及气密性检查

（2）绝缘鞋。绝缘鞋是使用绝缘材料制成的一种安全鞋，是从事电气工作的相关人员的安全辅助用具，如图 2-12 所示。绝缘鞋使人体与地面绝缘，可防止电流通过人体并与大地构成通路，避免对人体造成电击伤害，把触电时的危险程度降低到最低。它还可防止试验电压范围内的跨步电压对人体的危害。所以，在进行电气作业时，相关人员不仅要戴绝缘手套，还要穿绝缘鞋。在穿用绝缘鞋的过程中，应避开锐器利物，一旦尖锐物体刺穿绝缘底或鞋底防滑花纹磨平则此鞋不再具有绝缘性能。

（3）护目镜。护目镜种类较多，有防尘、防冲击、防化学液体飞溅、防光辐射、防微波辐射等，主要针对不同场合起特殊防护作用，如图 2-13 所示。

图 2-12　绝缘鞋

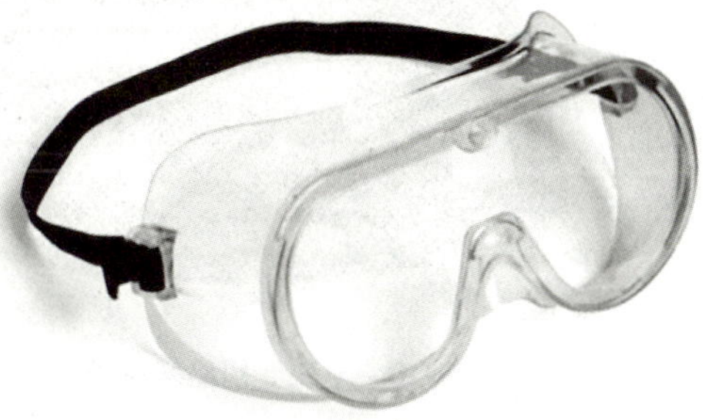

图 2-13　护目镜

（4）绝缘垫。绝缘垫是具有较大体积电阻率和耐电击穿的胶垫，用于电气作业等工作场合的台面或作为铺地绝缘材料，按电压等级、颜色和厚度的不同有不同的技术规格。

（5）安全帽。安全帽对作业人员在车身下作业时由头部碰撞、坠落物及其他特定因素引起的伤害起到防护作用。安全帽由帽壳、帽衬、下颏带及附件等组成，如图 2-14 所示。

（6）绝缘服。绝缘服采用绝缘材料制成，耐高压、阻燃、防酸、防碱，主要用于带电作业时对作业人员的身体防护。

（7）隔离栏。隔离栏主要用于危险区域或作业区域的隔离。

（8）高压绝缘棒。高压绝缘棒是进行高压部件检测、隔离高压线、拆卸高压插接头等作业的辅助用品。

（9）警示标志。在高压系统的检修作业场所放置高压电警示牌是保证工作人员安全的主要措施之一，起到安全警示作用，避免或减少安全事故的发生。根据作业内容的不同，通常在警示牌上写有“注意安全”“当心火灾”“当心触电”等字样，如图 2-15 所示。

图 2-14　安全帽

（a）易造成人员伤害的场所及设备　（b）易发生火灾的危险场所　（c）可能发生触电危险的电器设备和线路

图 2-15　警示标志

（10）高压绝缘防护维修、检测设备。高压作业时必须使用电工专用绝缘维修套装工具（图 2-16）、绝缘电阻测试仪（图 2-17）、放电工装、数学电流钳、高压测电笔、绝缘扭力扳手等设备。

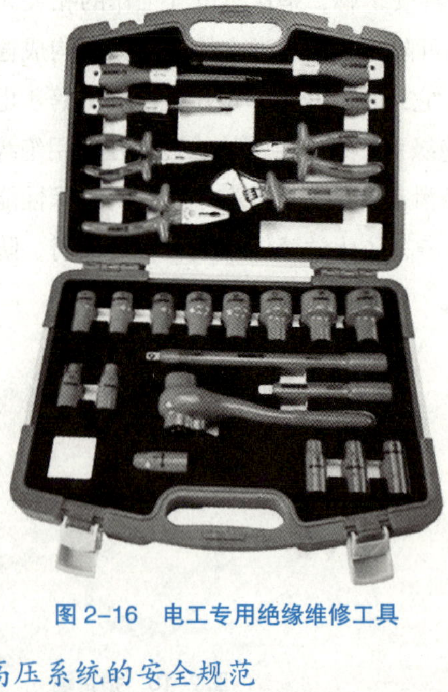

图 2-16　电工专用绝缘维修工具

图 2-17　绝缘电阻测试仪

2. 检修高压系统的安全规范

（1）作业前检查。确保现场操作环境周边无易燃物品及与工作无关的金属物品，并在维修车辆周围设置隔离桩；无关人员不得进入现场；在地面或车辆附近的明显位置放置“高压危险”警示牌。

确保作业用的警示牌、绝缘垫、隔离桩、绝缘辅助用具、绝缘基本用具、专用检测仪器仪表外观检查及功能性检查均正常。

（2）高压电断电安全规范。

① 关掉点火开关，将钥匙移到智能系统探测范围外，严禁置于他人可触及处。

② 在车顶上放置警告标志。

③ 断开低压辅助电池负极端子并进行绝缘处理。

④ 检查、确认并佩戴绝缘手套。

⑤ 等待 5 ～ 10 min 以便高压电容器放电。

⑥ 拆除维修塞或维修开关并妥善放置。

在动力蓄电池上，按照国家新能源汽车安全标准都会设置一个串联的手动维修开关，用于人工切断整个动力蓄电池的回路。进行高电压组件方面的工作时，必须切断动力电池组供电，只有车辆已断电和变频器电容器已充分放电的情况下方可拆卸维修开关。

⑦ 先断开高压配电盒的低压插头，后断开高压插头，用绝缘乙烯胶带包裹被断开的低压线路连接器。

⑧ 对高压插头进行验电、放电、验电，确认高压系统母线电压是 0 V。

⑨ 用绝缘乙烯胶带包裹被断开的高压线路连接器。

任务二　车辆充电操作

当组合仪表中的电量表指针指向表盘中的红色区域时，表示动力电池电量低，应尽快充电，不建议在电量完全耗尽后再进行充电，会影响动力电池的使用寿命。

一、充电装置

电动汽车产业能否得到快速发展，充电技术是关键因素之一。智能、快速的充电方式成为电动汽车充电技术发展的趋势。充电装置的功能是将电网的电能转化为电动汽车车载动力电池的电能。电动汽车的充电装置可分为车载充电装置和非车载充电装置两种。

车载充电装置是指安装在电动汽车上的采用地面交流电网或车载电源对电池组进行充电的装置。车载充电装置有 2 kW、3.3 kW、6.6 kW 三种，包括车载充电机、车载充电发电机和运行能量回收充电装置。它将一根带插头的交流动力电缆线直接插到电动汽车的插座中给电动汽车充电。车载充电装置通常使用结构简单、控制方便的接触式充电器，也可使用感应充电器。车载充电装置完全按照车载动力电池的种类进行设计，针对性较强，但输出充电电流小、功率较小、充电时间较长，一般的混合动力车型需要 4 ～ 6 h 充满，纯电动车要 8 h 以上充满，充电倍率基本都在 0.5 C 以下。

吉利帝豪 EV300 增配了 6.6 kW 的车载慢充电机，满足更多充电状态需求。该车载慢充电机使用 60 kW 公共快充桩可实现 45 min 内电量从 0 充至 80%；使用 10 kW 快充盒，4.5 h 内充满。同时吉利帝豪 EV300 还可使用 3.3 kW 的家用慢充盒和 1.8 kW 的随车应急充电线，五种充电模式使充电更便捷。吉利帝豪 EV300 搭载了电池智能温控管理系统（ITCS），能够让其动力电池在 -20 ℃的环境中快速充电，使车辆 -30℃时仍可正常使用，确保在极寒、极热地区充电效率不降低，续航能力不衰减。

非车载充电装置即地面充电装置，主要包括专用充电机、专用充电站、通用充电机、公共场所充电站等。它可以满足各种电池的各种充电方式。通常非车载充电装置的功率、体积和质量均比较大。

另外，根据电动汽车动力电池充电时的能量转换方式不同，充电装置又可分为感应式和接触式。感应充电装置是利用高频交流磁场的变压器原理，将电能从离车的原方感应到车载的副方，以达到给电池充电的目的。感应充电的最大优点是安全，这是因为充电器与电动汽车之间并无直接的点接触，这使得即使电动汽车在恶劣的气候如雨雪天中进行充电也无触电的危险。

二、充电方式

充电方式分为慢充、快充、无线充电、更换电池充电、移动式充电等，具体内容如下。

1. 慢充

慢充是采用恒压、恒流的传统充电方式为电动汽车充电。这种充电方式的充电电流十分有限，只有 16 ～ 32 A。通常情况下充电时间比较久，相应的充电器工作和安装成本比较低，简单易操作。慢充普遍用在家用充电设备和小型充电站上，由于在充电时只需要将车载充电插头插到停车场或者家用的电源插座上，因此，充电过程一般由客户自己独立完成。

（1）便携充电。便携充电是指使用随车附带的便携充电线连接普通家用插座进行充电。这是一种非常方便的充电方式，只要能找到插座，就可以充电，但是其充电速度较慢。一般来说，普通家用插座的电压为 220 V，电流为 10 A，理论功率为 2.2 kW。而在实际使用中，充电功率一般只有 1.5 kW。

例如，一辆北汽新能源 EV200 纯电动汽车（续航里程为 200 km，电池容量为 30.4 kW · h）充满电需要 20 h；一辆比亚迪 E6 纯电动汽车（续航里程为 300 km，电池容量为 57 kW · h）充满电需要近 40 h。由于充电速度较慢，因此便携充电只能作为其他充电方式的补充，方便用户随时补电。

（2）壁挂式充电桩。壁挂式充电桩是最常见的一种充电桩，如图 2-18 所示。

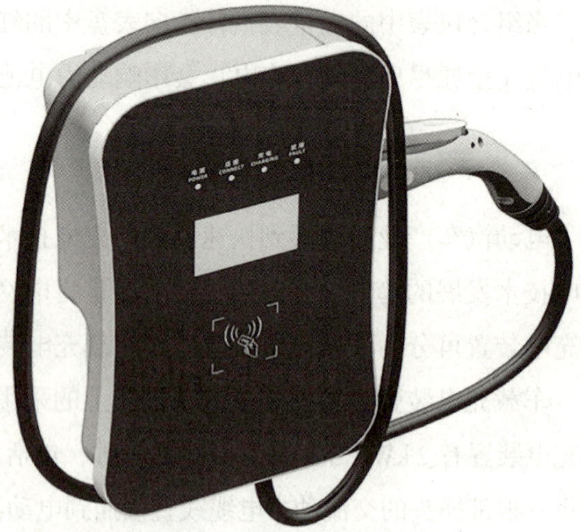
图 2-18 壁挂式充电桩

由于每个厂商提供的充电桩的规格都不一样，所以充电速度也不尽相同。宝马 i3 所配备的 iWallbox Pro 充电墙盒的功率为 7.4 kW；启辰晨风有两种充电桩，低配版的功率是 3. 6 kW，高配版功率的则是 6.6 kW；腾势同样有两种充电柜可供使用，功率分别为 10 kW 和 20 kW。

基本上，不同型号的充电桩虽然输出功率有差异，但是都能保证一晚上将电动汽车的电池充满，基本可以满足普通用户的需求。

2. 快充

快充是以 150～400 A 的直流电流在短时间内为蓄电池完成充电。相比于常规的充电方式，快充成本高。快充又被称为迅速充电或应急充电，其目的就是保证电动汽车在短时间内快速充满电，一般多用在大型充电站中。充电桩内置功率转换模块，能将电网的交流电转换为直流电，无须经过车载充电机转换，直接接入车内电池。充电功率取决于电池管理系统和充电桩的输出功率。快充对电池寿命有一定的影响，特别是普通蓄电池不能进行快充，因为在短时间内输入大量的电量会导致蓄电池过热。由于功率和电流的额定值都很高，因此快充对电网有较高的要求，一般应在 10 kV 变电站附近或在监测站和服务中心中使用。国内纯电动汽车充电时间如表 2-7 所示。

表 2-7　国内纯电动汽车充电时间一览表

车型	慢充时间 /h	快充时间 /h	续航里程 /km	车型	慢充时间 /h	快充时间 /h	续航里程 /km
北汽 E150 EV	8.0	2.0	150	北汽 C70 GB	≥ 10.0	2.0	130
比亚迪 E6	20.0	2.0	300	荣威 E50	6.0～8.0	1.5	180
江淮和悦 IEV4	8.0	2.5	200	赛欧 SPRINGO	7.5	—	130
江淮和悦 IEV5	8.0	2.5	200	长安 E30	8.0	1.5	160
奇瑞 eQ	8.0～10.0	0.5	200	启辰 e30	8.0	1.5	180
腾势	5.0	1.5～2.0	250	众泰知豆 E20	6.0	1.0	120

3. 无线充电

电动汽车的无线充电方式是近几年国外的研究成果，其原理就像在车里使用的移动电话，将电能转换成一种符合现行技术标准要求的特殊的激光或微波束，在汽车顶上安装一个专用天线接收即可。

有了无线充电技术，公路上行驶的电动汽车或双能源汽车可通过安装在电线杆或其他高层建筑上的发射器快速补充电能，电费将从汽车上安装的预付卡中扣除。

4. 更换电池充电

除了以上几种充电方式外，还可以采用更换电池的方式，即在蓄电池电量耗尽时，用充满电的电池更换电量已经耗尽的电池。蓄电池归服务站或电池厂商所有，电动汽车用户只需租用电池。

5. 移动式充电

移动式充电方式在汽车巡航的时候就能给汽车充电。用户无须寻找充电桩并花费时间去充电。移动式充电需要移动式充电系统（MAC），并预先将其埋在一段路下面（即充电区）。接触式和感应式的 MAC 都可以使用。移动式充电成本巨大，目前仍处在理论研究阶段，但是前景十分广阔。

三、车辆充电操作

1. 充电接口

充电接口分为交流接口和直流接口。一般混合动力车型因为车辆带电量小，只配备了交流充电接口；而纯电动汽车因为带电量大，一般配备交流接口和直流接口两个接口。常见车型充电口位置如表 2-8 所示。充电接口也是有标准的，目前主要有中国标准和美国标准、欧洲标准、日本标准。我国销售的电动汽车除特斯拉外，充电接口都符合中国国家标准的接口。理论上，不同车厂的车辆可以到所有厂家的充电桩上充电。但是因为软件协议定义不完全一致，也有极少量充电桩和车辆电池管理系统（BMS）不兼容的情况出现。

表 2-8 常见车型充电口位置

车型	电动类型	慢充接口	快充接口	备注
比亚迪秦	PHEV	车后备箱盖上		
比亚迪唐	PHEV	车身右侧后方		
上汽荣威 e550	PHEV	车身左侧后方		
奇瑞艾瑞泽 7e	PHEV	车身左侧后方		
北汽 EV 系列	BEV	车身左侧后方	车头标识（logo）处	
特斯拉	BEV	车身左侧后方（左侧）	车身左侧后方（右侧）	新国际充电标准
比亚迪 E5	BEV	车头 logo 处（左侧）	车头 logo 处（右侧）	
比亚迪 E6	BEV	车身左侧后方（右侧）	车身左侧后方（左侧）	
江淮 iev6E	BEV	车头 logo 处（右侧）	车头 logo 处（左侧）	

2. 北汽 EV200 的充电操作

快速和慢速充电口分别位于车辆前格栅 logo 和左后方处，直接摁住前格栅 logo 右侧内平面即可开启快充电口，慢充电盖板由位于驾驶员座椅左下方的手柄开启。随车标配一根交流充电桩用交流充电线（公用充电线），桩端充电枪为黑色，车端充电枪为黑 / 蓝色，并有提示标签。

（1）家用交流充电。利用家用充电线，将被充车辆与家用 220 V、50 Hz、16 A 的单相三眼插座进行可靠连接，并确保插座的地线与大地连接良好。

（2）交流 / 直流充电桩充电。利用充电桩用充电线，将被充车辆与公共交流 / 直流充电桩按照操作说明进行可靠连接，通过插卡、输入密码、启动等一系列操作完成交流充电工作。

充电桩操作流程如下。

① 车辆静止，关闭点火开关并取下车钥匙，拉紧手制动，打开充电盖板。

② 检查充电枪有无破损现象，注意充电线上的识别符号，将标有车端的充电枪插入车端充电接口，将标有桩端的充电枪插入桩端充电接口。

③ 连接好充电线并在充电桩上启动充电后，车辆端会自动锁止车端充电枪，避免非本车用户或儿童误拔出充电枪。

④ 充电过程中，观察车辆仪表充电界面显示内容是否正常。

⑤ 充电结束后，刷卡结费。应先拔出车端充电枪，后拔出桩端充电枪。

⑥ 拔出充电枪后，盖好充电枪的防尘盖，将充电设备放入专用的收纳箱中。

（3）仪表充电状态信息。

① 车辆进入充电状态后，组合仪表的行车电脑显示屏自动点亮，显示当前充电信息，10 s 后屏幕熄灭。

② 充电已满。动力电池电量充满后，行车电脑显示屏自动点亮，蜂鸣器鸣叫提示电量已经充满，10 s 后屏幕熄灭。

③ 充电故障。充电过程中车辆出现故障时，行车电脑显示屏自动点亮，充电故障指示灯点亮，蜂鸣器鸣叫，提示 10 s 后熄灭。

3. 充电注意事项

（1）确保充电口连接正确，充电线连接可靠，禁止在电锁锁止状态强行插入或拔出充电枪。

（2）确保充电口无积水，严禁湿手操作及在充电时接触充电端口或充电连接器内的金属端子。

（3）充电环境温度的最佳范围为 0 ～ 45 ℃。当环境温度过低或过高时，尽量不要充电。

（4）不要经常深度放电，否则会缩短电池的使用寿命。当电量≤ 30% 时应及时进行充电，保证在电量充足的状态下使用电池。

（5）保持充电场地、充电设备设施、消防器材等清洁干燥，确保设备情况良好。

（6）充电过程中禁止启动车辆，防止对车辆和充电桩造成损坏。

（7）采由家用便携充电方式时避免过载工作，引起火灾。

项 目 小 练

一、填空题

1. 整车带有高压电的零部件有__________、__________、高压配电箱（PDU）、DC/DC 电源变换器、__________（OBC）、电动空调压缩机、__________（PTC）、__________等，这些部件组成了整车的高压系统。

2. 车载充电器是一个将__________（AC/DC）的慢充电装置。

3. 目前面世的新能源电动汽车都向__________（千伏）发展，未来电动汽车的高压系统的电压将会更高。

4. 电动汽车的高压系统都有高压安全设计，如__________、__________、漏电保护器、高压互锁、绝缘防护、__________、电位均衡等措施，降低高压系统因线路短路、线束漏电、连接松动等现象对人体的电伤害程度，但人体如触碰高压电路或者高压电线会导致__________甚至死亡。

5. 人体触电后，通常会出现__________、__________、脉搏和呼吸停止等症状。发生触电后，应__________，只要处理__________、__________，多数触电者都可以获救。

二、简答题

1. 新能源汽车的充电方式分为哪几种?

2. 简述预防高压触电的方法。

项目三

动力电池及管理系统

学习目标

知识目标

◆熟悉动力电池管理系统的连接形式。

◆熟悉动力电池管理系统的功能。

◆了解动力电池管理系统在特定车型中的应用。

能力目标

◆熟悉各种电池的结构。

◆能够简述各种电池的工作原理。

◆熟悉的电池结构和工作原理。

素质目标

◆培养在工作中既要充分坚持原则，又要具备灵活处理问题的能力。

◆在工作中坚持多沟通、多协商，用以理服人的形式解决问题。

思政目标

具有创新探索精神和实践能力；增强自主、合作、探究的学习意识，提高综合素质和能力。

项目引入

不同电动汽车的动力电池管理系统不同，但都管理着电动汽车的动力电池这颗“心脏”，功能相差不大。动力电池管理系统能知道动力电池当前的工作状态，还能将相关信息仅映在仪表板上，从而反馈给驾驶员。本项目主要学习动力电池管理系统的基本功能、分类、优缺点等。

任务工单

【任务实施】

1．学生分组进行资料的搜集整理，并对搜集到的资料进行讨论。

问题 1：新能源汽车的动力电池有何特点？

问题 2：新能源汽车的电池结构有哪几种？

2．按照实际操作过程，将操作内容及实施过程中遇到的问题或解决方法记录在表 3-1 中。

表 3-1　任务实施过程记录表

序号	操作内容	遇到的问题	解决方法
1			
2			
3			
4			

【任务评价】

学生展示任务实施的成果，并协同老师完成表 3-2 所示的任务评价表。

表 3-2　任务评价表

评价项目	评价内容	分值 / 分	评价分值 / 分		
			自评	互评	师评
职业素养考核项目	考勤、仪容仪表	10			
	团队交流与合作意识	10			
	创新意识、纪律意识	10			
专业能力考核项目	积极参与教学活动并正确理解任务要求	10			
	认真搜集并积极讨论相关资料	10			
	任务实施过程记录表的完成度	10			
	对新能源汽车的动力电池的了解程度	20			
	对新能源汽车的充电系统的了解程度	20			
合计：综合分数＿＿＿＿＿＿		100			
综合评价：					
备注：					

任务一　动力电池系统

动力电池系统

动力电池系统主要由动力电池模组、动力电池管理系统（BMS）、动力电池箱及辅助元器件四部分组成，如图 3–1 所示，北汽 EV160/200 动力电池管理系统如图 3–2 所示。

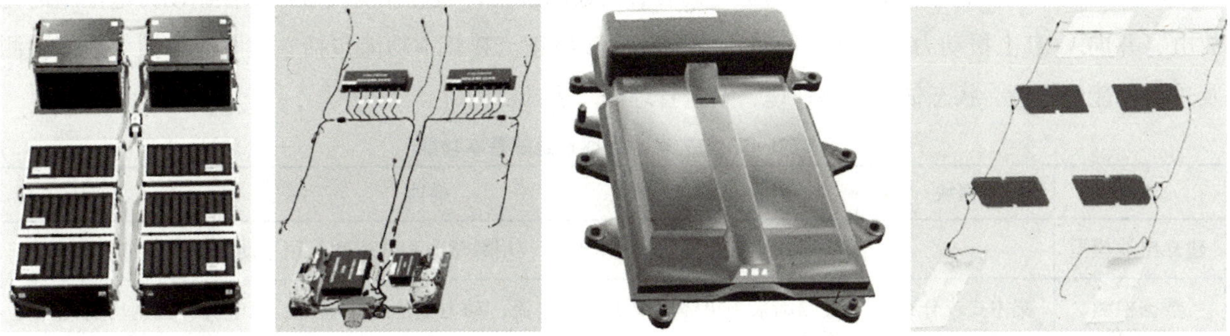

（a）动力电池模组　（b）电池管理系统　（c）动力电池箱　（d）辅助元器件

图 3–1　北汽 EV160/200 纯电动汽车动力电池系统 3D 拆解图

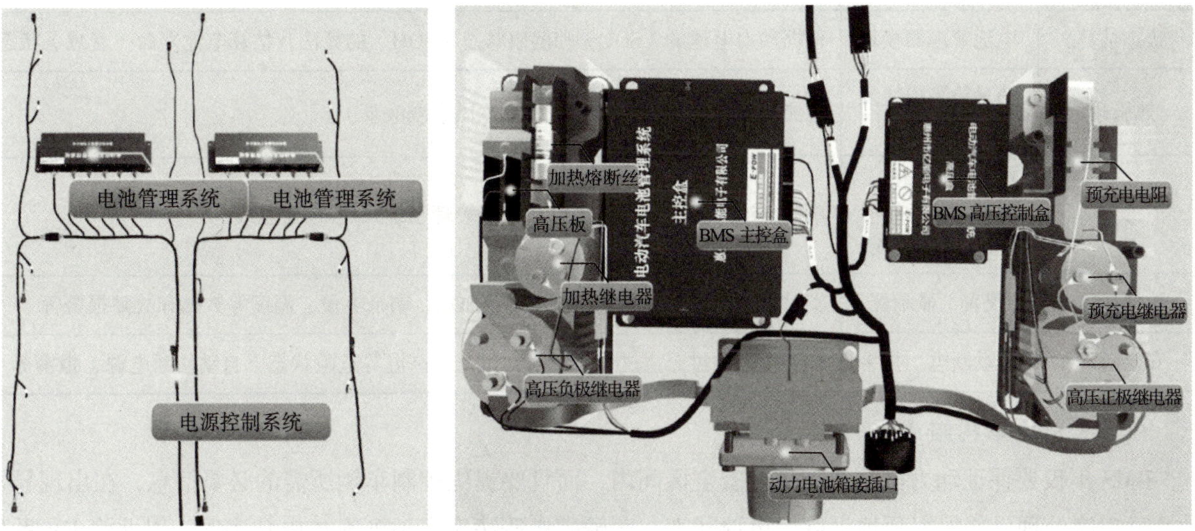

图 3–2　北汽 EV160/200 动力电池管理系统

一、动力电池模组

电池单体是构成动力电池模块的最小单元，一般由正极、负极、电解质及外壳等构成，实现电能与化学能的直接转换。

电池模块是一组并联的电池单体的组合，该组合的额定电压与电池单体的额定电压相等，是电池单体在物理结构和电路上连接起来的最小分组，可作为一个单元替换。

动力电池模组则是由多个电池模块或单体电芯串联组成的一个组合体。

二、动力电池管理系统

动力电池管理系统（BMS）是新能源汽车能量管理系统的核心，其主要任务是通过电压、电流及温度检测等功能实现各种对动力电池系统的控制、保护、故障报警及处理、与其他控制器通信等操作，保证电池使用的安全可靠，充分发挥电池的能力和延长使用寿命。

1. BMS 的基本功能

BMS 作为电池和整车控制器（VCU）与驾驶者沟通的桥梁，通过控制接触器来控制动力电池组的充放电，并向 VCU 上报动力电池系统的基本参数及故障信息。其基本功能包括立建电池模型、数据检测及采集、能量管理、状态估算、热管理、安全管理等（表 3-3）。

表 3-3 动力电池管理系统的基本功能

功能	模块	描述
建立电池模型	—	描述电池参数的动态变化规律，用数学方程式表达，用于动力电池系统仿真
数据检测及采集	集中式或分布式检测装置	检测和采集单体电池电压、电流，动力电池组总电压、总电流，控制均衡充放电策略
能量管理	电池管理器模块	根据电池的电压、电流、荷电状态（SOC）控制电池的充放电，防止过充和过放
状态估算	电池管理器模块	根据动力电池的（SOC）和健康状态（SOH）的算法，估算电池寿命（衰减）状态
热管理	热量检测模块及传感器	检测及控制冷却系统和冷却装置（风扇或液泵）
数据处理与通信	串行通信接口，控制器局域网（CAN）总线	单体电池采用串行通信接口，整车管理系统采用 CAN 总线
数据显示	仪表、显示器	实时动力电池的显示电压、电流、SOC、剩余电量、温度等数据和故障报警等
安全管理	自动断电、报警	在动力电池过充、过放、过压、过流、高温等危险状态下自动切断电源、报警等

2. BMS 的结构组成

BMS 不仅要保证动力电池组工作在安全区间内，而且要提供控制车辆所需的必要信息，在出现异常时及时响应处理，并根据环境温度、电池状态、车辆需求等决定电池的充放电功率等。以北汽 EV 系列的电池管理系统为例，该电池管理系统按性质分为硬件和软件，按功能分为数据采集单元和控制单元。

BMS 的硬件主要包括高压控制盒、主控盒、从控盒，还包括采集电压线、电流、温度等数据的电子器件。图 3-3 为北汽 EV 系列的电池管理系统。

（1）高压控制盒

高压控制盒用于监控动力电池的总电压、总电流和绝缘性能其主要功能如下。

① 监控动力电池的总电压，包括主机电气内外四个监测点。

② 监控充放电电流。

③ 监控高压绝缘性能。

④ 监控高压连接情况。

⑤ 将以上项目监控到的数据反馈给主控盒。

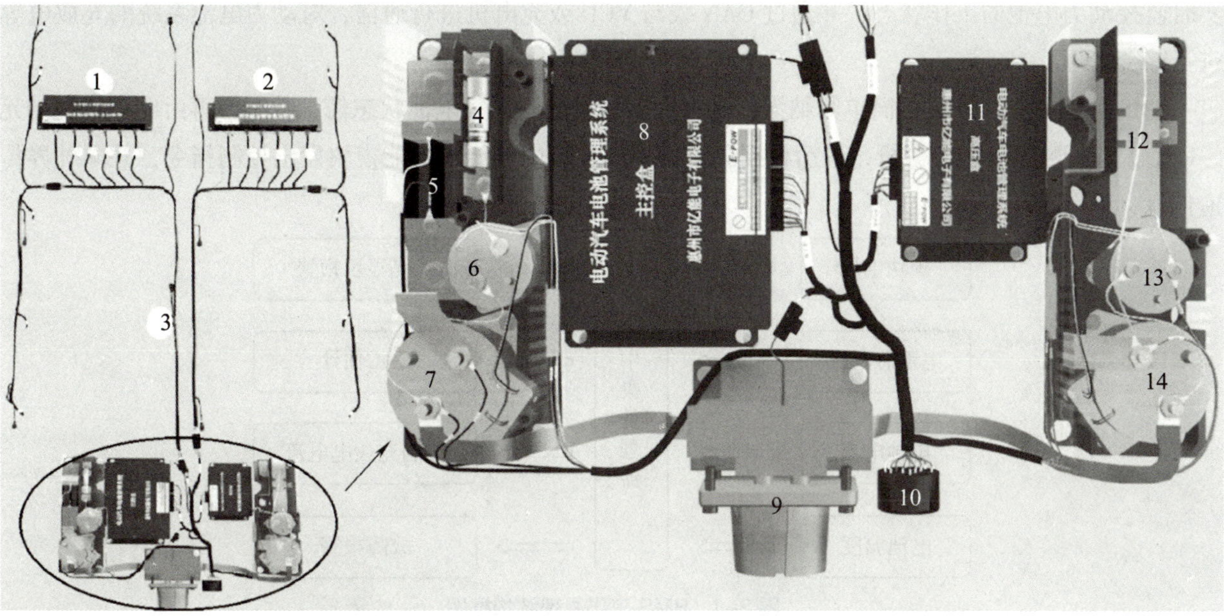

1，2—电池管理系统；3—电源控制系统；4—加热熔断器；5—高压板；
6—加热继电器；7—高压负极继电器；8—BMS 主控盒；9—动力电池箱插接口；
10—动力电池低压控制信号插口；11—BMS 高压控制盒；12—预充电阻；13—预充电继电器；14—高压正极继电器。

图 3–3　北汽 EV 系列的电池管理系统

（2）主控盒

主控盒是一个连接外部通信和内部通信的平台，其主要功能如下。

① 接收从控盒反馈的实时温度和单体电压，并计算最大值和最小值。

② 接收高压控制盒反馈的总电压和电流情况。

③ 控制与整车控制器的通信。

④ 控制主正继电器。

⑤ 控制动力电池加热。

⑥ 控制充放电电流。

（3）从控盒

从控盒又称为电压和温度采集单元，用来监控动力电池的单体电压和动力电池组的温度，其主要功能如下。

① 监控每个单体电压，反馈给主控盒。

② 监控每个动力电池组的温度，反馈给主控盒。

③ 电量监测。

④ 将以上项目监控到的数据反馈给主控盒。

BMS 的主要作用是监测电池的电压、电流、SOC、绝缘电阻、温度，通过与 VCU、充电机的通信来控制动力电池系统的充放电。

3. BMS 的工作原理

动力电池系统的工作原理是将动力电池模组放置在一个密封且屏蔽的动力电池箱里面，使用可靠的高压接插件与高压控制盒相连，然后输出的直流电由电机控制器转变为三相交流高压电，进而驱动电机工作。系统内的 BMS 实时采集各电芯的电压、各温度传感器的温度、电池系统的总电压和总电流等数据，实时监控动力电池的工作状态，并通过 CAN 线与 VCU 或充电机进行通信，对动力电池系统的充放电等进行综合管理。

BMS 的主要工作原理可简单归纳为：光由数据采集电路采集电池状态信息数据，再由电子控制单元（ECU）进行数据处理和分析，最后根据分析结果向系统内的相关功能模块发出控制指令，并向外界传递信息，如图 3-4 所示。

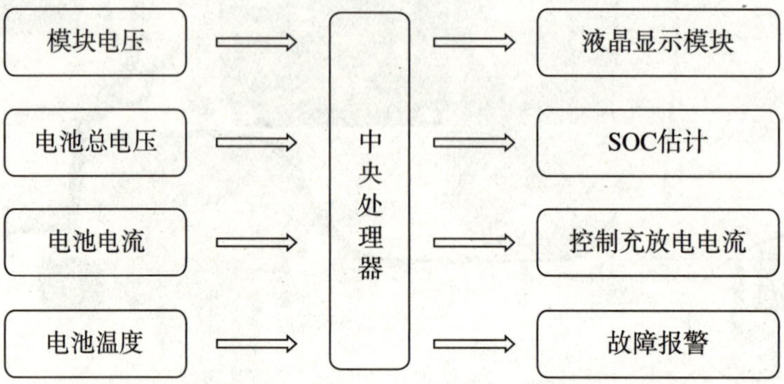

图 3-4　BMS 工作原理结构框图

BMS 一般包括电池管理子系统、电压平衡控制子系统、热管理子系统和安全防护系统四个子系统。

（1）电池管理子系统

电池管理子系统的主要功能是通过电压检测等功能实现对动力电池系统的保护、对电池状态的估计和在线故障诊断。其中，电池状态估计包括电池剩余电量估计和电池老化程度估计两个方面。电池剩余电量是电池管理系统中最重要的一个指标。电池剩余电量估计的工作原理是通过各类传感器采集电池的相关参数，包括电压、电流及温度等；然后由 ECU 对数据进行处理和分析，根据结果对电池剩余电量进行分析，并将结果传递到驾驶员仪表板上。

（2）电压平衡控制子系统

电压平衡控制子系统主要通过充电控制、自动均衡、继电器控制、SOC 估算、充放电管理、均衡控制、故障报警及处理、与其他控制器通信等实现电压平衡控制。

（3）热管理子系统

热管理子系统的作用是确保动力电池系统能在适宜的温度下工作，以保障动力电池系统的电性能和寿命，其主要功能包括：①对电池温度的准确测量和监控；②在电池组温度过高时进行有效散热和通风；③低温条件下快速加热；④在产生有害气体时进行有效通风；⑤保证电池组温度场均匀分布。

（4）安全防护系统

安全保护作为 BMS 重要的功能，主要包括过流保护，过充、过放保护，过温保护和绝缘监测。

① 过流保护。由于电池有一定的内阻，当工作电流过大时，电池内部会产生热量，从而造成电池温度升高、热稳定性下降。BMS 会通过判断采集的充放电电流是否超过安全范围来采取相应的安全保护措施。

② 过充、过放保护。过充电会使电池正极晶格结构被破坏，从而导致电池容量减小。如果电压过高还会引发正负极短路，进而造成的爆炸。过放电会导致放电电压低于电池放电截止电压，使电池负极上的金属集流体被溶解，电池被损坏。若继续给这种电池充电则有内部短路或漏液的危险。BMS 会判断采集的单体电池电压是否超过充放电的限制电压，如果电压超过限制电压，BMS 就会断开充放电回路，从而保护电池系统。

③ 过温保护。动力电池的稳定运行需要适宜的温度。过温保护结合了热管理系统，在电池温度过高或过低时，禁止系统进行充放电。

④ 绝缘监测。动力电池系统的电压通常有几百伏，如果漏电会给人员造成危险。BMS 会实时监测总正、总负搭铁的绝缘阻值，在该值低于安全范围时上报故障并断开高压电。

4. 电池管理系统的要求

《电动汽车用电池管理系统技术条件》（QC/T 897—2011）中规定了电池管理系统的一般要求和技术要求。

（1）电池管理系统的一般要求

① 电池管理系统应能检测电池电和热相关的数据，至少应包括电池单体或者电池模块的电压、电池组回路电流和电池包内部温度等参数。

② 电池管理系统应能对动力电池的荷电状态、最大充放电电流（或者功率）等状态参数进行实时估算。

③ 电池管理系统应能对电池系统进行故障诊断，并可以根据具体故障内容进行相应的故障处理，如故障码上报、实时警示和故障保护等。

④ 电池管理系统应有与车辆的其他控制器基于总线通信方式的信息交互功能。

⑤ 电池管理系统应用在具有可外接充电功能的电动汽车上时，应能通过与车载充电机或者非车载充电机的实时通信或者其他信号交互方式实现对充电过程的控制和管理。

（2）电池管理系统的技术要求

① 绝缘电阻。电池管理系统与动力电池相连的带电部件和其壳体之间的绝缘电阻应不小于 2 MΩ。

② 绝缘耐压性能。电池管理系统应能经受绝缘耐压性能试验，在试验过程中应无击穿或闪络等破坏性放电现象。

③ 状态参数测量精度。电池管理系统所检测状态参数的测量精度要求如表 3–4 所示。

表 3–4　状态参数测量精度要求

参数	总电压	电流	温度	单体（模块）电压
精度要求	≤ ±2%FS	≤ ±3%FS	≤ ±2 ℃	≤ ±0.5%FS

注：FS 为总量程。

三、动力电池箱

动力电池箱的箱体通常安装在车身底盘下方，有承载及保护动力电池组及电气元件的作用，制造材料通常包括具有绝缘作用的玻璃钢和高硬度耐磨的钢等。由于汽车的运行环境多变，因此对动力电池箱的散热、防水、绝缘等安全设计的要求很高。例如，北汽 EV160/200 电池箱的箱体的防护等级为 IP67。在使用过程中，动力电池外部动力电池箱的好坏对动力电池内部具有较大影响，所以在维护时需要对动力电池外部进行检查维护。

四、辅助元器件

辅助元器件主要包括动力电池系统内部的电子电器元件（如熔断器、继电器、分流器、接插件、紧急开关、烟雾传感器等）、维修开关以及电子电器元件以外的辅助元器件（如密封条、绝缘材料等）。

1. 电流传感器

电流传感器用于监测充放电电流的大小，如图 3-5 所示，该电流传感器是一个霍尔式电流传感器。

霍尔元件是一种采用半导体材料制成的磁电转换器件，其原理如图 3-6 所示。霍尔电势 U_H 的大小和控制电流 I_C、磁通密度 B 的乘积成正比，通过测量霍尔电势，可以间接测量载流导体电流。

图 3-5 电流传感器

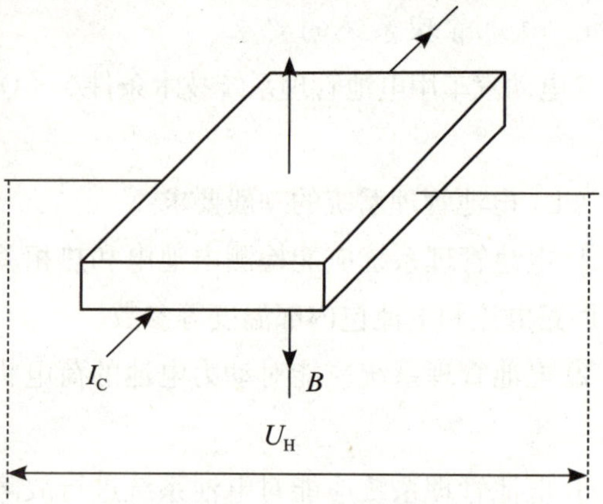

图 3-6 霍尔元件原理图

2. 维修开关

电动汽车所用的电大多是电压高于 300 V 的高压电，如果电路出现过载或短路，容易引起电气元件的损坏；如果操作不当，更易酿成电击危险。维修开关安装在电路大电流主干线上，通常位于动力电池组箱体的中间位置，如图 3-7 所示。

维修开关是保证电动汽车高压电气安全的关键部件，在紧急情况下或进行高压系统和动力电池的维护、维修、保养等操作时，应将其断开，以保障维修人员的安全。

3. 熔断器

熔断器的作用是保护高压系统的安全。当高压系统出现短路时，熔断器会断开。维修开关内装有电压为 500 V（电流为 250 A）的熔断器，如图 3-8 所示。

图 3-7 维修开关

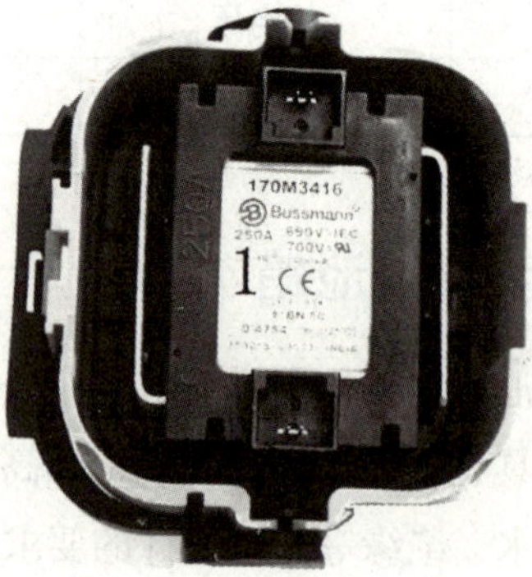

图 3-8 熔断器

4. 加热继电器和加热熔断器

加热继电器和加热熔断器位于动力电池热管理系统。加热熔断器与加热膜串接在一起，加热继电器受 BMS 控制，在温度低于设定值时接通，对动力电池系统进行加热，如图 3-9 所示。

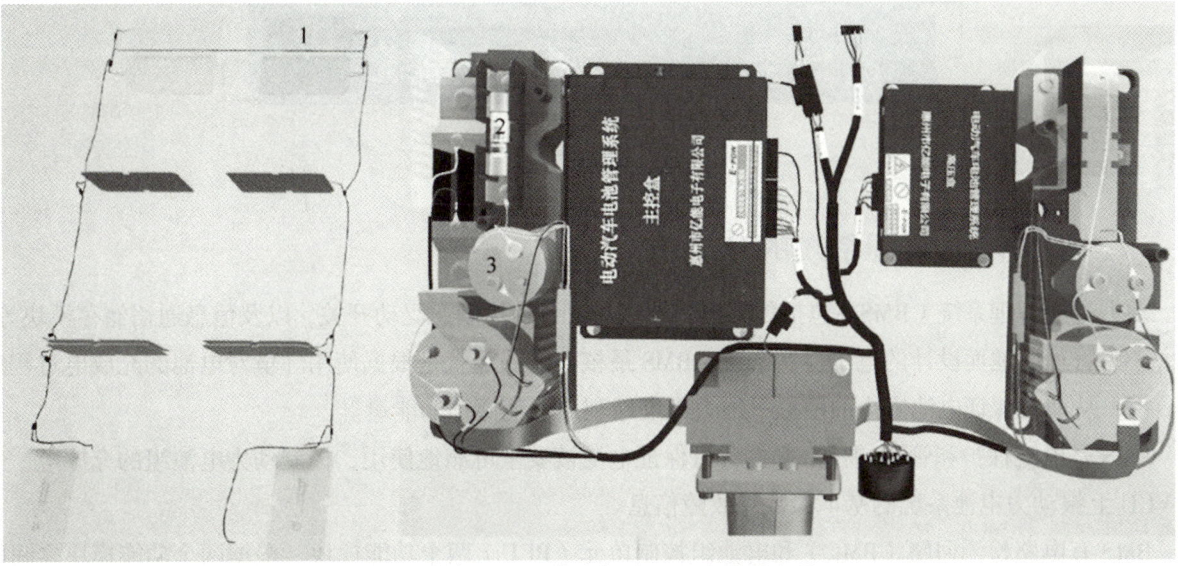

1—加热膜片；2—加热熔断器；3—加热继电器。

图 3-9　加热继电器和加热熔断器

5. 继电器集成器

继电器集成器将高压正极继电器、高压负极继电器、预充电继电器和预充电阻进行了集成，如图 3-10 所示。高压正极继电器和高压负极继电器为主继电器，控制回路的通断。

预充电继电器和预充电阻由 BMS 控制闭合和断开，在充放电初期闭合进行预充电，在预充电完成后断开。

1—预充电阻；2—高压正极继电器；3—预充电继电器；4—高压负极继电器。

图 3-10　继电器集成器

任务二　车辆充电系统

一、动力电池管理系统的分类

动力电池管理系统（BMS）包括传感器，控制器，各种控制、驱动开关，以及信息通信储存模块等，是一个为管理电池而设计的电子控制系统。BMS 最核心的功能就是根据使用环境对电池的充放电过程进行监控，从而在保证电池安全的前提下最大限度地利用电池储存的能量。

BMS 是电池保护和管理的核心部件，可保证电池被安全可靠地使用，控制动力电池组的充放电，并向 VCU 上报动力电池系统的基本参数及故障信息。

BMS 有电路检测回路（BMC）和电池组控制单元（BCU）两个功能模块。根据两个功能模块之间的连接方式不同，BMS 可分为一体式、主从式（星形）和总线式三种。

1. 一体式 BMS

一体式 BMS 的 BMC 和 BCU 集成在一个盒子中，如图 3-11 所示，从盒子中引出导线以与各个电池单体或者模组相连。一般市场上的一体式 BMS 都面向固定数量的电池系统，如 24 串、36 串、48 串的一体式 BMS。

图 3-11　一体式 BMS

一体式 BMS 成本较低，占用空间少，维护简单，但由于接口数量固定，面对不匹配的电池时，接口数量要大于电池单体数，因此会造成部分接口的浪费。一体式 BMS 具有成本低、结构紧凑、可靠性高的优点，一般常见于容量低、总压低、电池系统体积小的场景中。

2. 主从式（星形）BMS

主从式（星形）BMS 由一个 BCU 和若干个 BMC 构成。图 3-12 为主从式（星形）BMS 的 BCU 和 BMC 之间的连接关系。BCU 与每一个 BMC 以线束相连，通常 BCU 中会带有一个总线集成模块，使多个 BMC 共用通信通道，但这也使得通信线路过长，难以维护。

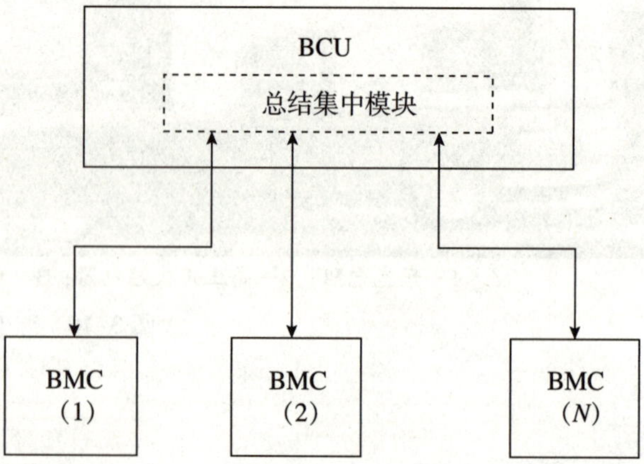

图 3-12　主从式（星形）BMC 的 BCU 和 BMC 之间的连接关系

与一体式 BMS 类似，主从式（星形）BMS 的线束数目也是 12 的倍数，所以一体式 BMS 的浪费现象，主从式（星形）BMS 也有。

3. 总线式 BMS

总线式 BMS 采用一根总线将 BCU 和所有的 BMC 连在一起，因此总线式 BMS 比主从式（星形）BMS 要节省线材成本，连接也更灵活。但是其中任何一个 BMC 或 BCU 出现故障，后面的 BMC 与 BCU 的通信都会受到影响。总线式 BMC 的 BCU 和 BMC 之间的关系如图 3-13 所示（图中的 MCU 为微控制单元）。

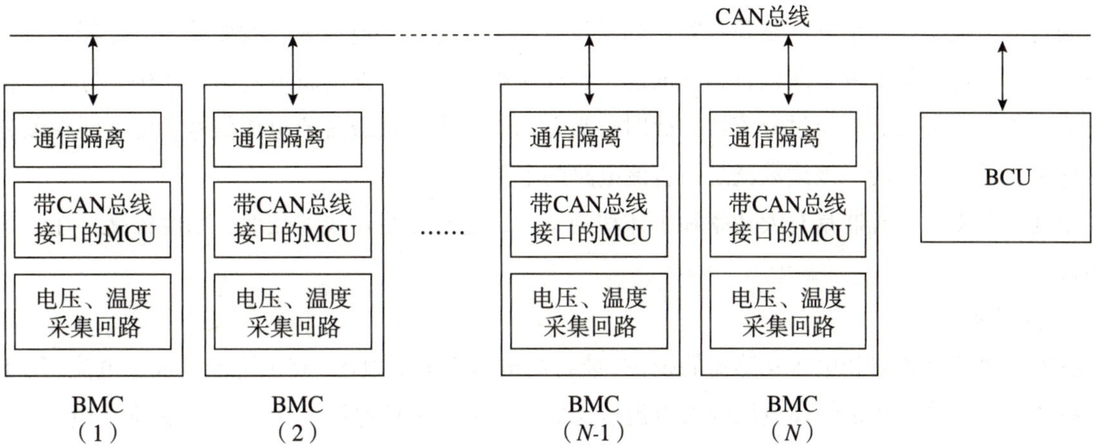

图 3-13　总线式 BMC 的 BCU 和 BMC 之间的关系

二、动力电池管理系统的功能

动力电池管理系统对动力电池的电压、电流、温度时刻进行监测，同时还进行漏电检测、热管理、电池均衡管理、报警提醒，计算剩余容量、放电功率，报告 SOC、SOH；还根据动力电池的电压、电流及温度，用算法控制最大输出功率以获得最大行驶里程，以及用算法控制充电机以进行最佳电流的充电。通过 CAN 总线接口与车载控制器、电机控制器、能量控制系统、车载显示系统等进行实时通信。常见的动力电池管理系统的功能如图 3-14 所示。

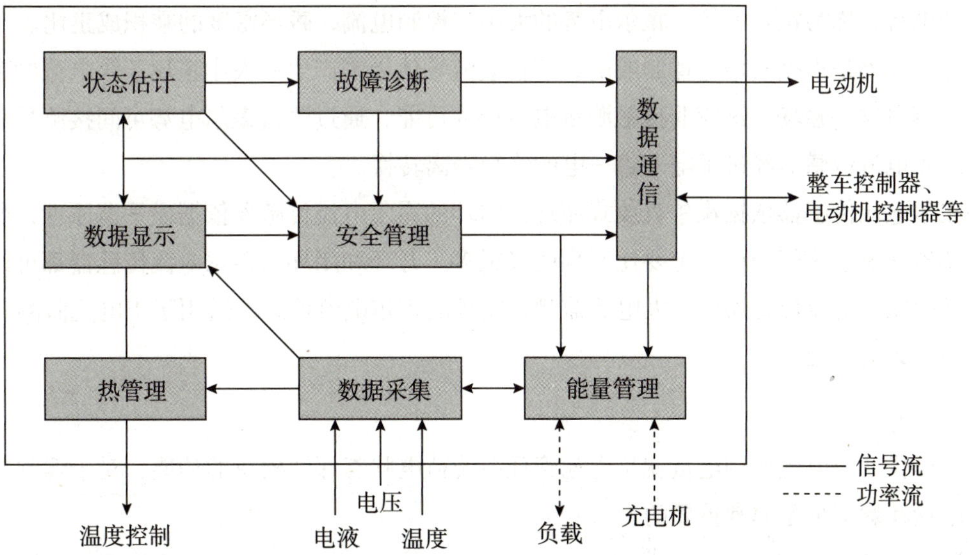

图 3-14　常见的动力电池管理系统的功能

（一）电池状态监测

电池状态监测一般是指对电压、电流和温度的监测。电池状态监测是动力电池管理系统最基本的功能，其他功能大部分是在电池状态监测的基础上实现的，如电池状态分析功能。假如电池状态监测提供的数据不准确，电池状态分析也会不准确。

以电流监测为例，常见仪器有分流器、互感器、霍尔电流传感器等。

（1）分流器

分流器是一种检测直流电的仪器，根据直流电流通过电阻时在电阻两端产生电压的原理制成。要测量很大的直流电流，如几十安甚至几百安，如果没有那么大量程的电流表，就要采用分流器。分流器是一根短的导体，可以是各种金属或合金制成的，也连接端子。分流器的直流电阻是严格调好的，将其串接在直流电路里，使直流电流过分流器，此时分流器两端产生毫伏级直流电压信号，使并联在该分流器两端的计量表的指针摆动，该读数就是该直流电路的电流。

高精度、低阻值分流器具有大功率和小体积的特点，这种分流器成本较低、精度较高，在汽车电子中应用较多。

（2）互感器

互感器是电流互感器和电压互感器的统称，能将高电压变成低电压、将大电流变成小电流，用于测量或保护系统。其功能主要是将高电压或大电流按比例变换成标准低电压（100 V）或标准小电流（5 A 或 1 A，均指额定值），以便实现测量仪表、保护设备及自动控制设备的标准化、小型化。此外，互感器还可用来隔开高电压系统，以保证人员和设备的安全。

互感器与测量仪表、计量装置配合，可以测量一次系统的电压、电流和电能；与继电保护、自动装置配合，可以构成对电网各种故障的电气保护和自动控制。互感器性能的好坏，直接影响电力系统测量、计量的准确性和继电保护装置动作的可靠性。

（3）霍尔电流传感器

霍尔电流传感器基于磁平衡式霍尔原理。根据霍尔效应原理，从霍尔元件的控制电流端通入控制电流，并在霍尔元件平面的法线方向上施加磁场，那么在垂直于电流和磁场的方向（即霍尔输出端之间）上将产生一个电势，称为霍尔电势。霍尔电势的大小与控制电流、磁场密度的乘积成正比。

霍尔电流传感器是根据安培定律制成的，即在载流导体周围产生一大小正比于该电流的磁场，而霍尔器件则用于测量这一磁场。这使非接触测量电流成为可能，通过测量霍尔电势可间接测量载流导体电流。因此，霍尔电流传感器经过了电—磁—电的绝缘隔离转换。

开环的霍尔电流传感器依据霍尔直放式原理，闭环的霍尔电流传感器依据磁平衡原理，所以闭环的霍尔电流传感器在响应时间与精度上要比开环的好很多。开环和闭环的霍尔电流传感器都可以监测交流电，一般开环的霍尔电流传感器用于大电流监测，闭环的霍尔电流传感器适用于小电流监测。

（二）电池状态分析

1. 荷电状态评估

向驾驶员提供动力电池所剩电量就是电池管理系统荷电状态评估模块的功能，对于驾驶员而言，知道动力电池电量还剩多少是非常重要的。

2. 健康状态评估

电池从使用开始性能逐步衰减，这是不可逆的过程，健康状态评估的就是电池的健康状态。

热管理：BMS 根据热管理控制策略进行工作，以使电池组处于最优工作温度范围。

数据通信：BMS 与整车控制器、电机控制器等车载设备及上位机等非车载设备进行数据交换。

安全管理：BMS 在电池组的电压、电流、温度、SOC 等出现不安全状态时给予及时报警并进行断路等紧急处理。

（三）电池安全保护

1. 过流保护

过流保护是指在充放电过程中，如果工作电流超过安全值，则应该采取相应的保护措施。

2. 过充、过放保护

过充保护指的是在电池的荷电状态为 100% 的情况下，为了防止继续充电对电池造成损坏，所采取的断开充电回路的保护措施。过放保护指的是在电池的荷电状态为 0 的情况下，为了防止继续让电池放电对电池造成损伤，所采取的断开电池放电回路的保护措施。

3. 过温保护

过温保护指的是温度超过一定额度时对动力电池采取的保护措施。因为动力电池在高温下工作可能引起难以控制的化学反应，轻则损坏电池，严重可能造成人员伤亡。

（四）能量控制管理

对电池组充放电过程的控制，包括对电池组内单体或模块进行电量均衡。故障诊断是指使用相关技术及时发现电池组内出现故障的单体或模块。

电池管理系统与整车控制系统的关系如图 3-15 所示。

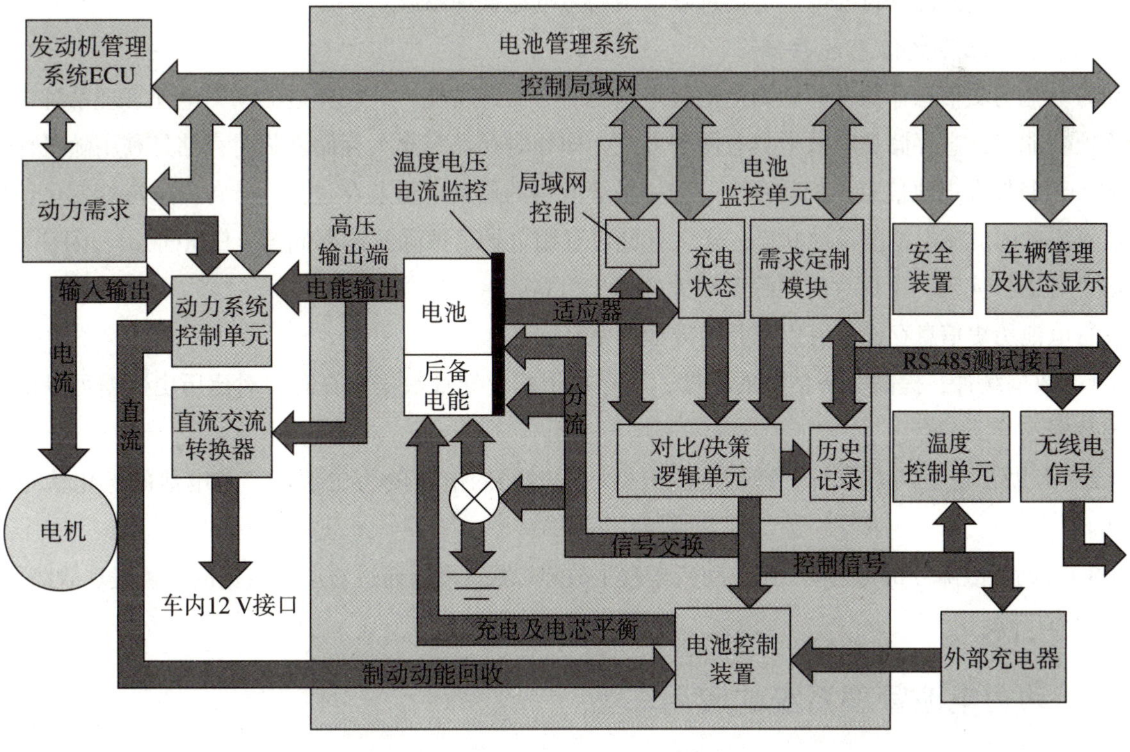

图 3-15　电池管理系统与整车控制系统的关系

（五）动力电池信息管理

动力电池的使用过程中有大量的数据会通过仪表告知驾驶员，有些数据传输给动力电池管理系统，有些数据需要作为历史数据保存到系统中。动力电池信息管理主要包括动力电池信息显示、系统内外信息的交互和动力电池历史信息的存储。

1. 动力电池信息显示

动力电池管理系统通常通过仪表把电池状态信息显示出来，并告知驾驶员或汽车维修人员。需要显示的信息通常包括三类：实时电压、电流、温度信息。由于汽车上的电池个数较多，因此不需要将每个电池的信息都进行显示，通常只需要把整个电池组的总电压、总电流、最高电池电压、最低电池电压、最高电池温度、最低电池温度等信息反映在仪表上。

（1）电池剩余电量信息。为了使驾驶员获得更为直观的感受，通常会把剩余行驶里程的估算值显示在仪表上。

（2）告警信息。当电池组存在安全问题或即将发生安全问题时，需要及时通过仪表通知驾驶员。此时还需要配合声音告警等多种其他手段及时引起驾驶员的注意。

2. 系统内外信息的交互

动力电池管理系统往往同时具有内网和外网两级网络。其中，内网用于传递动力电池管理系统的内部信息，各小组的电路板通过内网将每个电池的具体信息传至动力电池管理系统的主电路板。外网用于动力电池管理系统与其他系统部件交互信息。外网应该是双工（支持双向通信）的：一方面，动力电池管理系统需要将电压、电流、温度等信息发送给其他部件；另一方面，整车控制器也需要将“是否有充电机接入”“是否允许进行充电”等信息发送给动力电池管理系统。

3. 动力电池历史信息的存储

动力电池历史信息存储并非动力电池管理系统所必需的功能，但在先进的动力电池管理系统中往往考虑这项功能。信息存储从时效上具有两种方式，即临时存储与永久存储。临时存储是利用随机存储器（RAM）暂时保存电池信息，如暂存上一分钟估算所得的剩余电量及在过去一分钟内电流的变化信息，以便估算出此时此刻电池的荷电状态。永久存储可利用电子可擦除只读存储器（EEROM）、闪存（flash memory）等器件实现，可保存时间跨度较大的历史信息。

进行电池历史信息存储具有以下几个方面的意义。

（1）数据缓冲，提高分析估算的精度。当存在干扰，导致数据失真时，对比历史数据可以得到更真实的数据。

（2）有助于电池状态分析。特别是能根据一段时间内电池的历史数据，对电池的老化状态等进行评估。

（3）有助于故障分析与排除。当电动汽车发生故障以后，可以通过对历史数据的分析发现故障原因，有利于故障排除。

三、动力电池管理系统的应用车型

1. 吉利帝豪 EV450

吉利帝豪 EV450 动力电池控制器安装于动力电池内部，是动力电池管理系统的核心部件。动力电池控制器将单体电池电压、电流、温度及整车高压绝缘等信息传送给整车控制器（VCU），并根据 VCU

的指令完成对动力电池的控制，如图 3–16 所示。

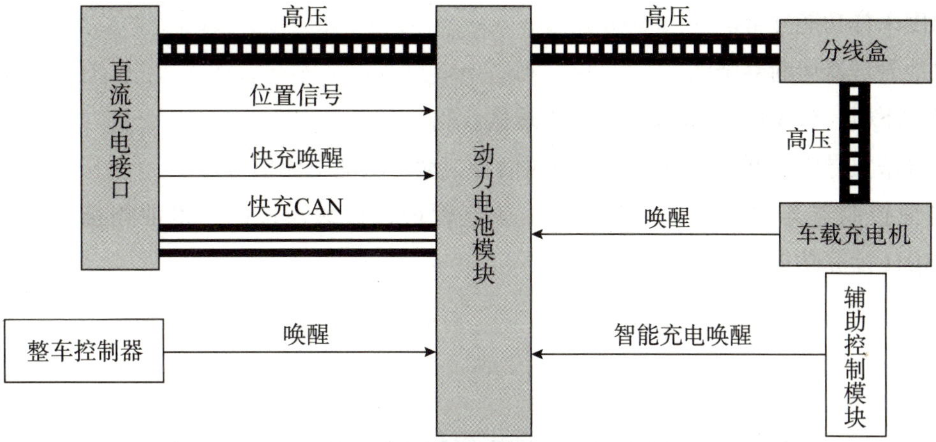

图 3–16 吉利帝豪 EV450 的动力电池管理系统

2. 丰田混合动力车型（普锐斯、凯美瑞、卡罗拉双擎）

丰田混合动力车型的动力电池控制器（丰田技术资料中称之为电池智能单元）安装在动力电池模块上。丰田混合动力车型的动力电池控制器功能框图如图 3–17 所示（图中 HV 代表高压，ECU 代表电子控制单元）。

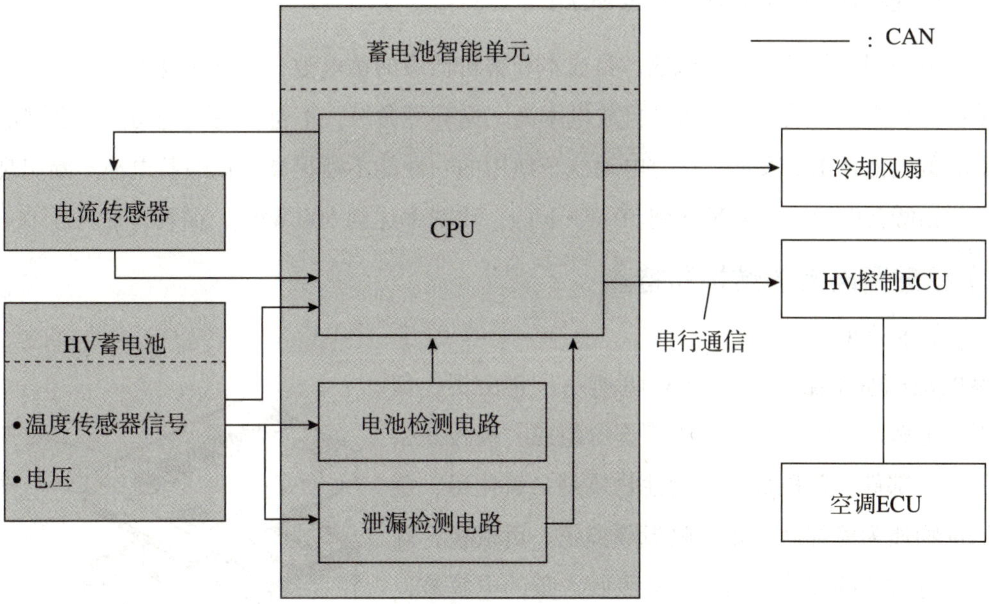

图 3–17 丰田混合动力车型的动力电池控制器功能框图

3. 知豆

知豆城市微行电动汽车的动力电池控制器安装在动力电池内部，其控制功能如下。

（1）获取并判断单体电池状态、均衡控制。

（2）剩余电量估算、健康值估算。

（3）高压接触器开关、热管理、系统绝缘值检测。

（4）对外通信，接收指令并反馈自身状态。

4. 比亚迪 E6

比亚迪 E6 的动力电池控制器安装在后备厢备胎下面，动力电池控制器的故障模式如下。

（1）电压采样功能异常。

（2）温度采样功能异常。

（3）电池管理器熔断器烧毁。

（4）和位下机、整车模块 CAN 总线失去通信。

（5）信号采集异常（漏电检测信号、碰撞信号、动力电池电流信号等）。

（6）电池控制器其他故障（充电管理、放电管理、接触器控制、电池均衡、数据记录、SOC 计算功能、SOH 计算功能）。

任务三　电池结构的认知

一、铅酸蓄电池的结构原理认知

铅酸蓄电池应用历史长、技术成熟，是成本和售价低廉的蓄电池，现已实现大批量生产。但其比能量低且质量和体积太大，续航里程短，自放电率高，循环寿命短，不符合现代电动汽车发展的需要。

随着铅酸蓄电池技术的发展，适合电动汽车使用的、性能不断提高的铅酸蓄电池不断出现，如第三代阀控式密封铅酸蓄电池，比能量达到 50 W · h/kg，比功率达到 500 W/kg，循环寿命大于 900 次。

（一）铅酸蓄电池的结构和特点

1. 铅酸蓄电池的结构

铅酸蓄电池的基本结构图如图 3–18 所示。它由正、负极板，隔板，电解液，溢气阀，外壳等部分组成。极板是铅酸蓄电池的核心部件，正极板上的活性物质是二氧化铅，负极板上的活性物质为海绵状纯铅。隔板隔离正、负极板，防止短路。作为电解液的载体，隔板能够吸收大量的电解液，起到促进离子良好扩散的作用，它还是正极板产生的氧气到达负极板的"通道"，以顺利建立氧循环，减少水的损失。电解液由蒸馏水和纯硫酸按一定比例配制而成，主要作用是参与电化学反应，是铅酸蓄电池的活性物质之一。电池槽中装入一定密度的电解液后，由于电化学反应，正、负极板间会产生约为 2.1 V 的电动势。溢气阀位于电池顶部，起到安全、密封、防爆等作用。

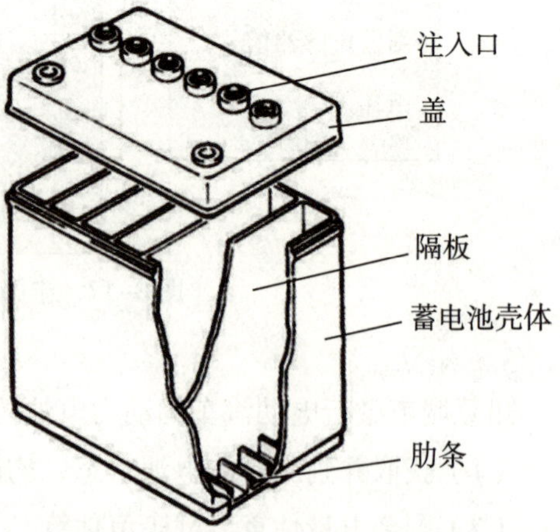

图 3–18　铅酸蓄电池的基本结构图

2. 铅酸蓄电池的特点

（1）铅酸蓄电池的优点如下。

① 在常用蓄电池中，铅酸蓄电池的电压最高（锂离子电池除外），为 20 V。

② 价格低廉。

③ 可制成小至 1 A · h 大至几千 A · h 的各种尺寸和结构的蓄电池。

④ 高倍率放电性能良好，可用于引擎启动。

⑤ 高低温性能良好，可在 −40 ～ 60 ℃的条件下工作。

⑥ 电能效率高达 60%。

⑦ 易于浮充使用，没有“记忆”效应。

⑧ 易于识别荷电状态。

（2）铅酸蓄电池的缺点如下。

① 比能量低，在电动汽车中所占的质量和体积较大，一次充电行驶里程短。

② 使用寿命短，使用成本高。

③ 充电时间长。

④ 铅是重金属，存在污染。

（二）铅酸蓄电池的工作原理

当电池两端加上负荷时，在电池外部，电路电子流动形成电流；而在电池内部，化学能转换为电能，电以离子的形式从一个电极到另一个电极。正电极在放电时，是由外电路接收电子，形成还原反应；负电极释放电子到外电路，形成氧化反应。电解液的作用是给正、负电极之间流动的离子创造一个液体环境，或者说充当离子流动的介质。

1. 放电过程的电化学反应

当蓄电池与外电路接通时，在电池电动势的作用下，电路中便产生电流，放电电流由蓄电池的正极板经外电路流向负极板。在蓄电池的内部，电解液内硫酸分子电离，产生正离子氢和负离子硫酸根。在电场力的作用下，氢离子向正极移动，硫酸根离子向负极移动，从而形成离子电流。电流的方向是从负极流向正极，其放电反应如图 3–19 所示。

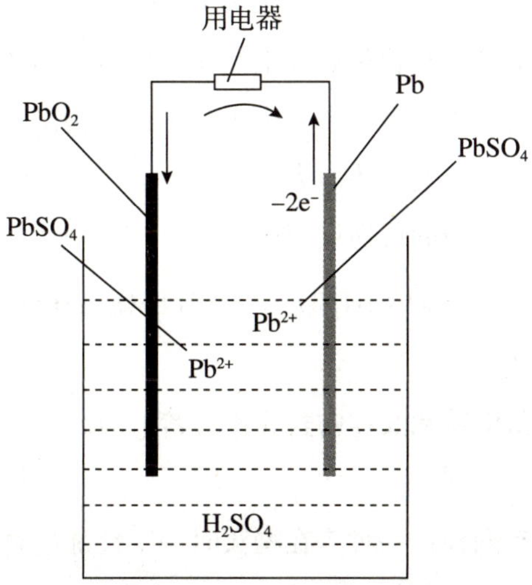

图 3–19　铅酸蓄电池放电反应

生成硫酸铅，其化学反应式为

$$Pb+H_2SO_4 \longrightarrow PbSO_4+2H^++2e^-$$

在正极板上，电子自外电路流入，与4价的铅离子结合，形成2价的正离子铅；接着与正极板附近的硫酸根离子结合，生成硫酸铅，同时移向正极板的氢正离子和氧负离子结合生成水分子，化学反应式为

$$PbO_2+H_2SO_4+2H^++2e^- \longrightarrow PbSO_4+2H_2O$$

可见，蓄电池在放电过程中，正、负极板上都形成了硫酸铅。由于硫酸铅导电性能差，增加了极板间的电阻，影响了电池的容量。电解液中的硫酸逐渐减少，水分增加，因而电解液的相对密度降低。

2. 充电过程的电化学反应

铅酸蓄电池充电时，在电池内部，充电电流是由正极流向负极的。在电流的作用下，正、负极上的硫酸铅及电解液中的水被分解，其充电时化学反应如图3–20所示。

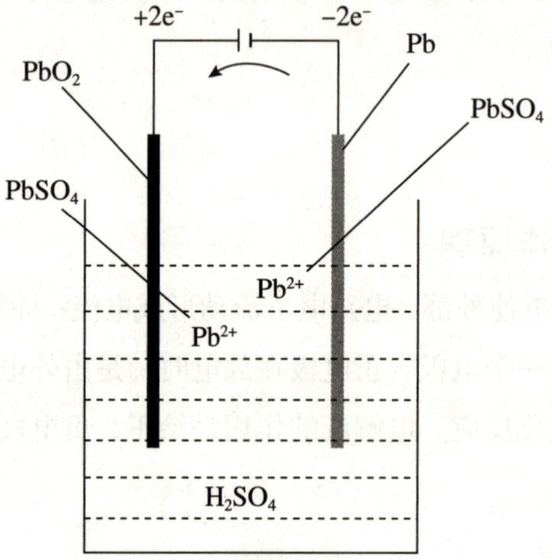

图3–20　铅酸蓄电池充电反应

充电时化学反应式为

正极板上：$PbSO_4+SO_4^{2-}-2e^-+2H_2O \longrightarrow PbO_2+2H_2SO_4$；

负极板上：$PbSO_4+2H^++2e^- \longrightarrow Pb+2H_2SO_4$；

总的化学反应方程式：$2PbSO_4+2H_2O = PbO_2+2H_2SO_4+Pb$。

即在充电过程中，在正极板上的硫酸铅被硫酸根氧化失去电子而还原成二氧化铅，在负极板上的硫酸铅被氧离子还原成铅。在化学反应中，吸收了2个水分子，而析出了2个分子的硫酸，因此充电时电解液的相对密度增大，电池内阻减小，电动势增大。

综上所述，放电和充电循环过程中的可逆反应式为

$$Pb+PbO_2+2H_2SO_4 \rightleftharpoons 2PbSO_4+2H_2O$$

（三）铅酸蓄电池的分类

铅酸蓄电池分为免维护铅酸蓄电池和阀控密封式铅酸蓄电池。

1. 免维护铅酸蓄电池

市场上的免维护铅酸蓄电池有两种：一种是在购买时一次性加电解液，在以后的使用中不需要添加

补充液；另一种是电池本身出厂时就已经加好电解液并封死，用户根本就不能添加补充液。免维护铅酸蓄电池由于自身结构上的优势，电解液的消耗量非常小，在使用寿命内基本不需要补充蒸馏水。免维护铅酸蓄电池具有耐振、耐高温、体积小、自放电小的特点，使用寿命一般为普通铅酸蓄电池的两倍。

2. 阀控密封式铅酸蓄电池

阀控密封式铅酸蓄电池在使用期间不用加酸或加水维护，电池为密封结构，不会漏酸，也不会排酸雾。电池盖子上设有溢气阀（也称安全阀），当电池内部气压升高到一定值时，溢气阀自动打开，排出气体，然后自动关闭，防止空气进入电池内部。

阀控密封式铅酸蓄电池分为超细玻璃纤维（AGM）电池和胶体（GEL）电池两种。AGM 电池采用吸附式玻璃纤维棉作为隔膜，电解液吸附在极板和隔膜中，电池内无流动的电解液，电池可以立放工作，也可以卧放工作。GEL 电池以 SiO_2 为凝固剂，电解液吸附在极板和胶体内，电池一般立放工作。如无特殊说明，阀控密封式铅酸蓄电池皆指 AGM 电池，电动汽车使用的动力电池一般是阀控密封式铅酸蓄电池。

二、镍氢电池的结构原理认知

（一）镍氢电池的工作原理

镍氢电池是将物质的化学反应产生的能量直接转化成电能的一种装置，由镍氢化合物正电极、储氢合金负电极以及碱性电解液（如质量分数为 30% 的氢氧化钾溶液）组成，其性能特点主要取决于本身体系的电极反应。

充放电时正、负极的电化学反应方程式如下。

氧化电极上：$Ni(OH)_2+OH^-$ ══ $NiO\ OH+H_2O+e^-$；

贮氢电极上：$M+H_2O+e^-$ ══ $MH_{ab}+OH^-$；

总反应：Ni（OH）2+M══NiO OH+MH。

式中，M 为氢合金，H_{ab} 为吸附氢。反应式从左到右为充电过程，从右到左为放电过程。

充电时，正极的 $Ni(OH)_2$ 和 OH^- 反应生成 NiOOH 和 H_2O，同时释放出 e^-，并生成 MH_{ab} 和 OH^-，总反应是 $Ni(OH)_2$ 和 M 生成 NiOOH 和储氢合金。

放电时与此相反，MH_{ab} 释放 H^+，H^+ 和 OH^- 生成 H_2O 和 e^-，NiOOH、H_2O 和 e^- 重新生成 $Ni(OH)_2$ 和 OH^-，电池的标准电动势为 1.3 ～ 1.9 V。

当镍氢电池以标准电流放电时，平均工作电压为 1.2 V；当电池以 8 倍率（8 C）放电时，端电压降至 1.1 V 时，则认为放电已完。电压 1.1 V 称为 8 C 率放电时的放电终止电压。

（二）镍氢电池的分类和结构

1. 镍氢电池的分类

按照外形，镍氢电池可以分为方形镍氢电池和圆形镍氢电池。

2. 镍氢电池的结构

镍氢电池主要由正极、负极、绝缘板、盖帽等组成，如图 3-21 所示。镍氢电池正极是活性物质氢氧化镍，负极是储氢合金，用氢氧化钾作为电解质。在正、负极之间有隔膜，共同组成镍氢单体电池，在金属铂的催化作用下，完成充电和放电的可逆反应。

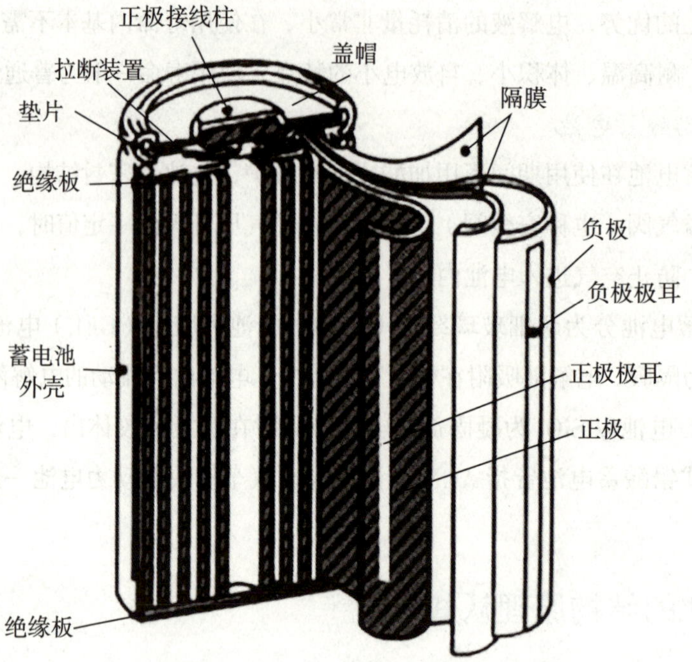

图 3-21　混合动力汽车用圆柱形镍氢电池的单体电池

镍氢电池的极板有发泡体和烧结体两种。有发泡体极板的镍氢电池在出厂前必须进行预充电，且放电电压不能低于 0.9 V，工作电压也不太稳定。而有烧结体极板的镍氢电池，其烧结体极板本身就是活性物质，故不需要进行预充电，且电压平衡、稳定，具有低温放电性能好、不易老化和寿命长的优点。

镍氢电池的基本单元是单体电池，按使用要求组合成不同电压和不同电荷量的镍氢电池总成。

（三）镍氢电池的特点

镍氢电池除具有高比能量、大功率、快速充放电、质量小、体积小等特点外，还具有以下特点。

（1）比功率高，目前商业化的镍氢电池的比功率能做到 1 350 W/kg。

（2）循环次数多，目前应用在电动车上的镍氢动力电池放电深度（DOD）为 80%，循环可以达 1 000 次以上，为铅酸蓄电池的 3 倍以上。DOD 为 100%，循环寿命也在 500 次以上，在混合动力汽车中可使用 5 年以上。

（3）无污染。镍氢电池不含铅、镉等对人体有害的金属。

（4）耐过充、过放。

（5）无记忆效应。

（6）使用温度范围宽，正常使用温度范围为 -30 ～ 55 ℃，储存温度为 -40 ～ 70 ℃。

（7）安全可靠，短路、挤压、针刺、安全阀工作能力、跌落、加热、耐振等安全性、可靠性试验无爆炸、燃烧现象。

三、锂离子电池的结构原理认知

（一）锂离子电池的工作原理

锂离子电池的原理图如图 3-22 所示，一般由正极、负极和高分子隔膜构成，锂离子电池的正极材料必须有能够接纳锂离子的位置和扩散路径。目前应用性能较好的正极材料是具有高插入电位的层状结构的过渡金属氧化物和锂的化合物，如 Li_xCoO_2，以及尖晶石结构的 $LiMn_2O_4$ 等，这些正极材料的插锂电位都可以达到 4 V 以上。负极材料一般用锂碳层间化合物 Li_xC_6，其电解质一般采用溶解有锂盐 $LiPF_6$、$LiAsF_6$ 的有机溶液。典型的锂离子蓄电池体系由碳负极（焦炭、石墨）、正极氧化钴锂（Li_xCoO_2）和有机电解液三部分组成。锂离子电池的电化学表达式如下。

正极反应（氧化反应）：$LiCoO_2 = Li_{1-x}CoO_2 + xLi^+ + xe^-$；

负极反应（还原反应）：$6C + xLi^+ + xe^- = Li_xC_6$；

电池总反应：$LiCoO_2 + 6C = Li_{1-x}CoO_2 + Li_xC_6$。

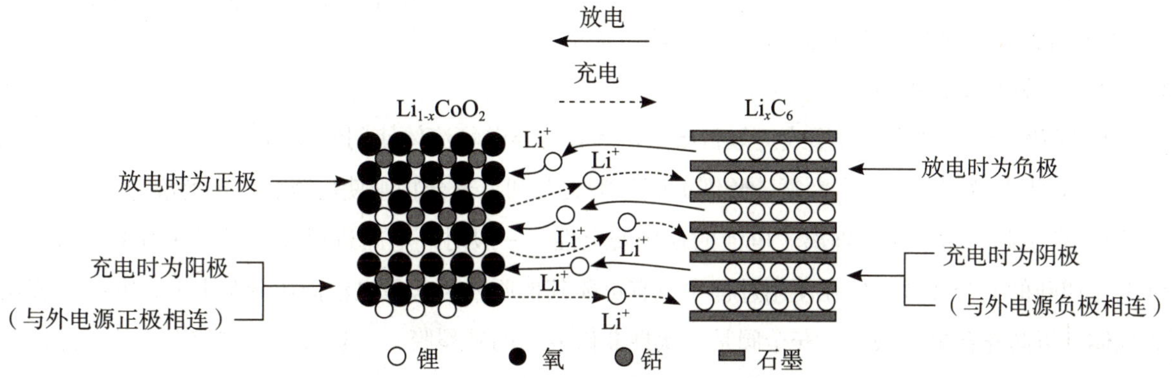

图 3-22　锂离子电池的原理图

锂离子电池实际上是一个锂离子浓差电池，正、负极由两种不同的锂离子嵌入化合物构成。充电时，Li^+从正极脱嵌经过电解质嵌入负极，此时负极处于富锂态，正极处于贫锂态；放电时则相反，Li^+从负极脱嵌，经过电解质嵌入正极，正极处于富锂态，负极处于贫锂态。锂离子电池的工作电压与构成电极的锂离子嵌入化合物本身及锂离子的浓度有关。因此，在充放电循环时，Li^+分别在正、负极上发生“嵌入—脱嵌”反应，Li^+便在正、负极之间来回移动。所以，人们又形象地把锂离子电池称为“摇椅电池”或“摇摆电池”。

锂离子电池是在锂电池的基础上发展起来的先进蓄电池，它基本解决了困扰锂电池发展的两个技术难题，即安全性差和充放电寿命短的问题。锂离子电池与锂电池在原理上的相同之处是：都采用了一种能使锂离子嵌入和脱嵌的金属氧化物或硫化物作为正极，采用一种有机溶剂——无机盐体系作为电解质。二者的不同之处是：锂离子电池采用使锂离子嵌入和脱嵌的碳材料代替纯锂作为负极。因此，这种电池的工作原理更加简单，在电池的工作过程中，仅仅是锂离子从一个电极脱嵌后进入另一个电极（嵌入）的过程。具体来说，当电池充电时，锂离子是从正极中脱嵌，在碳负极中嵌入，放电时反之。由于在充放电过程中没有晶型变化，故具有较好的安全性和较长的充放电寿命。

（二）锂离子电池的分类及结构

1. 锂离子电池的分类

锂离子电池按照外形形状，可以分为方形锂离子电池和圆柱形锂离子电池。

按照正极的材料不同，汽车用锂离子电池主要分为锰酸锂离子电池、磷酸铁锂离子电池、镍钴锂离子电池或镍钴锰锂离子电池。

2. 锂离子电池的结构

锂离子电池由正极、负极、隔膜、电解液和安全阀等组成，圆柱形锂离子电池结构如图 3-23 所示。

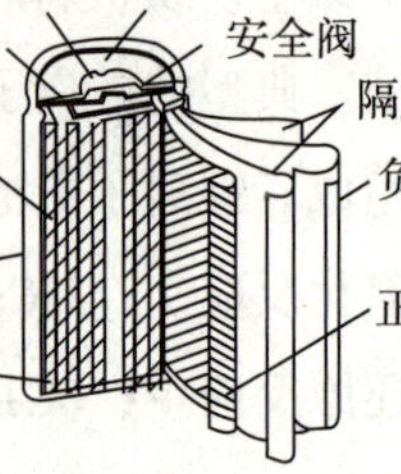

图 3-23　圆柱形锂离子电池结构

（1）正极。活性物质一般为锰酸锂或钴酸锂，现在又出现了镍钴锰酸锂材料，纯的锰酸锂和磷酸铁锂则由于体积大、性能不好或成本高而逐渐淡出。导电集流体使用厚度为 10 ～ 20 μm 的电解铝箔。

（2）隔膜。一种经特殊成型的高分子薄膜，有微孔结构，可以让锂离子自由通过，而电子不能通过。

（3）负极。活性物质为石墨或近似石墨结构的碳，导电集流体使用厚度为 7 ～ 15 μm 的电解铜箔。

（4）有机电解液。溶解有六氟磷酸锂的碳酸酯类溶剂，聚合物则使用凝胶状电解液。

（5）安全阀。为了保证锂离子电池的使用安全性，一般对外电路进行控制或者在蓄电池内部设置异常电流切断的安全装置。但在使用过程中也有可能其他原因引起蓄电池内压异常上升，此时，安全阀释放气体，以防止蓄电池破裂。安全阀是一次性非修复式的破裂膜，一旦进入工作状态，就可保护蓄电池并使其停止工作，因此是蓄电池的最后保护手段。

（6）电池外壳。电池外壳分为钢壳（现在方形外壳很少使用）、铝壳、镀镍铁壳（圆柱形电池使用）、铝塑膜（软包装）等，包括电池的盖帽（也是电池的正、负极的引出端）。

（三）锂离子电池的特点

（1）工作电压高。锂离子电池工作电压为 3.6 V，是镍氢和镍镉电池工作电压的 3 倍。

（2）比能量高。锂离子电池的比能量已达到 150 W · h/kg，是镍镉电池的 3 倍，是镍氢电池的 1.5 倍。

（3）循环寿命长。目前锂离子电池的循环寿命已达到 1 000 次以上，在低放电深度下可达几万次，超过其他几种二次电池。

（4）自放电率低。锂离子电池月自放电率仅为 6% ～ 8%，远低于镍镉电池（25% ～ 30%）和镍氢电池（15% ～ 20%）。

（5）无记忆性。锂离子电池可以根据要求随时充电而不会降低性能。

（6）对环境无污染。锂离子电池中不存在有害物质，是名副其实的“绿色电池”。

（7）锂离子电池能够制造成任意形状。

锂离子电池也有一些不足，主要表现在以下两个方面。

第一，成本高。主要是正极材料 $LiCoO_2$ 的价格高，但按 1 W · h 的价格来计算，已经低于镍氢电池，与镍镉电池持平，但高于铅酸蓄电池。

第二，锂离子电池必须有特殊的保护电路，以防过充。

四、燃料电池的结构原理认知

燃料电池是一种化学电池，它直接将物质发生化学反应时释出的能量变换为电能，从这一点看，它和其他化学电池如锰干电池、铅蓄电池是类似的。燃料电池工作时需要连续地向其供给活性物质（能起反应的物质）燃料和氧化剂，这又和其他普通化学电池不大一样。因为它是把燃料发生化学反应释放出的能量转变为电能并输出，所以被称为燃料电池。

（一）燃料电池的分类

1. 按运行机理分类

燃料电池根据的运行机理的不同，可分为以下两类。

（1）酸性燃料电池。

（2）碱性燃料电池。

2. 按电解质分类

燃料电池根据使用电解质种类的不同，可分为以下九类。

（1）质子交换膜燃料电池。

（2）碱性燃料电池。

（3）磷酸燃料电池。

（4）熔融碳酸盐燃料电池。

（5）固体氧化物燃料电池。

（6）直接甲醇燃料电池。

（7）再生型燃料电池。

（8）锌空燃料电池。

（9）质子陶瓷燃料电池。

3. 按燃料使用类型分类

燃料电池根据燃料使用类型的不同，可分为以下三类。

（1）直接型燃料电池。

（2）间接型燃料电池。

（3）再生型燃料电池。

4. 按燃料种类分类

燃料电池根据使用燃料的种类，可分为以下三类。

（1）氢燃料电池。

（2）甲醇燃料电池。

（3）乙醇燃料电池。

5. 按工作温度分类

燃料电池根据工作温度的不同，可分为以下四类。

（1）低温型（温度低于 200 ℃）。

（2）中温型（温度为 200 ～ 750 ℃）。

（3）高温型（温度为 750 ～ 1 000 ℃）。

（4）超高温型（温度高于 1 000 ℃）。

6. 按燃料状态分类

燃料电池根据燃料状态不同，可分为以下两类。

（1）液体型燃料电池。

（2）气体型燃料电池。

（二）燃料电池的特点

1. 燃料电池的优点

燃料电池与蓄电池相比，具有以下优点。

（1）节能、转换效率高。燃料电池在额定功率下的运转效率可以达到 60%，而在部分功率输出条件下的运转效率可以达到 70%，在过载功率输出条件下的运转效率可以达到 50% ～ 55%。燃料电池的高效率随功率变化的范围很宽，在低功率下的运转效率高，特别符合汽车动力性能的要求。燃料电池短时间内的过载能力可以达到额定功率的 200%，非常符合汽车在加速和爬坡时动力性能的要求。

（2）排放基本达到零污染。用碳氢化合物作为燃料的燃料电池的主要生成物质为水、二氧化碳和一氧化碳等，属于超低污染，氢氧燃料电池的反应产物只有清洁的水。

（3）无机械振动和噪声，使用寿命长。这主要与它的工作过程有关。它是通过燃料和氧化剂分别在两个电极上发生反应，由电解液和外电路构成回路，将反应中的化学能直接转化为电能，所以在整个工作过程中没有噪声和机械振动的产生，从而减少机械器件的磨损，延长了使用寿命。

（4）结构简单、运行平稳。燃料电池的能量转换是在静态下完成的，结构比较简单。构件的加工精度要求低。特别是质子交换膜燃料电池的能量转换效率高，能够在 –80 ℃的低温条件下启动和运转，对结构件的耐热性能要求也不高。由于无机械振动，所以运行时比较平稳。

2. 燃料电池的缺点

（1）燃料种类单一。目前，不论是液态氢、气态氢，还是碳水化合物经过重整后转换的氢，它们均是燃料电池的唯一燃料。氢气的产生、储存、保管、运输和灌装或重整，都比较复杂，对安全性要求很高。

（2）要求高质量的密封。燃料电池的单体电池所能产生的电压约为 1 V，不同种类的燃料电池的单体电池所能产生的电压略有不同。通常将多个单体电池按使用电压和电流的要求组合成燃料电池发动机组。在组合时，单体电池间的电极连接时，必须严格密封。因为密封不良的燃料电池中的氢气会泄露到燃料电池的外面，降低了氢的利用率并严重影响燃料电池发动机的效率，还会引起氢气燃烧事故。要求严格的密封使得燃料电池发动机的制造工艺很复杂，并给使用和维护带来了很多困难。

（3）价格高。制造成本高，电池价格昂贵。

（4）需要配备辅助电池系统。燃料电池可以持续发电，但不能充电和回收燃料电池汽车再生制动的反馈能量。通常在燃料电池汽车上还要增加辅助电池，来储存燃料电池富余的电能和在燃料电池汽车减速时接受再生制动时的能量。

（三）燃料电池系统

燃料电池实际上不是“电池”，而是一个大的发电系统。对于质子交换膜燃料电池（PEFMC），需要有燃料供应系统、氧化剂系统、发电系统、水管理系统、热管理系统、电力系统、控制系统、安全系统。

1. 燃料供应系统

燃料供应系统给燃料电池提供燃料，如氢气、天然气、甲醇等，直接采用氢气比较简单，如果用石化燃料制取氢气则相当复杂。

2. 氧化剂系统

氧化剂系统主要给燃料电池提供氧气。通常从空气中获取氧气或从氧气罐中获取氧气，若利用空气则是需要用压缩机来提高压力，以增加燃料电池反应的速度。在燃料电池系统中，对配套压缩机的性能有特定的要求，压缩机的质量和体积会增加燃料电池发动机系统的质量、体积和成本，压缩机所消耗的功率会使燃料电池的效率降低。对空气供应系统的各种阀、压力表、流量表等的接头要采取防泄漏措施。在空气供应系统中还要对空气进行加湿处理，保证空气有一定的湿度。

3. 发电系统

发电系统是指燃料电池本身，它将燃料和氧化剂中的化学能直接变成电能，而不需要经过燃烧的过程，是一个电化学装置。

4. 水管理系统

由于质子交换膜燃料电池中的质子是以水合离子状态进行传导的，所以燃料电池需要有水，水少会影响电解质膜的质子传导特性，从而影响电池的性能。由于水在电池的阴极生成，所以需要不断及时地将这些水带走，否则会将电极“淹死”，也会造成燃料电池失效。水管理在燃料电池中至关重要。

5. 热管理系统

大功率燃料电池在发电的同时，由于电池内阻的存在，不可避免地会产生热量，通常产生的热量与其发电量相当。而燃料电池对工作温度是有一定限制的，如对质子交换膜燃料电池而言，应控制在 80 ℃。因此需要及时将电池生成的热量带走，否则会发生过热，烧坏电解质膜。水和空气是常用的传热介质。

6. 电力系统

电力系统是将燃料电池产生的直流电转换为适合用户使用的电。燃料电池所产生的电是直流电，需要经过 DC/DC 电源变换器进行调压，在采用交流电机的驱动系统中，还需要用逆变器将直流电转换为三相交流电。

7. 控制系统

燃料电池的控制系统的作用主要包括电池系统的启动与停工，维持对电池系统稳定运行的各操作参数的控制，对电池运行状态进行监测、判断等。

8. 安全系统

氢是燃料电池的主要燃料，因此氢的安全十分重要。由氢气探测器、数据处理系统以及灭火设备等构成氢的安全系统。

氢的存储与输送是燃料电池应用的关键技术之一，目前有两种方式——储氢和重整制氢。

（1）储氢。目前应用比较广泛的储氢技术有高压储氢、液态储氢和储氢材料储氢。这三种技术在实际应用中的效果很大程度上受到材料性能的制约。储氢材料储氢技术更有优势，尤其是使用碳纳米管储氢时，效果更理想。表 3-5 为几种储氢技术的比较。

表 3-5　几种储氢技术的比较

项目		高压储氢	液态储氢	储氢材料储氢	
				Ti 系储氢合金	碳纳米管
安全性		低	低	较高	
能源综合利用率		低	较低	高	
储氢能力	单位质量储氢量 /%	—	—	2	4
	单位体积储氢量 /（kg/m³）	31.5	71	61	160
能量密度	单位质量能量密度 /（kW·h/kg）	—	—	0.79	5.53
	单位体积能量密度 /（kW·h/L）	1.24	2.8	2.4	6.32
优点		简单、方便	储运效率高、装置质量轻、体积小、储氢压力低	安全性好、运输方便、操作比较容易	
缺点		空间有限，必须使用耐高压容器，储氢压力过大，安全性降低，充氢操作复杂，成本增加	氢气液化须耗费大量能源，必须使用耐超低温的特殊容器，使用中存在危险，充氢系统复杂	成本相对较高，受制于材料的储氢性能、储氢器的结构以及储氢系统的整体设计	
应用		多	少	少	

随着材料科学的发展，储氢技术的发展主要集中于开发密度更小、强度更高的材料，以提高储氢罐内的压力；开发绝热性能更好的材料，以减少液氢的蒸发，提高使用的安全性；开发高容量的储氢材料，特别是碳纳米管等。

（2）重整制氢。燃料电池使用的燃料——氢气，可以由重整器提供。重整器使用的原料可以是天然气、汽油、柴油等各种烃类以及甲醇、酒精等各种醇类燃料。目前使用的重整技术主要有蒸汽重整、部分氧化和催化部分氧化重整、自动供热重整以及等离子体重整等。不同的重整技术在结构、效率和对燃料的适应性等方面有不同的特点，并在不同的使用条件下发挥出它们各自的优势。蒸汽重整是目前使用得最广泛的制氢方式。

① 蒸汽重整。蒸汽重整是一个化学过程，其中，氢通过碳氢化合物燃料和高温水蒸气之间的化学反应生成。蒸汽重整器的发展经历了常规型、热交换型和平板型三个过程。常规型蒸汽重整器的容量较大，目前已实现商业化，但工作条件高（850 ℃，1.5 ～ 2.5 MPa）、制造成本较高、容量大、启动时间长，如果生产出来的氢气不能及时使用，储存也有困难。热交换型重整器的外形尺寸大大减小，工作条件也有所降低（700 ℃，0.3 MPa），制造成本下降，且随负荷变化性能较好，目前已成功应用于燃料电池系统。近年来出现的平板型结构更加紧凑，成本进一步降低，但目前技术还不成熟。如果在扩大催化剂的

使用范围和延长使用寿命上有所突破，那将是蒸汽重整装置中很有竞争力的一种制氢方式。

② 部分氧化重整。部分氧化重整将燃料与氧相结合制氢，并生成一氧化碳。部分氧化重整的产氢率比蒸汽重整低，但它结构紧凑、成本低、启动时间短、动态响应速度快，对燃料的适应性也更强，因而更具潜力。但是，如果采用无催化剂系统，常有碳烟和其他副产物生成；而采用有催化剂系统，又常因催化剂表面的局部高温而损伤催化剂。在反应过程中，催化剂的稳定性控制也是一大难题。部分氧化重整最好用纯氧，但价格较高。虽然它也可使用燃料气体与空气混合，但反应后需加净化处理装置，其成本也很高。因此，若能开发廉价的纯氧制取装置，部分氧化重整将得到很大突破。

③ 自动供热重整。自动供热重整将燃料与水蒸气两者结合，因此，由水蒸气重整反应吸收的热量平衡了从部分氧化重整反应中所放出的热量。相比于蒸汽重整，自动供热重整的结构简单，无须庞大的换热装置，制造成本低，对燃料的要求也降低，可使用醇类和重烃类的液体燃料；相比于部分氧化重整，自动供热重整由于氧化反应放出的热量直接被吸热的蒸汽重整反应吸收，所以系统的效率也提高了。但自动供热重整要求同时调节好氧气、水蒸气和燃料的比例，控制比较困难，并且在重整中易产生积炭现象而损伤催化剂。

④ 等离子体重整。等离子体重整是一种先进的制氢技术，它采用等离子激发重整反应的发生，可在满足制氢效率的情况下进行小规模生产，同时降低成本。一般等离子重整器在中小型制氢系统上的经济效益比较明显，因为等离子的能量密度很高，使得重整器结构紧凑、启动快、动态响应快，基本不需要催化剂，而且它对燃料的适应性很强，除轻质烃外，可用各种重质烃、重油、生物质燃料甚至垃圾燃料。等离子制氢技术可分为热等离子和冷等离子两种，产生氢气的过程与传统技术一样，也包括蒸汽重整、部分氧化和热分解等。采用热等离子技术时，反应气体温度高，热损大且不易控制。温度的升高也会对电极产生腐蚀。等离子重整器不宜在高压下工作，因为高压限制了电弧的灵活性，增加了对电极的腐蚀而缩短了电极寿命。

（四）质子交换膜燃料电池

质子交换膜燃料电池（PEMFC）采用可传导离子的聚合膜作为电解质，所以也称为固体聚合物燃料电池（SPFC）或固体聚合物电解质燃料电池（SPEFC）。

1. PEMFC 的基本结构

PEMFC 由质子交换膜、催化剂层、扩散层、集流板（又称双极板）组成。

（1）质子交换膜。质子交换膜（PEM）是 PEMFC 的重要部件之一，其性能好坏直接影响电池的性能和寿命。它不只是一种将阳极的燃料与阴极的氧化剂隔开的隔膜材料，还是电解质和电极活性物质（电催化剂）的基底，即兼有隔膜和电解质的作用。另外，PEM 还是一种选择透过性膜。在质子交换膜的高分子结构中含有多种离子基团，PEM 只允许 H^+穿过，其他离子、气体及液体均不能通过。

（2）电催化剂。为了加快电化学反应速度，气体扩散电极上都含有一定量的催化剂。PEMFC 的电催化剂主要有铂系和非铂系电催化剂两类，目前多采用铂催化剂。

（3）电极。PEMFC 的电极是一种多孔气体扩散电极，一般由扩散层和催化层构成。扩散层是由电导电材料制成的多孔合成物，起着支撑催化层、收集电流，并为电化学反应提供电子通道、气体通道和排水通道的作用。催化层是进行电化学反应的区域，是电极的核心部分，其内部结构粗糙多孔，因而有足够的表面积以促进氢气和氧气的电化学反应。

（4）膜电极（MEA）。膜电极是通过热压将阴极、阳极与质子交换膜复合在一起而形成的。

（5）双极板与流道。双极板又称集流板，是电池的重要部件之一，其作用是分隔反应气体，收集电流，将各个单电池串联起来和通过流场为反应气体进入电极及水的排出提供通道。

2. PEMFC 的工作原理

PEMFC 在原理上相当于水电解的逆装置，如图 3-24 所示。其单电池由阳极、阴极和质子交换膜组成，阳极为氢燃料发生氧化的场所，阴极为氧化剂还原的场所，两极都含有加速电极电化学反应的催化剂，质子交换膜为电解质。

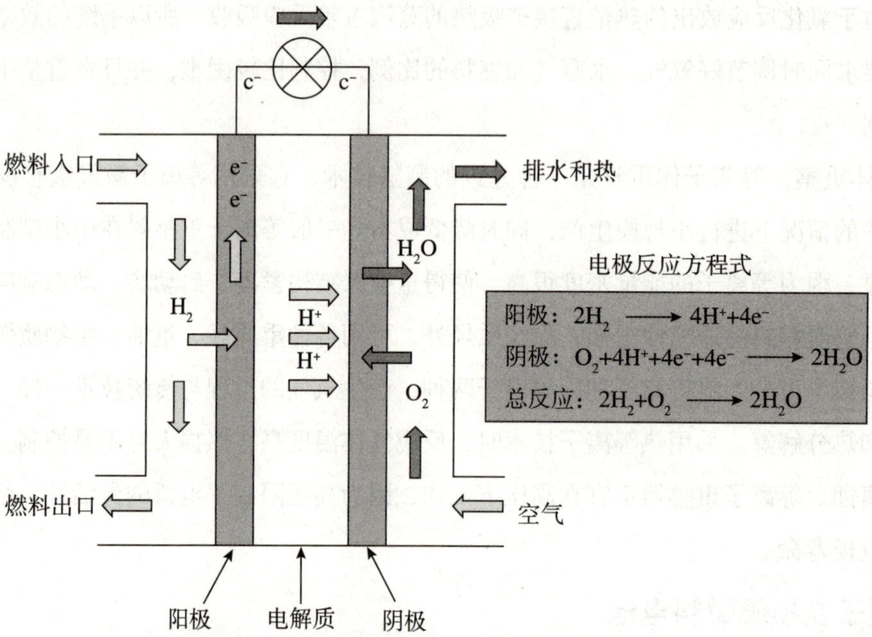

图 3-24　质子交换膜燃料电池的工作原理图

在电池的一端，导入的氢气通过阳极集流板（双极板）经由阳极气体扩散层到达阳极催化剂层，在阳极催化剂作用下，氢分子分解为带正电的氢离子（即质子）并释放出带负电的电子，完成阳极反应：$2H_2 \longrightarrow 4H^+ + 4e^-$。氢离子穿过膜到达阴极催化剂层，而电子则由集流板收集，通过外电路到达阴极，电子在外电路形成电流，通过适当连接可向负载输出电能。在电池的另一端，氧气通过阴极集流板（双极板）经由阴极气体扩散层到达阴极催化剂层。在阴极催化剂的作用下，氧与透过膜的氢离子及来自外电路的电子发生反应生成水，完成阴极反应：$4e^- + 4H^+ + O_2 \longrightarrow 2H_2O$。电池总的反应为：$2H_2 + O_2 \longrightarrow 2H_2O$。

上述过程是理想的工作过程，实际上整个反应过程中会有很多中间步骤和中间产物的存在。

3. PEMFC 的特点

（1）PEMFC 的优点

① 能量转化效率高。通过氢氧化合作用，直接将化学能转化为电能，不通过热机过程，不受卡诺

循环的限制。

② 可实现零排放。唯一的排放物是纯净水，没有污染物排放，是环保型能源。

③ 运行噪声低，可靠性高。PEMFC 无机械运动部件，工作时仅有气体和水的流动。

④ 维护方便。PEMFC 内部构造简单，电池模块呈现自然的积木化结构，使得电池组的组装和维护都非常方便，也很容易实现免维护设计。

⑤ 发电效率平稳。发电效率受负荷变化的影响很小，非常适用于分散型发电装置（作为主机组），也适用于电网的“调峰”发电机组（作为辅机组）。

⑥ 氢来源广泛。氢元素是世界上最多的元素。氢气的来源极其广泛，是一种可再生的能源资源，可通过石油、天然气、甲醇、甲烷等进行重整制氢；也可通过电解水、光解水、生物方法等获取氢气。

⑦ 技术成熟。氢气的生产、储存、运输和使用等技术目前均已非常成熟，安全、可靠。

（2）PEMFC 的缺点

① 成本高。因为膜材料和催化剂均十分昂贵，但成本在不断地降低，一旦能够大规模生产，比价的经济效益将会充分显示出来。

② 氢要求高。这种电池需要纯净的氢，因为它们极易受到一氧化碳和其他杂质的污染。

因为 PEMFC 的工作温度低，启动速度较快，功率密度较高（体积较小），所以很适于用作新一代交通工具动力。世界各大汽车集团竞相投入巨资，研究开发电动汽车和代用燃料汽车。从目前发展情况看，PEMFC 是技术最成熟的电动车动力源，PEMFC 电动汽车被业内公认为是电动汽车的未来发展方向。燃料电池将会成为继蒸汽机和内燃机之后的第三代动力系统。

项 目 小 练

一、填空题

1. 电池单体是构成动力电池模块的__________，一般由__________、__________、__________及外壳等构成，实现电能与化学能之间的__________。

2. 动力电池管理系统（BMS）是新能源汽车能量管理系统的__________，其主要任务是通过__________、__________及__________等功能实现对动力电池系统的各种控制、保护、__________、与其他控制器通信等操作，保证电池使用安全可靠，充分发挥电池的能力和延长使用寿命。

3. 动力电池管理系统包括__________、__________、各种控制、驱动开关以及信息通信储存模块等，是一个为管理电池而设计的__________。

4. 镍氢电池是将物质的化学反应产生的能量__________的一种装置。镍氢电池由镍氢化合物__________、储氢合金__________以及碱性电解液（如质量分为 30% 的氢氧化钾溶液）组成，其性能特点主要取决于本身体系的电极反应。

二、简答题

1. 动力电池辅助元器件有哪些？

2. 锂离子电池的结构原理是什么？

项目四

驱动电机及控制器的结构与检测

学习目标

知识目标

◆熟悉直流电机的结构及其工作原理。

◆熟悉直流电机的特点和控制方式。

◆熟悉交流异步电机的结构及其工作原理。

◆熟悉驱动电机控制器的结构及其功用。

◆了解常见车型的电机控制器。

能力目标

◆掌握开关磁阻电机的结构及其工作原理。

◆掌握永磁同步电机的结构及其工作原理。

◆掌握电机控制系统的原理及其控制方法。

素质目标

◆形成良好的工作习惯，提高自我创新意识。

◆增强识物、用物的能力，提高动手能力。

思政目标

培养学习与劳动相关的法律法规的兴趣，形成良好的职业道德素养，提高劳动法律风险防范意识。

项目引入

驱动电机及其控制系统是电动汽车的核心部件，是电动汽车的“肌肉”，其性能也直接影响着车辆的性能。经过长期的发展，我国的驱动电机技术取得了很大的进步，同样，美国、日本等国主要提供驱动电机的企业也发展迅速，在提高技术性能的同时也降低了驱动电机的成本。

本项目将学习驱动电机的分类以及各型电机的结构与工作原理。

任务工单

【任务实施】

1．学生分组进行资料的收搜整理，并对搜集到的资料进行讨论。

问题 1：新能源汽车驱动电机由哪些部分组成？

____

____

问题 2：新能源汽车驱动电机的使用有哪些注意事项？

____

____

2．按照实际操作过程，将操作内容及实施过程中遇到的问题或解决方法记录在表 4–1 中。

表 4–1　任务实施过程记录表

序号	操作内容	遇到的问题	解决方法
1			
2			
3			
4			

【任务评价】

学生展示任务实施的成果，并协同老师完成下表 4–2 所示的任务评价表。

表 4–2　任务评价表

评价项目	评价内容	分值 / 分	评价分值 / 分		
			自评	互评	师评
职业素养考核项目	考勤、仪容仪表	10			
	团队交流与合作意识	10			
	创新意识、纪律意识	10			
专业能力考核项目	积极参与教学活动并正确理解任务要求	10			
	认真搜集并积极讨论相关资料	10			
	任务实施过程记录表的完成度	10			
	对新能源汽车驱动电机的了解程度	20			
	对新能源汽车控制器的了解程度	20			
合计：综合分数____________		100			
综合评价：					
备注：					

任务一　驱动电机及控制系统概述

电机利用通电线圈（定子绕组）产生旋转磁场并作用于转子（如鼠笼式闭合铝框）以形成磁电动力旋转转矩。电机按使用电源不同分为直流电机和交流电机，电力系统中的电机大部分是交流电机，可以是同步电机或者是异步电机（电机定子磁场转速与转子旋转转速不保持同步）。电机的主要由定子与转子组成。通电导线在磁场中受力运动的方向跟电流方向和磁感线（磁场方向）方向有关。电机的工作原理是：磁场对电流的力的作用使电机转动。

一、电机控制器结构与工作原理

1. 直流电机的结构

直流电机分为两部分，即定子与转子，定子和转子之间由空气隙分开。定子包括主磁极、机座、换向极、电刷装置等。转子包括电枢铁芯、电枢绕组、换向器、转轴和风扇等。图 4–1 为直流电机结构图。

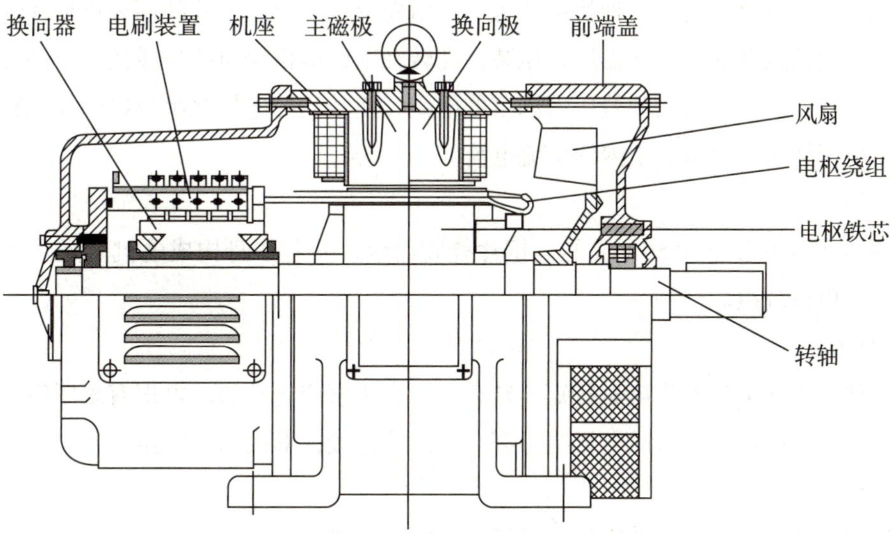

图 4–1　直流电机结构图

（1）定子

定子就是电机中固定不动的部分，主要由主磁极、机座和电刷装置组成。主磁极由主磁极铁芯（极心和极掌）和励磁绕组组成，其作用是产生磁场。极心上放置励磁绕组，极掌的作用是使电机空气隙中的磁感应强度分配最为合理，并用来阻挡励磁绕组。主磁极用硅钢片叠成，固定在机座上。机座也是磁路的一部分，常用铸钢制成。电刷是引入电流的装置，其位置固定不变。电刷与转动的交换器做滑动连接，将外加的直流电流引入电枢绕组，使其转化为交流电流。在微型直流电机中，也有用永久磁铁作为磁极的。

（2）主磁极

主磁极的作用是在定子与转子之间的空气隙中建立磁场，使通电的电枢绕组在该磁场的作用下产生电磁转矩。主磁极铁芯通常由厚度为 0.5 ～ 1 mm 的低碳钢片叠装而成，在磁极铁芯上绕有励磁绕组，用螺钉将磁极铁芯固定在磁轭上构成定子。主磁极总是成对出现的，通电后形成的 N 极和 S 极互相间隔排列。

（3）机座

机座也称为机壳，用于固定主磁极、换向极和端盖等，也是磁极间的磁通路。因此，机座既要导磁性好且有足够的导磁截面积，又要有足够的机械强度和刚度。

（4）换向极

换向极又称附加极，装在两相邻主磁极之间的几何中心线上。增设换向极的目的是改善直流电机的换向，减小或消除电刷与换向器之间的换向火花。换向极的结构与主磁极相似，由换向极铁芯和绕在铁芯上的绕组组成。换向极铁芯一般用整块钢制成，当换向要求较高时，则用 1.0 ～ 1.5 mm 厚的钢片叠压而成。

（5）转子

转子是电机的转动部分，主要由电枢和换向器组成。电枢是电机中产生感应电动势的部分，主要包括电枢铁芯和电枢绕组。电枢铁芯呈圆柱形，由硅钢片叠成，表面冲有槽，槽中放电枢绕组。通有电流的电枢绕组在磁场中受到电磁力矩的作用驱动转子旋转，起到能量转换的枢纽作用，故称为“电枢”。换向器又称整流子，是直流电机的一种特殊装置。它由楔形铜片叠成，片间用云母垫片绝缘。换向片嵌放在套筒上，用压圈固定并成为换向器后再压装；在转轴上，电枢绕组的导线按一定的规则焊接在换向片凸出的叉口中。在换向器表面用弹簧压着固定的电刷，使转动的电枢绕组得以同外电路连接起来，并实现将外部直流电流转化为电枢绕组内的交流电流。

（6）电枢铁芯

电枢铁芯由厚度为 0.35 ～ 0.50 mm 的硅钢片叠装而成，铁芯本身构成电机主磁路的一部分，铁芯上面的槽用来嵌装电枢绕组。

（7）电枢绕组

电枢绕组在磁场中通电后产生电磁转矩，转动后则产生感应电动势。电枢有多匝绕组，按一定的绕制方法嵌装在电枢铁芯的槽中，每匝电枢绕组都与换向片连接，形成闭合回路。

（8）换向器

换向器的作用是使电枢绕组中的电流及时换向，将从电刷输入的直流电转换为电枢绕组的交流电。当直流电机工作在发电状态时，换向器则起整流的作用，将电枢绕组产生的交流电转换为直流电输出。换向器是由许多铜片组成的，各铜片之间用云母片绝缘。

2. 直流电机的工作原理

图 4–2 所示为直流电机的工作原理，定子有一对 N 极和 S 极，电枢绕组的末端分别接到两个换向片上，正、负电刷 A 和 B 分别与两个换向片接触。

如果给两个电刷加上直流电源（图 4–2），则有直流电流从电刷 A 流入，经过线圈 *abcd* 从电刷 B 流出。根据电磁学相关定律，载流导体 *ab* 和 *cd* 受到电磁力的作用，其方向可用左手定则判定，两段导体受到的力形成了一个转矩使得转子逆时针转动。如果转

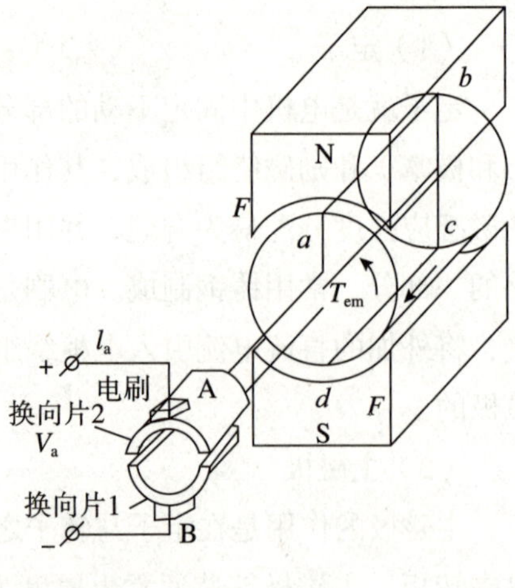

图 4–2　直流电机的工作原理

子转到图 4-2 中的位置，电刷 A 和换向片 2 接触，电刷 B 和换向片 1 接触，直流电流从电刷 A 流入，在线圈中的流动方向是 *dcba*，从电刷 B 流出。此时载流导体 *ab* 和 *cd* 受到电磁力的作用方向同样可用左手定则判定，它们产生的转矩仍然使得转子逆时针转动，这就是直流电机的工作原理。

外加的电源是直流的，但由于电刷和换向片的作用，在线圈中流过的电流是交流的，其产生的转矩的方向却是不变的。其方程式为

$$F = BLI$$

式中：B——磁通密度；L——通电导体长度；I——导体中电流；F 方向——左手定则判定。

3. 直流电机的优、缺点

（1）优点

① 调速性能良好。直流电机具有良好的电磁转矩控制特性，可实现均匀平滑的无级调速，且具有较宽的调速范围。

② 起动性能好。直流电机具有较大的起动转矩，能适应电动汽车起步驱动特性的需要，可实现快速起步。

③ 具有较宽的恒功率范围。直流电机恒功率输出范围较宽，可确保电动汽车具有良好的低速起动性能和高速行驶能力。

④ 控制较为简单。直流电机可采用斩波器实现调速控制，具有控制灵活且高效、质量轻、体积小、响应快等特点。

⑤ 价格较便宜。直流电机的制造技术和控制技术都比较成熟，控制装置简单，因而整个直流驱动系统的价格较便宜。

（2）缺点

① 效率较低。总体上，有刷直流电机的效率低于交流电机和开关磁阻电机。

② 维护工作量大。有刷直流电机工作时电刷与换向器之间会产生换向火花，换向片容易被烧蚀，电刷也容易磨损。因此，电机的工作可靠性较差，需要经常进行维护。

③ 转速低。有刷直流电机转速越高，电刷与换向器之间产生的换向火花就越大，严重时形成火花环，这就限制了直流电机转速的提高。

④ 质量和体积大。有刷直流电机的结构较复杂，功率密度低，质量和体积也大。

4. 直流电机的控制

直流电机转速控制方法主要有电枢调压控制、磁场控制和电枢回路电阻控制。

（1）电枢调压控制是指通过改变电枢的端电压来控制电机的转速。这种控制只适合电机基速以下的转速控制，它可保持电机的负载转矩不变。电机转速近似与电枢端电压成比例变化，所以称为恒转矩调速。直流电机采用电枢调压控制可实现在宽广范围内的连续平滑的速度控制，调速比一般可达 1 ∶ 10，如果与磁场控制配合使用，调速比可达 1 ∶ 30。电枢调压控制需要专用的可控直流电源，过去常用发电机—电机组合的形式。现在大、中容量的可控直流电源广泛采用晶闸管可控整流电源，小容量则采用电力晶体管的 PWM 控制电源，电动汽车用的直流电机常用斩波控制器作为电枢调压控制电源。

电枢调压控制的调速过程：当磁通保持不变时，减小电压，由于转速不立即发生变化反电动势也暂时不变化；由于电枢电流减小，转矩也减小。如果阻转矩未变，则转速下降。随着转速的降低，反电动势减小，电枢电流和转矩就随着增大，直到转矩与阻转矩再次平衡为止，但这时转速已经较原来降低了。

（2）磁场控制是指通过调节直流电机的励磁电流改变每极的磁通量，从而调节电机的转速，这种控制只适合电机基速以上的控制。当电枢电流不变时，具有恒功率调速特性。磁场控制效率高，但调速范围小，一般不超过 1 ∶ 3，而且响应速度较慢。磁场控制可采用可变电阻器，也可采用可控整流电源作为励磁电源。

磁场控制的调速过程：当电压保持恒定时，减小磁通，由于机械惯性，转速不立即发生变化；于是反电动势减小，电枢电流随之增加。由于电枢电流增加的影响超过磁通减小的影响，所以转矩也就增加。如果阻转矩未变，则转速上升。随着转速的升高，反电动势增大，电枢电流和转矩也随着减小，直到转矩和阻转矩再次平衡为止，但这时转速已经较原来升高了。

（3）电枢回路电阻控制是指当电机的励磁电流不变时，通过改变电枢回路电阻来调节电机的转速。这种控制方法的机械特性较软，而且电机运行不稳定，一般很少应用。对于小型串励电机常采用电枢回路电阻控制方式。

二、交流电机的结构、工作原理与特性

交流电机可分为同步电机和异步电机两大类。如果电机转子的转速与定子旋转磁场的转速相等，转子与定子旋转磁场在空间同步旋转，则称其为同步电机。如果电机转子转速不等于定子旋转磁场转速，即转子与定子旋转磁场在空间旋转时不同步，则称其为异步电机。

1. 异步电机的结构

交流异步电机主要有单相和三相两种形式。家用电器采用单相异步电机，电动汽车用交流异步电机则普遍采用三相。三相异步电机的种类较多，但各类三相异步电机的基本结构是相似的。定子由外壳、定子铁芯和定子绕组构成，其作用是通入三相交流电后产生旋转磁场。三相交流异步电机的典型结构如图 4–3 所示。

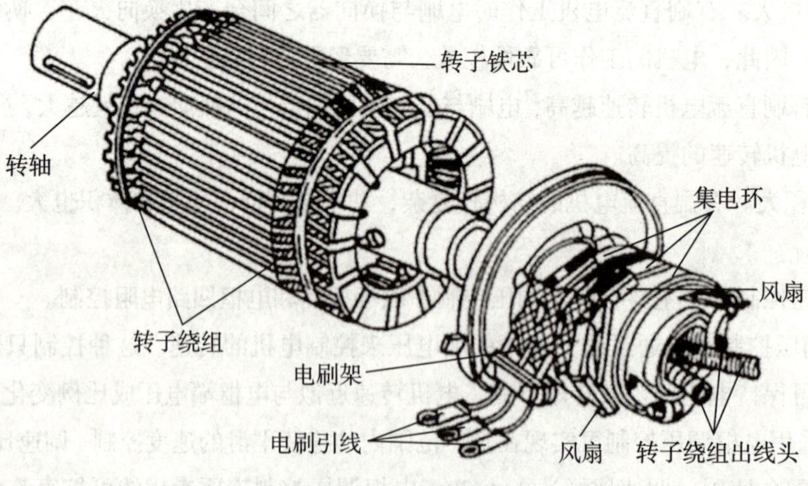

图 4–3　三相交流异步电机的典型结构

（1）定子铁芯

定子铁芯是构成电机磁路的一部分，一般由厚度为 0.35 ～ 0.5 mm 的硅钢片叠压而成。硅钢片的内圆冲有均匀分布的槽，用以嵌放定子绕组。

（2）定子绕组

定子绕组由三个彼此独立的绕组组成，每个绕组又由若干匝线圈绕制而成。每个绕组即为一相，每

相绕组在空间相差 120° 电角度，按一定规律嵌入定子铁芯槽内。定子三相绕组的六个出线端都引至接线盒上，首端分别标为 U1、V1、W1，末端分别标为 U2、V2、W2，连接方式有星形连接和三角形连接两种。

（3）笼型转子

笼型转子由铁芯和绕组构成，去掉转子铁芯，整个绕组外形像一个鼠笼，故称为笼型绕组。小型异步电机采用铸铝转子绕组，100 kW 以上的异步电机转子通常采用铜条和铜端环焊接而成。

（4）绕线转子

绕线转子由铁芯和绕组构成。铁芯用厚度为 0.5 mm 的硅钢片叠压而成，嵌套在转轴上，作用和定子铁芯相同，即铁芯本体用作导磁，外圆上均布的槽用于安放转子绕组。转子绕组也有三相绕组，一般接成星形连接，三相引出线分别接到转子轴上与转子轴绝缘的三个集电环上，通过电刷装置与外电路相连，可在转子电路中串接电阻或引入电动势，以改善电机的运行特性，如图 4-4 所示。

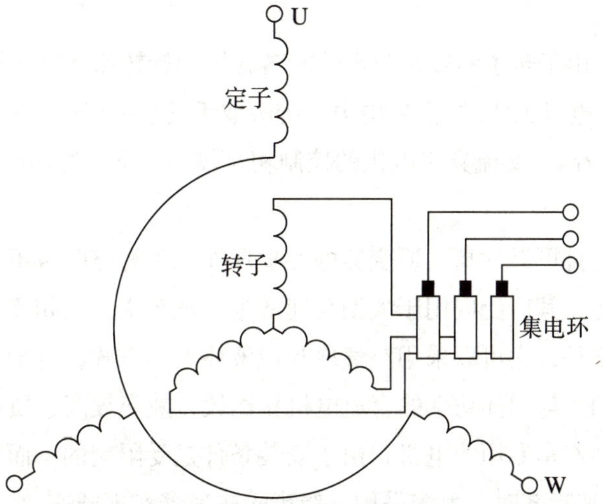

图 4-4 电刷装置与外电路相连图

（5）其他部分

其他部分包括端盖、风扇等。端盖除了起防护作用外，在端盖上还装有轴承，用以支撑转子轴。风扇则用来通风，以冷却电机。三相异步电机的定子与转子之间的空气隙一般仅为 0.2 ～ 1.5 mm。如果气隙太大，则电机运行时的功率因数降低；如果气隙太小，则会使装配困难，运行不可靠，过小的气隙还会使高次谐波磁场增强，导致附加损耗增加以及使起动性能变差。

2. 异步电机的工作原理

电动汽车上需要利用电机对车辆进行制动、减速，并回收汽车的惯性能量，这一功能由电机来实现。交流异步电机也可以通过控制电路实施电机的发电运行，使电动汽车制动时的能量转换为对蓄电池的充电电流，从而得到再生利用。通过控制系统将电机状态改变为发电状态，将发电机发出的能量储存于电池，既可以减小机械制动系统的损耗，又可提高整车能量使用率，达到节约能源和提高电动汽车续航里程的目的。在异步电机中，为保持旋转磁场始终切割转子导体产生感应电流，转子转速应小于旋转磁场的速度。与此相反，异步电机要想发电，首先必须要建立磁场。但如前面介绍的，异步电机是在定子的三相绕组里通入三相交变电流后才产生旋转磁场的。也就是说，异步电机为了得到磁场，其定子绕组必须和三相电源相接，在这种情况下，它将作为异步电机运转。

3. 异步电机优、缺点

（1）优点

① 效率较高。三相异步电机的效率高于直流电机，这一特点对于车载能量有限的电动汽车来说显得格外重要。

② 结构简单、体积较小、质量轻。相比于直流电机，交流异步电机转子的结构很简单，结构尺寸小，质量轻。

③ 工作可靠，使用寿命长。交流异步电机无电刷和换向器，不存在换向火花问题，因而工作可靠性较高，使用寿命也较长。

④ 免维护。由于不存在换向火花问题，无电刷磨损问题，因而在使用过程中无须维护。

⑤ 电机本身的成本低。交流异步电机的结构简单，再加上技术成熟，使用厂泛，大批量生产。因此，交流异步电机本身的成本低于其他类型的电机。

（2）缺点

① 调速性能相对较差。由于转子的转速与定子旋转磁场的旋转速度存在转差率，因而调速性能较差。

② 功率因数较低。异步电机工作时，需从电力系统吸取无功功率以建立磁场，因而其功率因数小于1。

③ 配用的控制器成本较高。交流异步电机的控制相对较为复杂，配用的控制器的成本较高。

4. 异步电机特性

交流异步电机成本低而且可靠性高，逆变器即便损坏而产生短路时也不会产生反电动势，所以不会出现急减速的可能性。因此，其广泛应用于大型高速的电动汽车中。三相笼型异步电机的功率容量覆盖面很广，从零点几瓦到几千瓦；它可以采用空气冷却或液体冷却方式，冷却自由度高、对环境的适应性好，并且能够实现再生制动。与同样功率的直流电机相比较，效率较高、质量要减轻一半左右。

一般情况下，作为电动汽车专用的电机，由于安装条件是受限制的，而且要求小型轻量化，因而电机在 10 000 r/min 以上的高速运转时，大多采用一级齿轮减速器实现减速。

此外，由于振动等恶劣工作环境，低转速状态下需要高转矩，并且要求在较宽的速度范围内具有恒输出功率特性，所以电动汽车用异步电机与一般工业用的电机不同，因此在设计上采用了各种新的方法。

出于对工作环境的考虑，电机大多采用全封闭式结构，为了使框架、托座等轻量化，采用压铸铝的方式制造，也有采用将定子铁芯裸露在外表面的无框架的结构。由于为了实现小型轻量化，大多采用了水冷却定子框架的水冷式电机。高速运转时由于频率升高而引起了铁损的增大，因此希望减少电机的极数，一般采用 2 极或 4 极的情况较多。但是 2 极时，线圈端部的长度变长，所以采用 4 极的场合较多些。此外，为了减少铁损，普遍采用了有良好磁性的电磁钢板。

三、开关磁阻电机的结构工作原理与特点

开关磁阻电机调速系统是 20 世纪 80 年代中期发展起来的新型交流调速系统，它由开关磁阻电机（SRM）、功率变换器、位置检测器及控制器所构成，其系统构成与永磁无刷直流电机几乎一样，如图 4-5 所示。开关磁阻电机以其电机结构简单可靠、系统效率高、高速运行区域宽等优良性能成为交流调速领域中的一支新军。

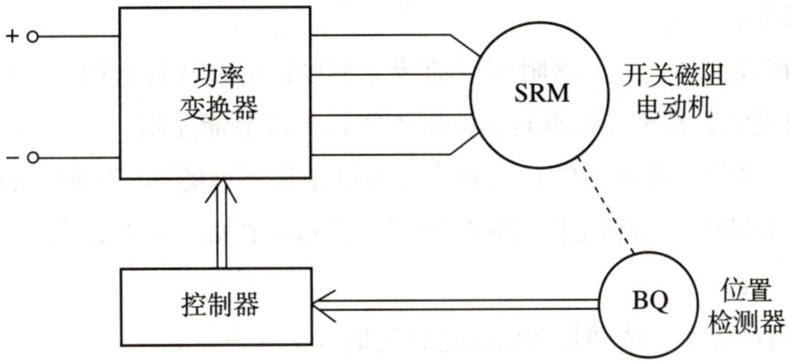

图 4–5　开关磁阻电机调速系统构成

1. 开关磁阻电机的结构

典型的三相开关磁阻电机的结构图如图 4–6 所示，其定子和转子均为凸极结构。图 4–6 中电机的定子有 6 个极（$N_s=6$），转子有 4 个极（$N_r=4$）。定子极上套有集中线圈，两个空间位置相对的极上的线圈顺向串联构成一相绕组。图 4–6（a）中只画出了 A 相绕组，转子由硅钢片叠压而成，转子上无绕组，该电机称为三相 6/4 极开关磁阻电机。在结构形式及工作原理上，开关磁阻电机与大步距反应式步进电机并无差别，但在控制方式上步进电机应归属于他控式变频，而开关磁阻电机则归属于自控式变频；在应用上步进电机都用作“控制电机”而开关磁阻电机则是主要用于拖动电机，因此电机设计时所追求的目标不同而使电机的设计参数不同。

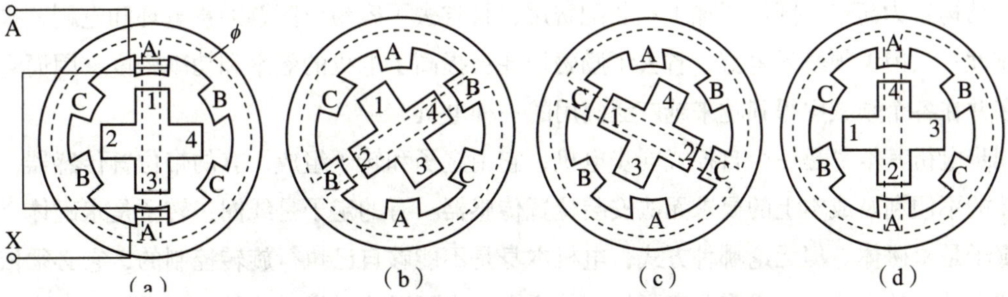

图 4–6　典型的三相开关磁阻电机的结构图

2. 开关磁阻电机的工作原理

当 A 相绕组通电时，因磁通总要沿着磁阻最小的路径闭合，将力图使转子转动，最终使转子 1、3 极和定子 A、A′ 极对齐。A 相断电、B 相通电时，则 B 相电流产生的磁吸力要吸引转子 2、4 极，使转子逆时针转动，最终使转子 2、4 极与定子 B、B′ 对齐，转子在空间转过 $\theta=30°$ 机械角；再使 B 相断电、C 相通电，转子又将逆时针转过 30°，一个通电周期使转子在空间转过了一个齿距。电机若按 A—C—B—A 的顺序通电，则反方向旋转。电流的方向不影响上述的动作过程。

为保证开关磁阻电机能连续旋转，当 A 相吸合时，B 相的定、转子极轴线应错开 1/m 个转子极距，m 为电机相数。

3. 开关磁阻电机的特点

开关磁阻电机与其他电机相比，具有以下优点。

（1）可控参数多，调速性能好。可控参数有主开关开通角、主开关关断角、相电流幅值、直流电源电压，控制方便，可四象限运行，容易实现正转、反转和电动、制动等特定的调节控制。

（2）结构简单，成本低。开关磁阻电机转子无绕组，也不加永久磁铁，定子为集中绕组，比传统的直流电机、永磁电机及感应电机都简单，制造和维护方便。它的功率变换器比较简单，主开关元件数较少，电子器件少，成本低。

（3）损耗小，运转效率高。开关磁阻电机的转子不存在励磁及转差损耗，功率变换器元器件少，相应的损耗也小；控制灵活，易于在很宽转速范围内实现高效节能控制。

（4）启动转矩大，启动电流小。在 15% 额定电流的情况下就能达到 100% 的启动转矩。

由于开关磁阻电机的特殊结构和工作方式的原因，其也存在如下一些缺点。

（1）转矩脉动现象较大。

（2）振动和噪声相对较大，特别是在负载运行的时候。

（3）电机的出线头相对较多，还有位置检测器出线端。

（4）电机的数学模型比较复杂，其准确的数学模型较难建立。

（5）控制复杂，且依赖于电机的结构。

四、永磁同步电机的结构、分类与应用

永磁同步电机具有高效、高控制精度、高转矩密度、良好的转矩平稳性及低振动噪声的特点。通过合理设计永磁磁路结构能获得较高的弱磁性能，在电动汽车驱动方面具有很高的应用价值，受到国内外电动汽车界的高度重视，是较具竞争力的电动汽车驱动电机系统之一。

永磁同步电机的运行原理与电励磁同步电机相同，但它以永磁体提供的磁通替代后者的励磁绕组励磁，使电机结构较为简单，降低了加工和装配费用，且省去了容易出问题的集电环和电刷，提高了电机运行的可靠性；又因无须励磁电流，省去了励磁损耗，提高了电机的效率和功率密度，因而它是近年来研究得较多并在各个领域中得到越来越广泛应用的一种电机。

永磁同步电机其本身是一个自控式同步电机，它由定子和转子组成，有的带位置传感器，有的应用场合因安装的不便利及成本上的要求无法安装位置传感器。有的定子是线圈，转子是永磁体，有的转子是线圈，定子是永磁体。但无论哪种方式，电机本身是不能够自己执行旋转控制的，它必须依赖电子换相装置，这也是为什么这种电机需要变频控制的原因。也可以这样说，该种电机系统由电机、逆变器组成（有的还带位置传感器）。图 4-7 为永磁同步电机结构原理图。

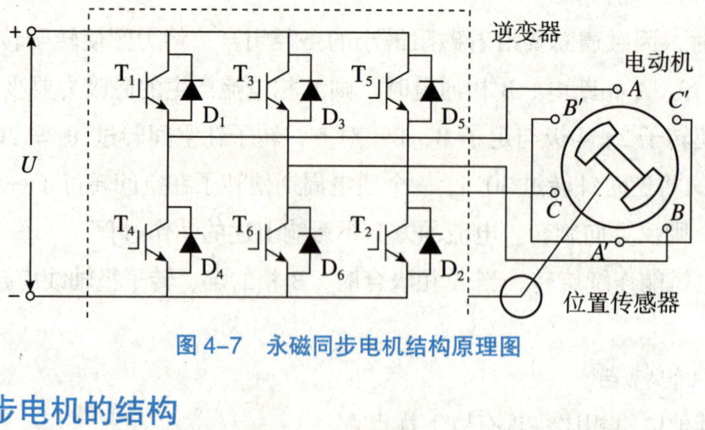

图 4-7　永磁同步电机结构原理图

（一）永磁同步电机的结构

电机

1. 电机

永磁同步电机的结构示意图如图 4-8 所示，同感应电机和直流电机相似，永磁同步电机也是由转子及定子两大部件所构成，三相交流绕组在定子上；永磁体在转子上。

（1）定子。定子与普通感应电机基本相同，定子通常也称为电枢，它由定子三相

绕组、定子铁芯、机座和端盖等零部件所构成。定子铁芯是由冲压后的硅钢片紧密叠装而成的，一般采用0.5 mm硅钢冲片叠压而成，对于具有高效率指标或频率较高的电机，为了减少铁耗，可以考虑使用0.35 mm的低损耗冷轧无取向硅钢片。电枢绕组则普遍采用分布、短距绕组；对于极数较多的电机，则普遍采用分数槽绕组；需要进一步改善电动势波形时，也可以考虑采用正弦绕组或其他特殊绕组。

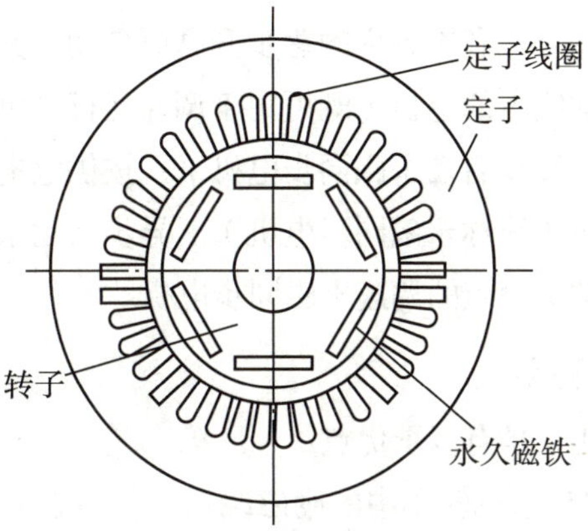

图 4–8　永磁同步电机的结构示意图

（2）转子。转子主要由永磁体、转子铁芯和转轴等构成，其中永磁体主要采用硬磁铁氧体永磁和稀土钕铁硼永磁材料；转子铁芯可根据磁极结构的不同，选用实心钢，或采用钢板或硅钢片冲制后叠压而成。

转子有两种形式的结构，依据定转子之间的气隙分布有隐极式和凸极式之分。图 4–9（b）为凸极式转子，从图可看出转子有明显的凸出磁极，且气隙不均匀分布。图 4–9（c）为隐极式转子，转子呈圆柱形，均匀分布气隙。

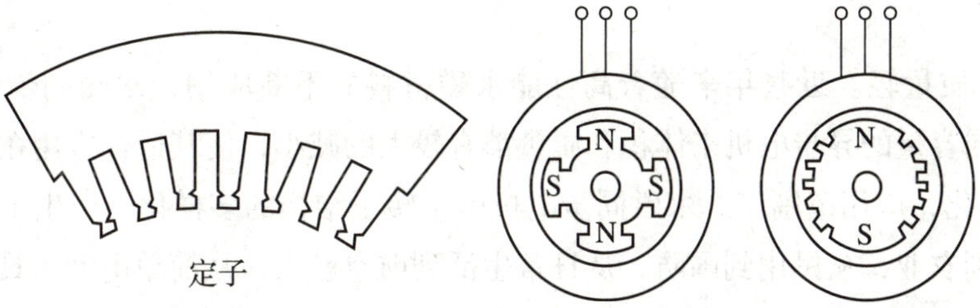

（a）定子　　（b）凸极式转子　　（c）隐极式转子

图 4–9　定子、转子图

电机转子使用永磁铁励磁，目前常见的有铁氧体或稀土永磁材料。依据转子磁场几何形状的异同，磁场在空间上分布有方波（或梯形波）和正弦波两种。因此反电动势也有两种，根据反电动势的不同分别采用 120° 的直流方波控制或正弦波控制。

2. 转子位置传感器

在永磁同步电机中，通常转子位置传感器与电机轴联在一起，用来随时测定转子磁极的位置，为电子换向提供正确的信息。

3. 逆变器

位置传感器将转子的位置信号电平反馈给控制芯片，控制芯片经过电流采样和数学变换，并根据反馈的位置信息经过闭环运算，重新按新的脉冲宽度调制（PWM）占空比输出来触发功率器件（IGBT 或 MOSFET）。实际上逆变器是自控的，由自身运行来保证电机的转速和电流输入频率同步，并避免振荡和失步的发生。

（二）永磁同步电机的分类

永磁同步电机的分类方法比较多：按工作主磁场方向的不同，可分为径向磁场式和轴向磁场式；按电枢绕组位置的不同，可分为内转子式（常规式）和外转子式；按转子上有无启动绕组，可分为无启动绕组的电机（用于变频器供电的场合，利用频率的逐步升高而启动，并随着频率的改变而调节转速，常称为调速永磁同步电机）和有启动绕组的电机（既可用于调速运行又可在某一频率和电压下利用启动绕组所产生的异步转矩启动，常称为异步启动永磁同步电机）；按供电电流波形的不同，可分为矩形波永磁同步电机和正弦波永磁同步电机（简称永磁同步电机）。异步启动永磁同步电机用于频率可调的传动系统时，形成一台具有阻尼（启动）绕组的调速永磁同步电机。

（三）永磁同步电机的特点

永磁同步电机与其他电机相比，具有以下优点。

（1）用永磁体取代绕线式同步电机转子中的励磁绕组，从而省去了励磁线圈、集电环和电刷，以电子换向实现无刷运行，结构简单，运行可靠。

（2）永磁同步电机的转速与电源频率间始终保持准确的同步关系，控制电源频率就能控制电机的转速。

（3）永磁同步电机具有较硬的机械特性，对于因负载的变化而引起的电机转矩的扰动具有较强的承受能力，瞬间最大转矩可以达到额定转矩的 3 倍以上，适合在负载转矩变化较大的工况下运行。

（4）永磁电机转子为永久磁铁无须励磁，因此电机可以在很低的转速下保持同步运行，调速范围宽。

（5）永磁同步电机与异步电机相比，不需要无功励磁电流，因而功率因数高，定子电流和定子铜耗小，效率高。

（6）体积小、质量轻。近些年来随着高性能永磁材料的不断应用，永磁同步电机的功率密度得到很大提高，比起同容量的异步电机来体积和质量都有较大的减小，使其适合应用在许多特殊场合。

（7）结构多样化，应用范围广。永磁同步电机由于转子结构的多样化，产生了特点和性能各异的许多品种。从工业到农业，从民用到国防，从日常生活到航空航天，从简单电动工具到高科技产品，几乎无所不在。

永磁同步电机还存在以下缺点。

（1）由于永磁同步电机转子为永磁体，无法调节，必须通过加定子直轴去磁电流分量来削弱磁场，这会增大定子的电流，增加电机的铜耗。

（2）永磁电机的磁钢价格较高。

五、永磁同步电机的应用车型

1. 比亚迪 e5

比亚迪 e5 电动汽车永磁同步电机的参数如表 4-3 所示。

表 4-3　比亚迪 e5 电动汽车永磁同步电机的参数

动力总成	技术参数
电机最大输出转矩	310 N·m/（0 ～ 4 929 r/min）
电机额定转矩	160 N·m/（0 ～ 4 775 r/min）
电机最大输出功率	160 kW/（4 929 ～ 12 000 r/min）
电机额定功率	80 kW/（4 75 ～ 12 000 r/min）
电机最大输出转速	12 000 r/min
电机总成总质量	103 kg

电机采用液冷冷却方式，在壳体上开有冷却水道，如图 4-10 所示。

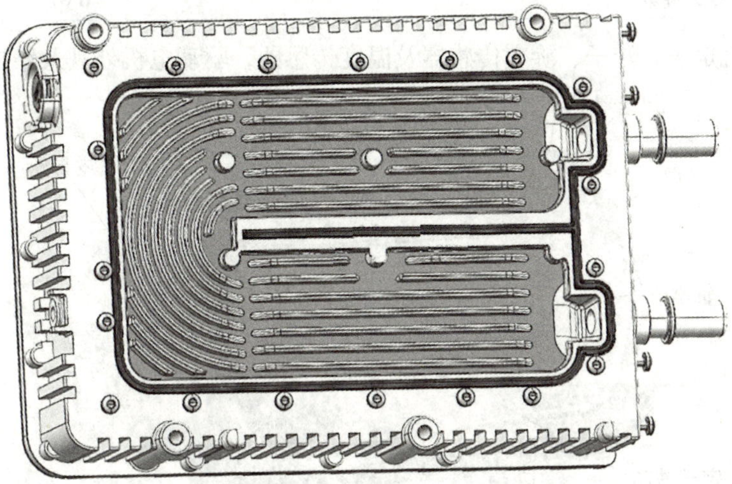

图 4-10　冷却水道

电机温度传感器和旋变传感器安装在电机后盖上，电机温度传感器插接器如图 4-11 所示。在 10 ～ 40℃的温度下可使用万用表测量温度传感器电阻。万用表两端子分别连接 3、6 端子，正常阻值应在 50 ～ 212 kΩ 范围内。

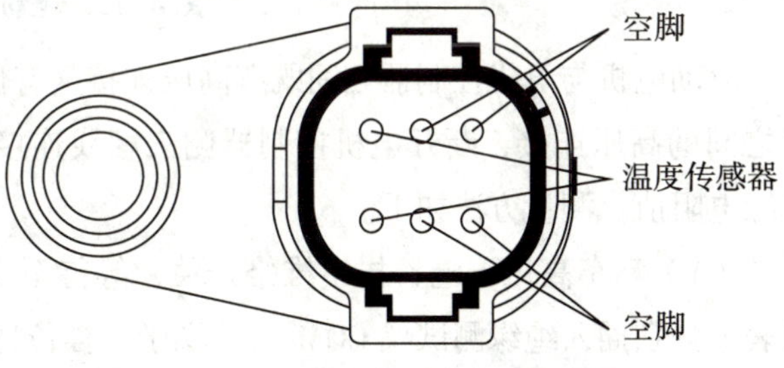

图 4-11　电机温度传感器插接器

电机旋变传感器励磁电阻标准值为(6.5 ± 2)Ω；正弦电阻和余弦电阻标准值为（12.5 ± 4）Ω。测量时万用表选择 200 Ω 挡，表笔连接 1 和 4 端子测量励磁电阻；连接 2 和 5 端子测量余弦电阻；连接 3 和 6 端子测量正弦电阻，测量结果应在标准范围内。

电机三相线在正常温度（25 ℃）下，测量 A 相、B 相、C 相两两间阻值，偏差不应超过 1 Ω。使用绝缘测试仪测试每相与电机壳体的绝缘阻值，应绝缘良好，大于 550 MΩ。

2. 北汽 EV200/EV160

北汽 EV200/EV160 永磁同步电机参数如表 4-4 所示。

表 4-4　北汽 EV200/EV160 永磁同步电机参数

类型	永磁同步
基数 /（$r \cdot min^{-1}$）	2 812
转速范围 /（$r \cdot min^{-1}$）	0 ~ 9 000
额定功率 /kW	30
峰值功率 /kW	53
额定转矩 /（N · m）	102
峰值转矩 /（N · m）	180
质量 /kg	45
防护等级	IP67

驱动电机同样包含定子、转子、旋变传感器及温度传感器，驱动电机外观及结构如图 4-12 所示。

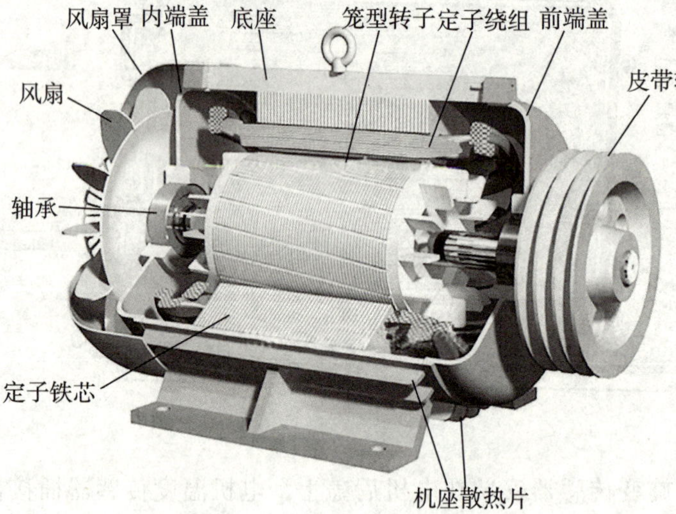

图 4-12　驱动电机外观及结构

驱动电机与电机控制器之间既有高压连接又有低压连接。驱动电机三相线属于电机控制器与驱动电机之间的高压连接，断开电机控制器侧三相线连接，可测量驱动电机 A 相、B 相和 C 相分别与外壳的绝缘电阻值。测量方法如下。

（1）整车高压下电，拔出维修开关，等待至少 5 min 后，再从电机控制器上拔下三相电插头；两只表笔分别插入绝缘测试仪 COM 和 V 端子，挡位选择 500 V 挡。

（2）将黑色表笔夹在电机外壳或与电机外壳连接的金属上。

（3）佩戴绝缘手套，将红色表笔与三相线的触点连接，按下表笔上的白色测试按钮。

（4）按下测试按钮后保持 2 s，待读数稳定后再读取。

（5）按上述方案分别测量三相线另外两相的绝缘值。

注意：测量过程中必须佩戴绝缘手套，禁止用手接触表笔检测端；被测对象应不带电并保证安全接地；测量过程中不可触碰被测对象，以免造成高压触电。

3. 吉利帝豪 EV300/EV450/GSe

吉利帝豪 EV300/EV3 50/EV450、吉利帝豪 GSe 车型驱动电机采用永磁同步电机，其驱动电机型号相同，调校参数略有不同，如表 4-5 所示。

表 4–5　吉利帝豪车的调校参数

车型	项目	参数
EV300/EV350/EV450、帝豪 GSe	额定功率 /kW	42
	峰值功率 kW	95（EV300）120（EV350/EV450、帝豪 CSe）
	额定转矩 /（N・m）	105
	峰值转矩 /（N・m）	240（EV300） 250（EV350/EV450、帝豪 CSe）
	额定转速 /（$r \cdot min^{-1}$）	4 000（EV300） 12 000（EV350/EV450、帝豪 CSe）
	峰值转速 /（$r \cdot min^{-1}$）	11 000（EV300） 12 000（EV350/EV450、帝豪 CSe）
	电机旋转方向	从轴中端看电机逆时针旋转
	温度传感器类型	NTC

吉利帝豪 EV300/EV350/EV450 驱动电机与电机控制器一起安装在前机舱靠右的位置，如图 4–13 所示。

图 4–13　驱动电机与电机控制器的安装位置

驱动电机由转子总成、旋变转子、定子壳体总成、后端盖总成以及轴承、挡圈等部件组成，如图 4–14 所示。

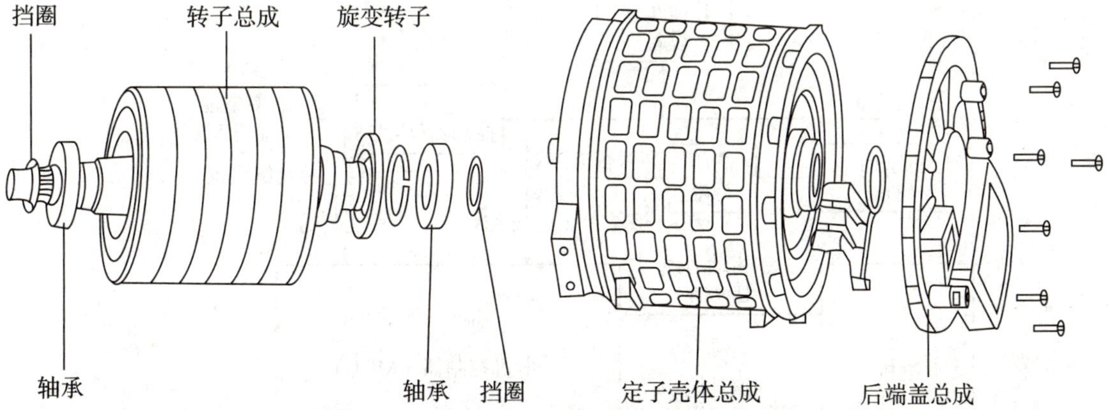

图 4–14　驱动电机结构

吉利帝豪 PHEV 车型驱动系统采用了双电机耦合式动力合成箱。两个电机（E1、E2）布置在动力合成箱的同一侧，均为内置式永磁同步交流电机。电机采用独特的冷却方式，定子端部绕组油冷喷淋，同时转子支架内部油道对转子直接冷却。电机 E1、E2 外观结构图如图 4–15 所示。

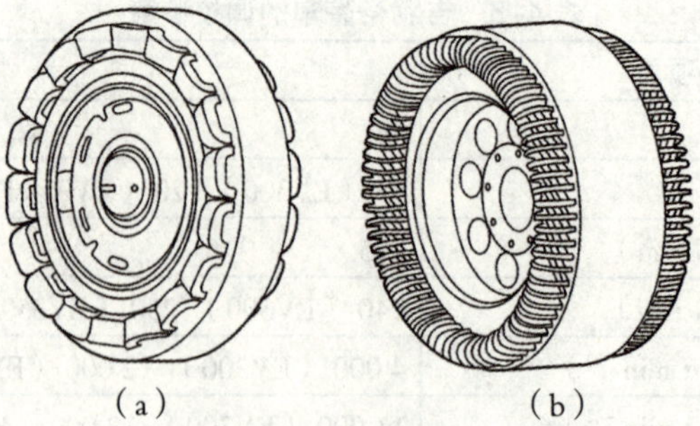

图 4-15 电机 E1、E2 外观结构图

任务二 电机与控制器的维护与保养

一、电机控制系统组成与原理

1. 电机控制器的结构及功用

驱动电机控制系统是电动汽车三大核心之一，是车辆行驶的主要执行机构；其特性决定了车辆的主要性能指标，直接影响车辆的动力性、经济性和用户驾乘感受。

电机控制系统由动力总成（驱动电机 DM）、高压配电设备、电机控制器（MCU）、高低压线束和相关传感器等组成，如图 4-16 所示。整车控制器（VCU）根据驾驶员意图发出各种指令，电机控制器响应并反馈，实时调整驱动电机输出，以实现整车的怠速、前行、倒车、停车、能量回收以及驻坡等功能。电机控制器主要功能如下：①怠速控制（爬行）；②控制电机正转（前进）；③控制电机反转（倒车）；④能量回收（交流转换直流）；⑤驻坡（防溜车）。电机控制器另一个重要功能是通信和保护，实时进行状态和故障检测，保护驱动电机系统和故障反馈。

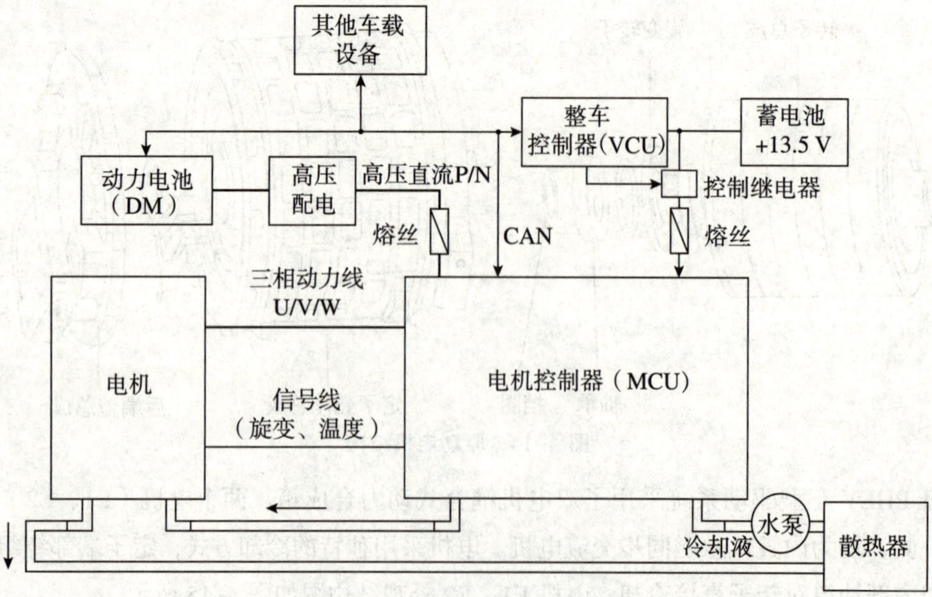

图 4-16 电机控制系统结构图

驱动电机控制器是电机系统的控制中心，又称智能功率模块；以 IGBT（绝缘栅双极型晶体管）模块为核心，辅以驱动集成电路、主控集成电路，对所有的输入信号进行处理，并将驱动电机控制系统运行状态的信息通过网络发送给整车控制器。驱动电机控制器内含故障诊断电路，当诊断出异常时，它将会激活一个错误代码发送给整车控制器，同时也会存储该故障码和数据。

使用以下传感器来提供驱动电机系统的工作信息：电流传感器——用以检测电机工作的实际电流（包括母线电流、三相交流电流）；电压传感器——用以检测供给电机控制器工作的实际电压（包括动力电池电压、12 V 蓄电池电压）；温度传感器——用以检测电机控制系统的工作温度（包括 IGBT 模块温度、电机控制器板载温度）。

电机控制器的主要参数由技术指标和技术参数组成。技术指标包括输入电压、工作电压范围、控制电源（通常为 9 ～ 12 V）、标称容量、防护等级、尺寸等。电机控制器主要由接口电路、控制主板、IGBT 模块（驱动）、超级电容、放电电阻、电流感应器、壳体水道等组成。具体内容如下。

（1）控制主板

控制主板与整车控制器通信监测直流母线电流，控制 IGBT 模块工作状态，监控高压线束的绝缘和工作连接情况并反馈。IGBT 模块的温度信号、旋变传感器信号经过处理反馈给电机控制单元。

（2）超级电容和放电电路

超级电容是一种以电场形式储存能量的无源器件。在需要电机起动时候，电容能够把储存的能量释放至电路。接通高压电路时给电容充电，在电机起动时保持电压的稳定，断开高压电路时，通过电阻给电容放电。放电电阻通常和电容器并联，电源波动时，电容器会随之充放电。当控制器带动的电机或其他感性负载停机时，可采用能耗制动的方式来实现，即把停止后电机的动能和线圈里面的磁能都通过一个其他耗能元件消耗掉，从而实现快速停车。当供电停止后，控制器的逆变电路就反向导通，把这些剩余电能反馈到变频器的直流母线上来；母线上的电压会因此而升高，当升高到一定值时，电阻就投入运行，使这部分电能通过电阻发热的方式消耗掉；同时维持母线上的电压保持一个正常值，放电电路故障有可能会导致高压断电。等效电路如图 4–17 所示。

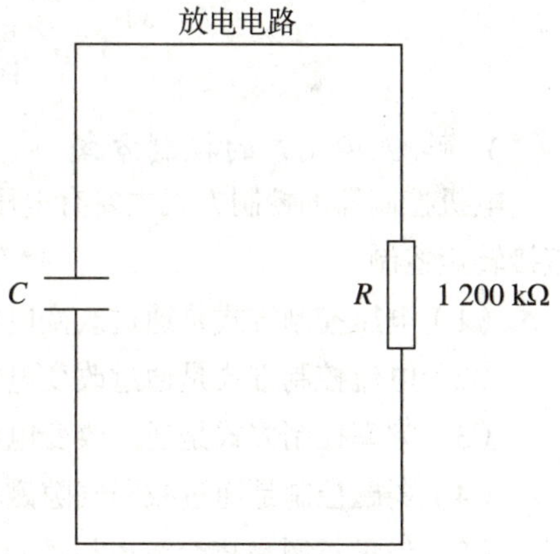

图 4–17　等效电路

电枢铁芯既是主磁路的组成部分，又是电枢绕组支撑部分；电枢绕组嵌放在电枢铁芯的槽内。为减少电枢铁芯内的涡流耗损，铁芯一般用厚 0.5 mm 且冲有齿、槽的型号为 DRS30 或 DR510 的硅钢片叠压夹紧而成；大型直流电机的电枢铁芯冲片先压装在转子支架上，然后再将支架固定在轴上。为改善通风，冲片可沿轴向分成几段，以构成径向通风道。

（3）IGBT 模块

IGBT 简称绝缘栅双极型晶体管，是由双极型三极管和绝缘栅型场效应管组成的复合全控型电压驱动式功率半导体器件，兼有 MOSFET 的高输入阻抗和 GTR 的低导通压降两方面的优点。GTR 饱和压降低，载流密度大，但驱动电流较大；MOSFET 驱动功率很小，开关速度快，但导通压降大，载流密度小。IGBT 综合了以上两种器件的优点，驱动功率小而饱和压降低，是电机控制器电压变换与传输的核心器件。

（4）旋变传感器

旋变传感器又称旋转变压器，主要用以检测电机转子位置，控制器编码后可以获知电机转速。传感器线圈固定在壳体上，信号齿圈固定在转子上。传感器线圈由励磁线圈、正弦线圈、余弦线圈三组线圈组成一个传感器。

2. 电机控制器的控制原理

电机控制器作为整个制动系统的控制中心，由功率变换器和控制器两部分组成。功率变换器接收电池输送过来的直流电电能，变换成驱动电机所需要的电源（如三相交流电）给汽车电机提供电源。控制器接收电机转速、旋变等信号反馈，信息也可在仪表显示。当发生制动或者加速行为时，控制器控制变频器频率的升降，从而达到加速或者减速的目的。电机控制器的控制原理图如图 4-18 所示。

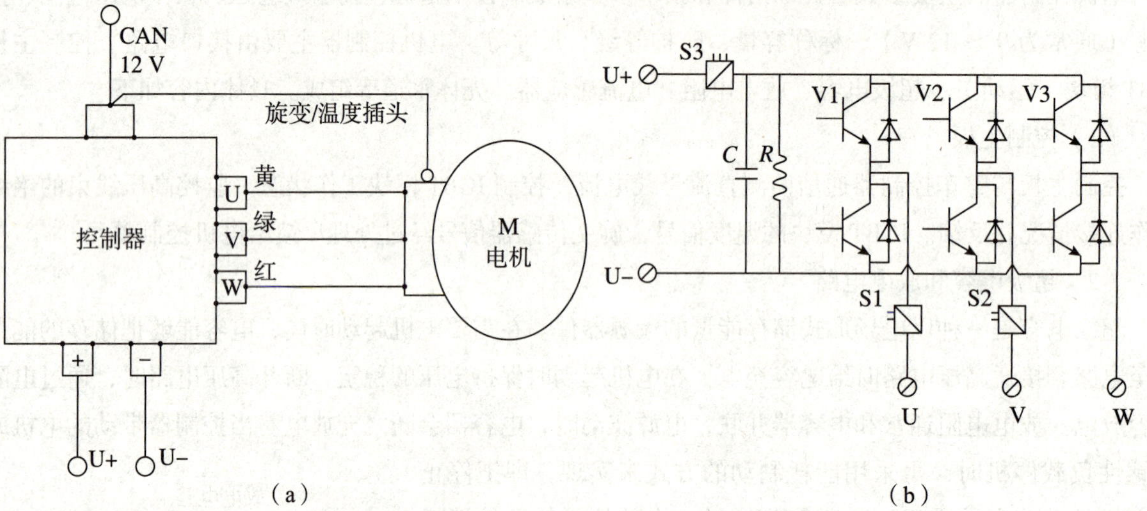

图 4-18　电机控制器的控制原理图

3. 电机控制器的控制方式

电机控制器的控制方式主要有电压控制方式、电流控制方式、频率控制方式、弱磁控制、矢量控制、直接转矩控制。

（1）电压控制方式是通过改变电机端电压从而实现转速控制的控制方式。

（2）电流控制方式是通过改变电机绕组电流从而实现转速控制的控制方式。

（3）频率控制方式是通过改变电机的电源频率从而实现转速控制的控制方式。

（4）弱磁控制是通过减弱气隙磁场控制电机转速的控制方式。

（5）矢量控制是将交流电机的定子电流作为矢量，经坐标变换分解成与直流电机的励磁电流和电枢电流相对应的独立控制电流分量，以实现电机转速 / 转矩控制的方式。

（6）直接转矩控制是用空间矢量的分析方法，直接在定子坐标系下计算并控制交流电机的转矩。采用定子磁场定向，借助于离散的两点式调节产生 PWM 信号，直接对逆变器的开关状态进行控制，以获得转矩的高动态性能的控制方式。

随着电动汽车和控制技术的发展，现代控制和智能控制在电机控制中的应用已成为趋势。

二、常见车型电机控制器

1. 比亚迪 e5 电机控制器

比亚迪 e5 电机控制器集成在高压电控总成中。高压电控总成还集成了车载充电机、DC/DC 转换器和高压配电模块，另外内部还装有漏电传感器。其主要功能包括电机控制与车辆控制功能、电网对车辆充电功能、车辆对电网放电功能、车辆对用电设备供电功能以及车辆充放电功能。驱动电机控制器通过采集、制动、挡位、模式等信号控制动力输出。

（1）比亚迪 e5 高压电控总成前部如图 4-19 所示。

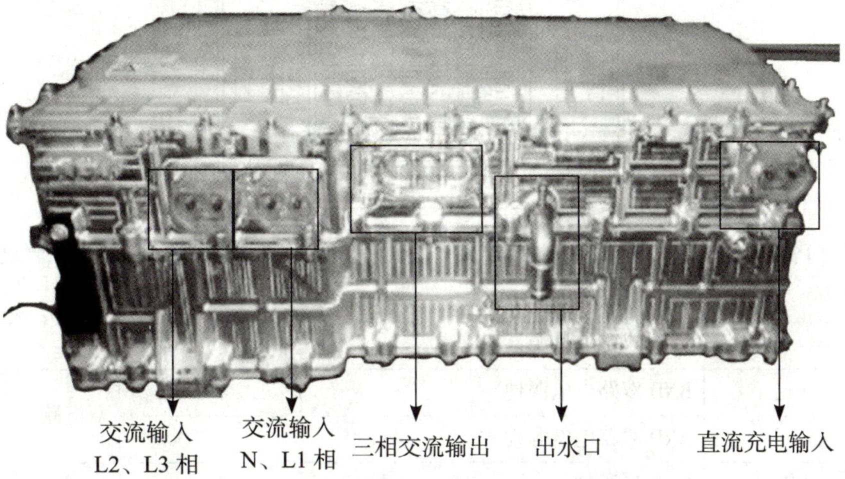

图 4-19　比亚迪 e5 高压电控总成前部

比亚迪 e5 高压电控总成右侧如图 4-20 所示。图 4-20 中 32 A 空调熔断器——给电动压缩机和 PTC 水加热器供电；DC/DC 低压输出端——与低压电池并联给整车低压系统提供 13.8 V 电源。

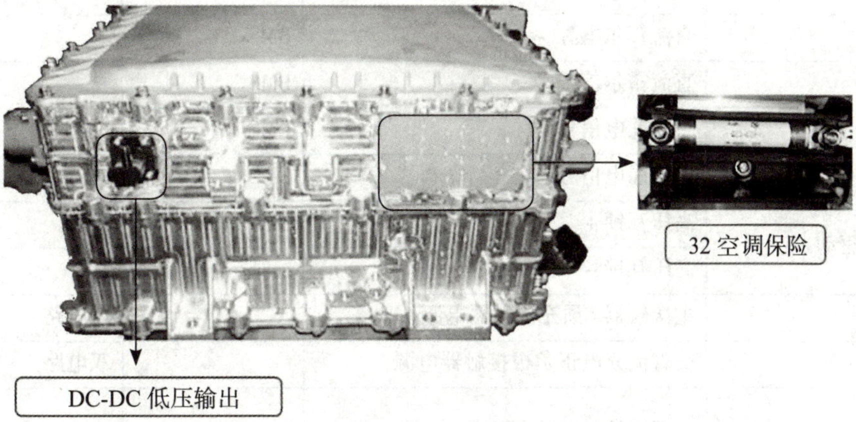

图 4-20　比亚迪 e5 高压电控总成右侧

比亚迪 e5 高压电控总成后部如图 4-21 所示。电池管理器外挂在高压电控总成后部。

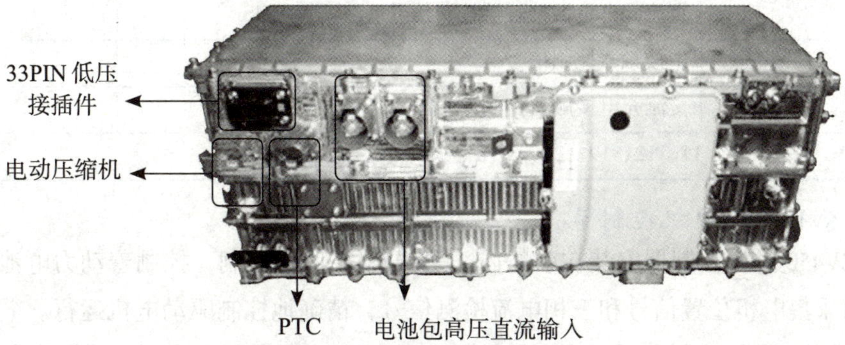

图 4-21　比亚迪 e5 高压电控总成后部

（2）比亚迪 e5 高压电控总成端子定义如表 4-6 所示。

表 4-6　比亚迪 e5 高压电控总成端子定义

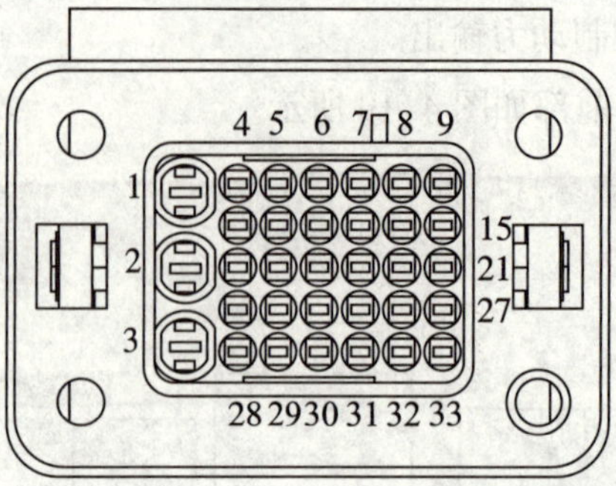

引脚号	端口名称	端口定义	线束接法	电源性质及电压标准值
4		VCC 双路电电源		双路电（+12 V）
5		VCC 双路电电源		
8		BND 双路电电源地		双电路
9		BND 双路电电源地		
13	GND	GAN 屏蔽地		
14		CAN_H	动力网	
15		CAN_L	动力网	
16		直流霍尔电源 +	BMS	
17		直流霍尔电源 -	BMS	
18		直流霍尔信号	BMS	
20		一般漏电信号	BMS	
21		严重漏电信号	BMS	
22	驱动 / 充电	高压互锁 +	BMS	
23		高压互锁 -		
24		主接触器 / 预充接触器电源		双电路
25		交直流充电正负极接触器电源		双电路
28		主预充接触器控制信号	BMS	
29				
30		直流充电正极接触器控制信号	BMS	
31		直流充电负极接触器控制信号	BMS	
32		主接触器控制信号	BMS	
33		交流充电接触器控制信号	BMS	

注：端口 1、2、3、6、7、10、11、12、19、26、27 空。

2. 吉利帝豪 EV450 电机控制器

吉利帝豪 EV450 电机控制器安装在前舱内，采用 CAN 通信控制，控制着动力电池组到电机之间能量的传输，同时采集电机位置信号和三相电流检测信号，精确地控制驱动电机运行。

吉利帝豪 EV450 电机控制器是一个既能将动力电池中的直流电转换为交流电以驱动电机，同时具备将车轮旋转的动能转换为电能（交流电转换为直流电）给动力电池充电的设备。

车辆制动或滑行阶段，电机作为发电机应用。它可以完成将车轮旋转的动能到电能的转换，给电池充电。DC/DC 集成在吉利帝豪 EV450 电机控制器内部，其功能是将电池的高压电转换成低压电，提供整车低压系统供电，如图 4–22 所示。

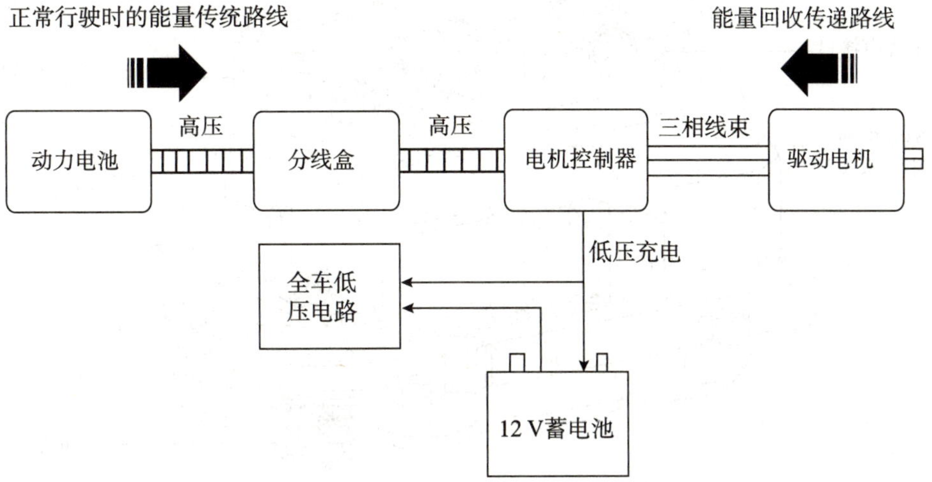

图 4–22　能量回收和 DC/DC 功能示意图

吉利帝豪 EV450 电机控制器内部包含 1 个 DC/AC 逆变器和 1 个 DC/DC 直流转换器，逆变器由 IGBT、直流母线电容、驱动和控制电路板等组成，实现直流（可变的电压、电流）与交流（可变的电压、电流、频率）之间的转变。直流转换器由高低压功率器件、变压器、电感、驱动和控制电路板等组成，实现直流高压向直流低压的能量传递。吉利帝豪 EV450 电机控制器还包含冷却器（通冷却液）给电子功率器件散热。吉利帝豪 EV450 电机控制器组成框图如图 4–23 所示。

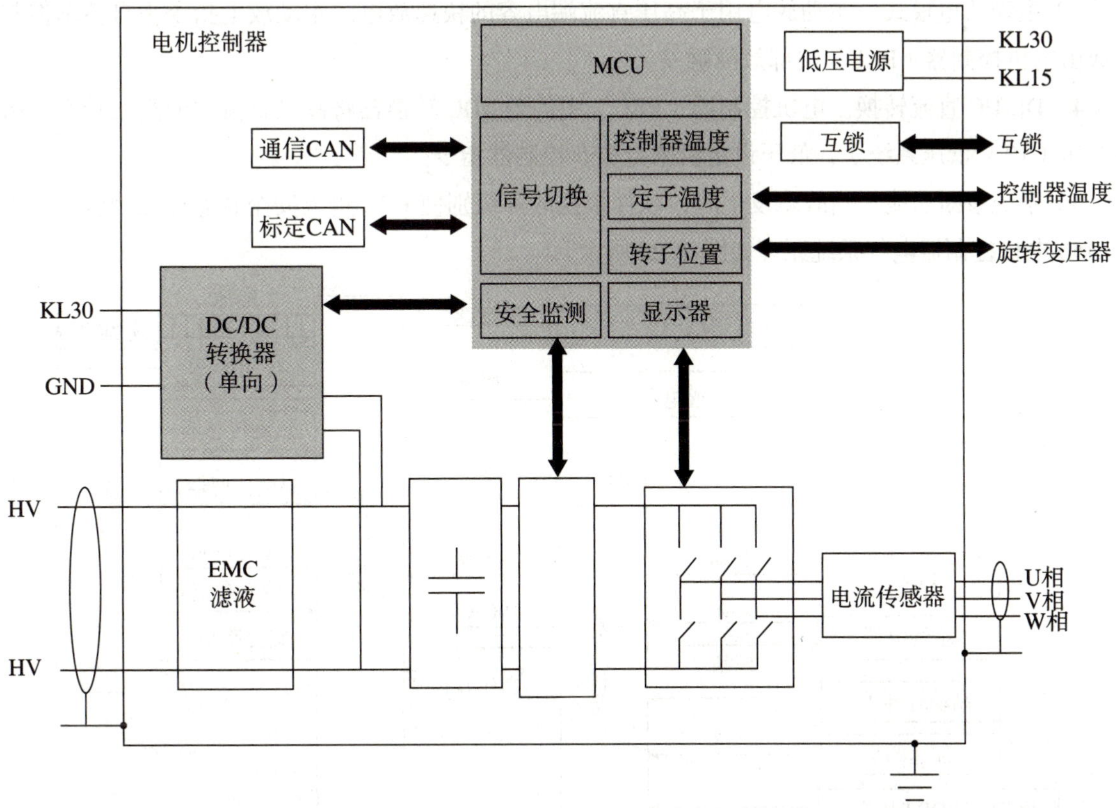

图 4–23　吉利帝豪 EV450 电机控制器组成框架图

吉利帝豪EV450电机控制器上高低压线束接口、驱动电机三相线束接口、冷却管接口和低压充电(DC/DC)接口分布，如图4-24所示。

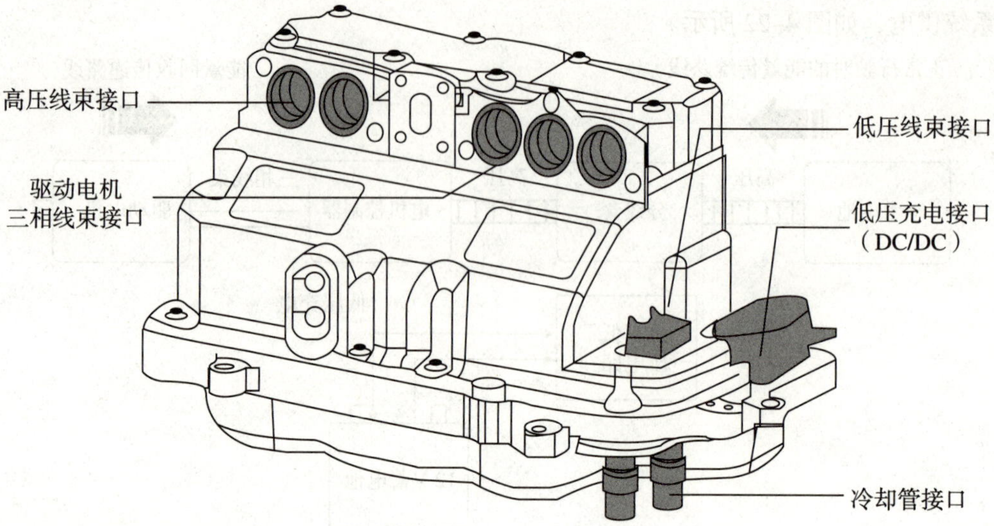

图4-24 接口分布图

吉利帝豪EV450电机控制器具有以下工作模式。

(1)转矩控制模式。电机控制系统控制电机轴向四象限的转矩。由于没有转矩传感器，转矩指令(由整车控制器发送)被转换成为电流指令，并进行闭环控制。转矩控制模式只有在获得正确的初始偏移角度时才能进行。

(2)静态模式。静态模式在电机控制器(PEU)处于被动状态(待机状态)或故障状态时被激活。

(3)主动放电模式。主动放电用于高压直流端电容的快速放电。主动放电指令来自整车控制器的指令或由电机控制器(PEU)内部故障触发。

(4)DC/DC直流转换。电机控制器(PEU)中的DC/DC转换器将高压直流端的高压转换成指定的直流低压(12 V低压系统)，低压设定值来自整车控制器指令。

(5)系统诊断功能。当故障发生时，软件根据故障级别使PEU进入安全状态或限制状态。吉利帝豪EV450电机控制器电气系统原理如图4-25所示。

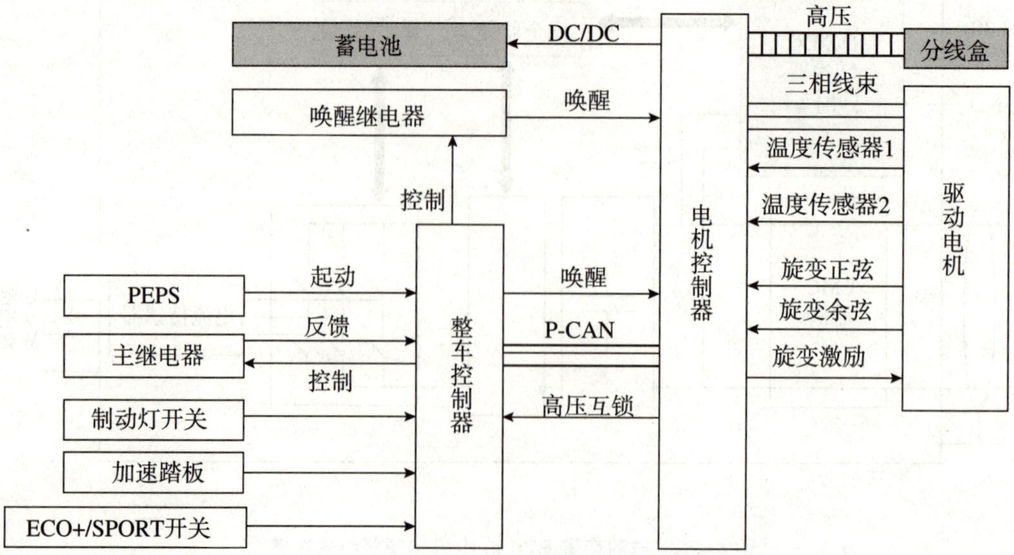

图4-25 吉利帝豪EV450电机控制器电气系统原理

3. 吉利帝豪 PHEV 电机控制器

吉利帝豪 PHEV 采用的深度混合插电式动力系统可以实现无级变速的功能，采用转矩控制方法和功率平衡控制技术。在合理分配发动机能量的同时，降低了整车的燃油消耗和排放，保证了整车的稳定运行以及整车各运行模式之间的平滑切换，达到了整车在经济性、动力性和排放性能上的最佳控制目标。

吉利帝豪 PHEV 电机控制器安装在前舱内，采用 CAN 通信控制，控制着动力电池到电机之间能量的传输，同时采集电机位置信号和三相电流检测信号，精确地控制驱动电机运行。

电机控制系统能将动力电池中的直流电转换为交流电以驱动电机，同时具备将车轮旋转的动能转换为电能（交流电转换为直流电）给动力电池充电的功能。车辆制动或滑行阶段，电机作为发电机应用。它可以完成由车轮旋转的动能到电能的转换，给电池充电。

DC/DC 集成在电机控制器内部，其功能是将电池的高压电转换成低压电，提供整车低压系统供电。

吉利帝豪 PHEV 电机控制器内部集成了两个电机控制模块及一个 DC/DC 模块。两个电机控制模块输出额定工作电流分别为 105 A/130 A；峰值工作电流分别为 250 A/280 A。此外，吉利帝豪 PHEV 电机控制器还具有以下功能。

（1）双电机驱动。电机控制器通过矢量控制方式，将直流高压逆变成三相交流，控制驱动电机 E1 和 E2 输出精确的转矩或转速，在不影响稳定性的基础上，最大限度地提高驱动电机 E1 和 E2 的输出性能表现；双电机都具有四象限运行工况。驱动电机 E1、E2 定子绕组采用三相Y形连接，E1、E2 定子线圈内分别内置两路温度传感器，便于逆变器监控电机温度。电机控制器使用旋转变压器检测转子的位置和电流传感器检测线圈的电流，从而控制驱动电机的转矩输出。

（2）DC/DC 直流变换。电机控制器实现直流与交流之间的转变。直流转换器由高低压功率器、变压器、电感、驱动和控制电路板等组成，实现直流高压向直流低压的能量传递。通过直流变换电路，将直流高压降压变换成低压与车载 12 V 蓄电池并联为整车低压电器供电。

（3）信号采集与通信。采集和处理电机温度传感器输入信号、旋转变压器输入信号。同时，电机控制器还具有 CAN 总线通信、标定和检测、故障诊断等功能。

（4）冷却液泵驱动。集成冷却液泵转速控制功能，根据冷却液温度变化调节冷却液泵转速，给定目标转速（占空比）信号，接收实际转速（频率）信号。

（5）主动放电。通过 DC/DC 将母线残余电量泄放给 12 V 蓄电池，直至母线电压低于 60 V 安全电压，放电时间小于 5 s。

（6）被动放电。被动高压直流电源放电，通过放电电阻实现。当高压输入切断时，被动高压直流电源放电触发，并不受外部控制，放电电阻一直并联在高压上。实际上，DC/DC 主动放电的同时放电电阻也起着放电的作用。在没有主动放电的情况下，被动放电直至母线电压低于 60 V，安全电压的放电时间小于 2 min。

（7）故障诊断。电机控制器自身具备故障的诊断及记录功能，故障诊断包括以下内容。

① 传感器诊断：电流传感器、电压传感器、温度传感器、位置传感器等的故障诊断。

② 电机诊断：电流调节故障、电机性能检查、主动断路或空转条件不满足、转子偏移角诊断等。

③ CAN 通信诊断：CAN 内存检测、总线超时、报文长度、收发计数器的诊断等。

④硬件安全诊断：相电流过流诊断、直流母线电压过压诊断、高/低压供电故障诊断、处理器监控等。

⑤DC/DC诊断：DC/DC传感器以及工作状态诊断。

吉利帝豪PHEV电机控制器电气原理图如图4-26所示。

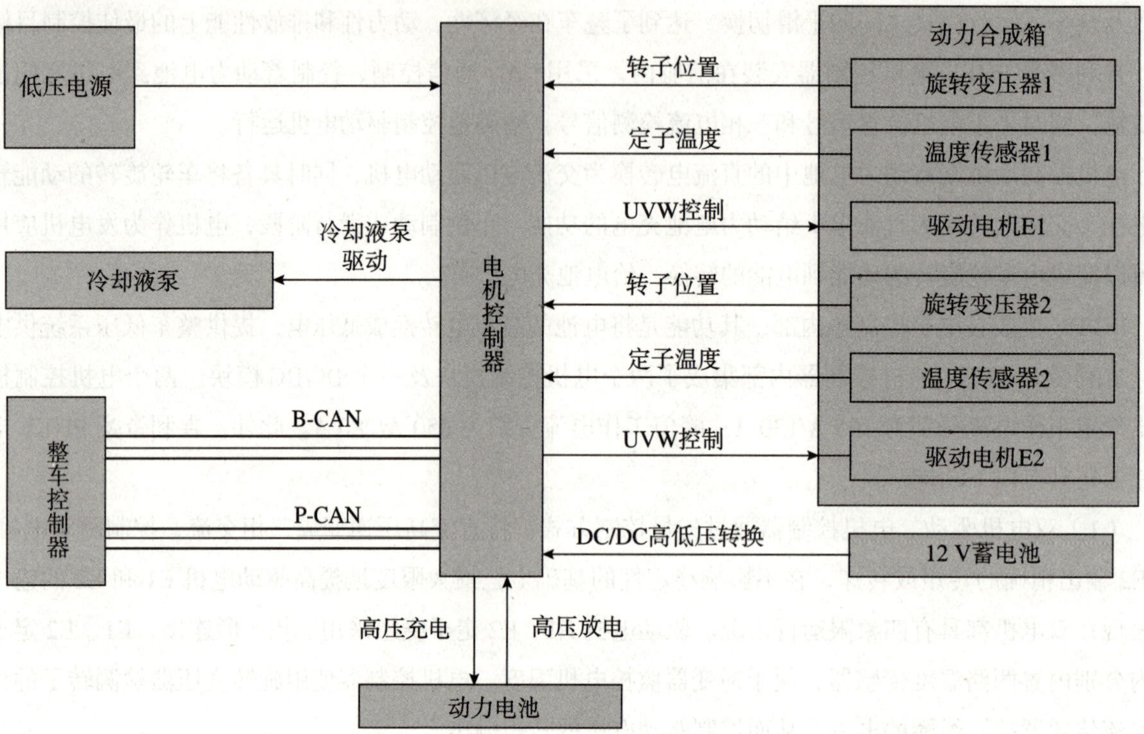

图4-26 吉利帝豪PHEV电机控制器电气原理图

项 目 小 练

一、填空题

1. 电机按使用电源不同分为＿＿＿＿和＿＿＿＿，电力系统中的电机大部分是交流电机，可以是＿＿＿＿或者是＿＿＿＿（电机定子磁场转速与转子旋转转速不保持同步）。

2. 电机工作原理是磁场对电流受力的作用，使电机转动。电机按照分类可分为＿＿＿＿、＿＿＿＿、＿＿＿＿、＿＿＿＿。

3. 换向器的作用是使电枢绕组中的电流＿＿＿＿，将从电刷输入的＿＿＿＿转换为电枢绕组的＿＿＿＿。

4. 交流电机可分为＿＿＿＿和＿＿＿＿两大类。

5. 永磁同步电机具有＿＿＿＿、＿＿＿＿、＿＿＿＿、良好的转矩平稳性及低振动噪声的特点，通过合理设计永磁磁路结构能获得较高的弱磁性能，在电动汽车驱动方面具有很高的＿＿＿＿，受到国内外电动汽车界的高度重视，是较具竞争力的电动汽车驱动电机系统之一。

二、简答题

1．异步电机有哪些优、缺点?

2．简述开关磁阻电机的工作原理。

项目五

辅助电气系统

学习目标

知识目标

◆了解电动汽车空调系统的结构组成。

◆了解电动汽车冷却系统的类型。

◆了解电动汽车制动系统的结构组成。

◆了解电动汽车汽车转向系统的发展现状。

能力目标

◆掌握电动汽车空调系统的工作原理。

◆掌握电动汽车冷却系统的组成及工作原理。

◆掌握电动汽车制动系统的工作原理。

◆掌握更换冷却液的方法。

素质目标

◆向大国工匠和高技能人才看齐，学习他们身上的工匠精神。

◆认真体会工匠精神，自觉传承、践行工匠精神。

思政目标

培育学生养成良好的生活习惯，形成吃苦耐劳的精神，从而提高学生道德品质修养。

项目引入

新能源汽车包括多个系统，其中辅助系统主要作用是提高驾驶人与乘客的舒适度。由于新能源汽车主要动力系统已经与传统汽车不同，所以新能源汽车辅助电气系统相比较传统汽车也有些许改变与升级。本项目将主要介绍新能源汽车的辅助电气系统。

任务工单

【任务实施】

1．学生分组进行资料的搜集整理，并对搜集到的资料进行讨论。

问题 1：新能源汽车空调系统由哪些部分组成？

____

____

问题 2：新能源汽车助力转向系统是如何工作的？

____

____

2．按照实际操作过程，将操作内容及实施过程中遇到的问题或解决方法记录在表 5–1 中。

表 5–1　任务实施过程记录表

序号	操作内容	遇到的问题	解决方法
1			
2			
3			
4			

【任务评价】

学生展示任务实施的成果，并协同老师完成表 5–2 所示的任务评价表。

表 5–2　任务评价表

评价项目	评价内容	分值 / 分	评价分值 / 分		
			自评	互评	师评
职业素养考核项目	考勤、仪容仪表	10			
	团队交流与合作意识	10			
	创新意识、纪律意识	10			
专业能力考核项目	积极参与教学活动并正确理解任务要求	10			
	认真搜集并积极讨论相关资料	10			
	任务实施过程记录表的完成度	10			
	对新能源汽车空调系统的了解程度	20			
	对新能源汽车电动转向系统的了解程度	20			
合计：综合分数______________		100			
综合评价：					
备注：					

任务一 空调系统

一、新能源电动汽车空调系统的基本认识

1. 新能源电动汽车空调系统的特点

新能源电动汽车空调与普通汽车空调装置相比，新能源电动汽车空调装置以及车内环境主要有以下特点。

（1）汽车空调系统安装在运动的车辆上，要承受剧烈而频繁的振动与冲击，要求新能源电动汽车空调装置结构中的各个零部件都应具有足够的抗振动、抗冲击强度和良好的系统气密性能。

（2）新能源电动汽车大部分属于短距离代步，乘坐时间较短，加上新能源电动汽车内乘员所占空间比大，产生的热量相对较多，相对热负荷大，要求空调具有快速制冷、制热和低速运行能力。

（3）新能源电动汽车空调使用的是车上蓄电池提供的直流电源，压缩机工作效率高，控制可靠性高，维护方便。

（4）汽车车身隔热层薄，而且门窗多，玻璃面积大，隔热性能差。新能源电动汽车也不例外，致使车内漏热严重。

（5）车内设施高低不平且有座椅，气流分配组织困难，难以做到气流分布均匀。

2. 新能源电动汽车空调系统的发展现状与趋势

新能源电动汽车驱动能量来源于蓄电池，有别于传统燃油汽车，使得它的空调系统也不同于燃油汽车空调。由于作为驱动能量来源的蓄电池容量有限，空调系统的能耗对新能源电动汽车的续航里程有较大的影响。同燃油汽车相比，对新能源电动汽车空调系统的节能高效提出了更高的要求。同时，新能源电动汽车空调必须要解决制冷、制热两大问题。根据新能源电动汽车特有性质，目前新能源电动汽车空调可采用热电（偶）空调系统和电动热泵型空调系统。

（1）热电（偶）电动汽车空调系统。该项技术具有很多适合新能源电动汽车使用的特点，并且与传统机械压缩式空调系统相比，热电空气调节具有以下特点。

① 热电元件工作需要直流电源。

② 改变电流方向即可产生制冷、制热的逆效果。

③ 热电制冷片热惯性非常小，制冷时间很短，在热端散热良好冷端空载的情况下，通电不到 1 min，制冷片就能达到最大温差。

④ 调节组件工作电流的大小即可调节制冷速度和温度，温度控制精度可达 0.001 ℃，并且容易实现能量的连续调节。

⑤ 在正确设计和应用条件下，其制冷效率可达 90% 以上，而制热效率远大于 1。

⑥ 体积小、重量轻、结构紧凑，有利于减小新能源电动汽车的整备质量；可靠性高、寿命长并且维护方便；没有转动部件，因此无振动、无摩擦、无噪声且耐冲击。

热电（偶）制冷、制热工作原理如图 5-1 所示。

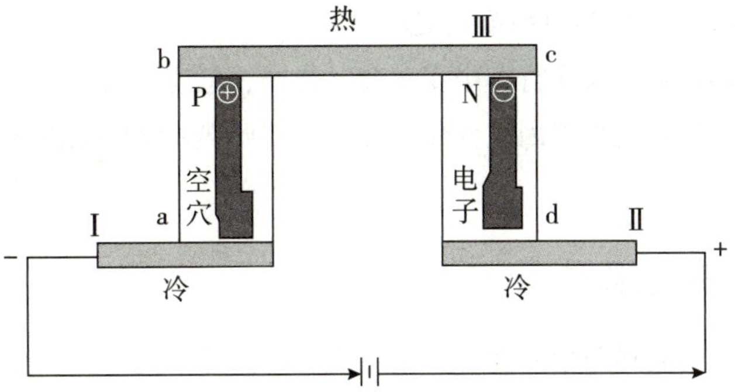

图 5–1　热电（偶）制冷、制热工作原理图

（2）热泵型电动汽车空调系统。热泵型空调系统是在原有燃油汽车上进行改进的，压缩机由永磁直流无刷电机直接驱动，系统的工作原理如图 5–2 所示。该系统与普通的热泵空调系统并无本质区别，由于在电动车上使用，压缩机等主要部件有其特殊性。该技术最大的优点就是制冷、制热效率高，相关企业开发的全封闭电动涡旋压缩机，是由一个直流无刷电机驱动，通过制冷剂回气冷却，具有噪声低、振动小、结构紧凑、质量轻等优点。在测试条件为环境温度 40 ℃，车内温度 27 ℃，相对湿度 50% 的工况下，系统稳定时它能以 1 kW 的能耗获得 2.9 kW 的制冷量；当环境温度 −10 ℃，车内温度 25 ℃，以 1 kW 的能耗可以获得 2.3 kW 的制热量。在 −10 ～ 40 ℃的环境温度下，均能以较高的效率为新能源电动汽车提供舒适的驾乘环境。若能在零部件技术上得到改进，相应效率还可以得到进一步提高。

综上所述，从空调技术成熟性和能源利用效率比较来看，对于热电（偶）电动汽车空调系统，目前存在着热电材料的优值系数较低、制冷性能不够理想、并且热电堆产量受到构成热电元件元素产量的限制，不具备新能源电动汽车空调节能高效的要求。这使得新能源电动汽车空调更倾向于选用节能高效的热泵型空调，该技术方案对于不同类型新能源电动汽车通用性较好，并且对整车结构改变较小，是将来新能源电动汽车空调的发展趋势。

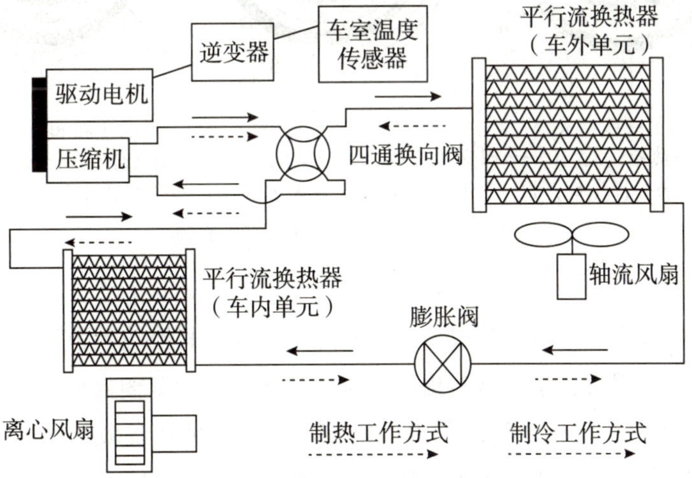

图 5–2　热泵型空调系统的工作原理图

目前热泵型电动汽车空调最大的软肋是低温制热问题，尤其是在偏冷地区，这也是将来该行业研究的难题之一。为了使热泵型电动汽车空调更节能高效，可以从以下几个角度去着重解决。

① 开发更高效的直流涡旋压缩机。

② 开发控制更精准、更节能的硅电子膨胀阀。

③ 采用高效的过冷式平行流冷凝器。

④改善微通道蒸发器结构，使制冷剂蒸发更均匀。

此外，电动汽车开门的次数以及在行车中受车速、光照、怠速等因素的影响，空调湿热负荷大。压缩机乃至整个空调系统都要适应这种多因素变化的工况，因此热泵型电动汽车空调系统变工况设计尤为重要。

二、电动空调系统的组成

电动空调系统包含制冷与制热两个方面，其中空调制冷循环系统的组成与传统汽车类似，都由空调压缩机、冷凝器、膨胀阀、蒸发器及管路等组成。只是传统空调压缩机由发动机皮带带动，电动空调压缩机由电机带动。制热方面由单独的加热器 PTC 制热，再通过热交换进入车厢内部。

1. 电动空调压缩机

电动空调系统的压缩机采用电机驱动，其固定在车辆底盘上，在压缩机上集成有电机及其控制器。其中空调控制器将动力电池直流电转变成空调电机所需要的三相交流电，在电动压缩机上有高压和低压插接件，压缩机主体上还有制冷循环的进出管路。

电动汽车空调压缩机一般采用涡旋式压缩机，其有一个定涡盘和一个动涡盘，这两个相互啮合的涡盘。其特点为互错开 180° 的涡旋叶片圈组合一对啮合，动圈 2 以回旋半径的圆做回转运动。动圈涡旋中心绕定圈涡旋中心连续公转，原最大的月牙容积实现 a—b—c 的压缩，达到预定压力，由排气口 9 排出。动圈和定圈的外周形成吸气容积 4、8，如此周而复始地吸气、压缩、排气，如图 5-3 所示。

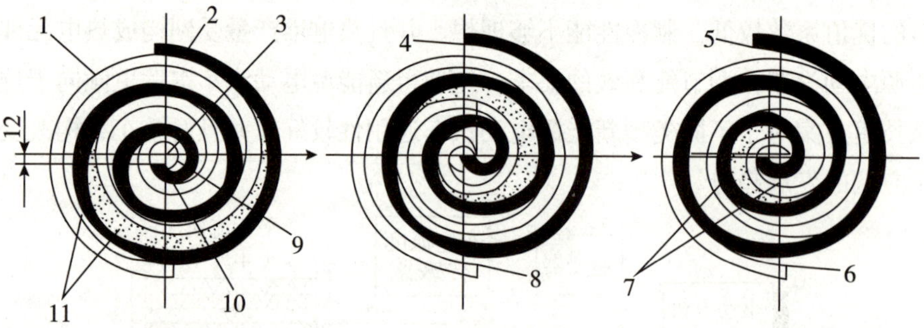

（a）吸气结束　（b）压缩行程　（c）排出开始之前

1—定圈；2—动圈；3、10—动圈涡旋中心；4、5、6、8—制冷剂气体；7—最小压缩容积；9—排气口；11—开始压缩容积（最大容积）；12—回旋半径。

图 5-3　涡旋式压缩机的工作原理

2. 制冷剂

R407c 制冷剂的导热系数高，黏度系数小，在同等条件下，其换热系数高，制冷能力较强。管道的阻力损失也小，这对提高系统能效比、减少车辆自重、节约成本有着不可低估的作用。相比于传统的 R134a 制冷剂，其破坏臭氧层潜能（ODP）、全球温室效应潜能（GWP）较小，如图 5-4 所示。

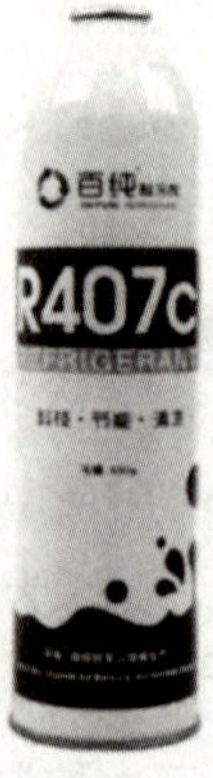

图 5-4　R407c 制冷剂

3. 冷凝器

冷凝器是用于将制冷剂所含热量释放，并将制冷剂由气态转变成液态的热交换器。冷凝器安装在车辆的前部，风扇将风吹过散热装置，以利于排出热量。来自压缩机的制冷剂以高温高压的气态形式从顶部进入冷凝器。经过冷凝器时，制冷剂释放所含的大量热量并凝结在底部。在冷凝器出口，制冷剂处于低温高压液态。制冷的工作原理如图 5-5 所示。

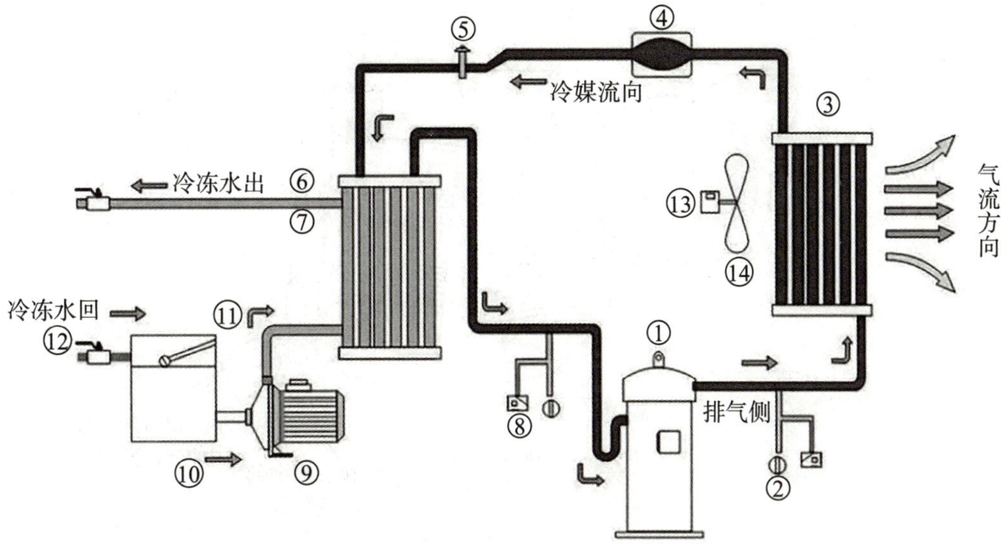

1—压缩机；2—高压控制器；3—冷凝器；4—干燥过滤器；5—膨胀阀；6—防冻开关；7—蒸发器；8—低压控制器；9—水泵；10—水箱；11—浮球开关；12—球心阀；13—电机；14—风扇。

图 5-5 制冷的工作原理

4. 膨胀阀

膨胀阀的作用是使从冷凝器过来的低温高压液态制冷剂，通过膨胀阀的节流降压，成为容易蒸发的低温低压雾状制冷剂进入蒸发器，即分开了制冷剂的高压侧和低压侧。膨胀阀可以自动调节制冷剂流量，它根据制冷负荷的改变和压缩机转速的变化，自动调节制冷剂进入蒸发器的流量以满足制冷循环的需要。

5. 蒸发器

蒸发器是一个热交换器，如图 5-6 所示。减压后的制冷剂以液态或气态进入蒸发器，蒸发器中的制冷剂吸收进入车内的外部空气的热量，制冷剂蒸发。在蒸发器出口处，制冷剂呈低压低温气态。

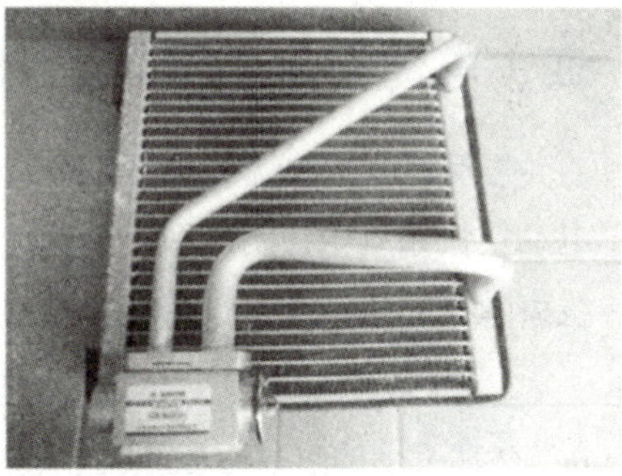

图 5-6 蒸发器的结构

在蒸发器处安装有蒸发器温度传感器来测量蒸发器温度，当蒸发器温度低于一定温度时空调停止运转，防止蒸发器结霜、结冰。当蒸发器温度高于一定温度时，空调系统才能重新接通，是空调电气控制系统的一个保护性传感元件。

三、空调送风系统及采暖系统

1. 空调送风系统

空调送风系统是指经过冷却或加热的空气，通过特定的风道送到驾驶室内相应的位置。送风系统主要由鼓风机、风道、风门和出风口等组成。

空调控制器（ECC）一般与空调面板制成一体，控制电机调节和控制系统中的各个风门，使之按需要移动到各种位置。引入内部或外部的空气通过不同的风道，实现各种送风模式。图 5-7 为空调系统进出风口示意图。

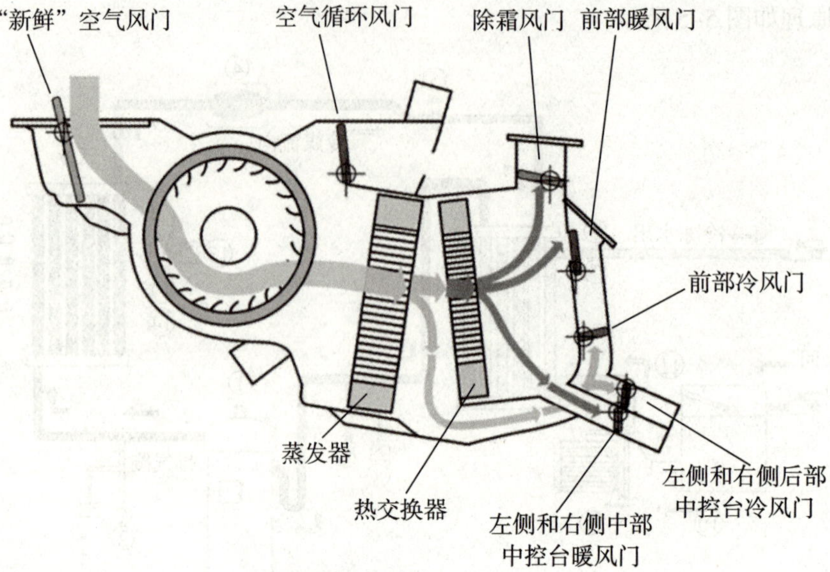

图 5-7　空调系统进出风口示意图

2. 空调采暖系统

电动空调系统采用变频调速的电动一体化压缩机，取代了传统的机械传动方式的压缩机。由于取消了冷却系统，将采用电加热器进行冬天供暖。

PTC 加热电阻由高压供电，由整车控制器或空调控制器控制搭铁回路。PTC 加热电阻的工作由专门的控制模块控制，PTC 控制模块采集加热请求，同时根据整车控制器或压缩机控制器控制信号、PTC 总成内部传感器温度反馈等信号综合控制 PTC 通断。PTC 控制模块采集信息内容包括风速、冷暖程度设置、出风模式、加热器启动请求和环境温度等。

四、电动空调系统常见故障诊断分析

1. 电动空调压缩机常见故障分析

电动空调系统中，制冷系统关键在于电动压缩机是否正常工作，其中压缩机是否正常工作与其控制器、线束及压缩机本体存在相应的关系。电动压缩机常见故障分析如表 5-3 所示。

表 5-3　电动压缩机常见故障分析

故障	现象	原因及判断	检测及排除措施
驱动控制器不工作，压缩机不工作	压缩机无启动声音，电源电流无变化	① DC 12 V 控制电流未通入驱动控制器； ② 控制电源电压不足或超压； ③ 插接件端子接触不良或松脱	① 检查驱动控制器控制电源插头端子是否松脱； ② 检查控制电源到驱动控制器之间的导线是否有断路； ③ 测量控制电源电压是否达到要求（对 DC 12 V 控制电源驱动控制器，控制电源至少大于 DC 9 V，且不得高于 DC 15 V）
驱动控制器工作正常，压缩机不正常工作	压缩机发出异常声音	① 电机缺相； ② 冷凝器风机未正常工作，系统压差过大，电机负载过大	① 检查驱动控制器与电机连续的三相插头及相关导线，保证其接触良好及导通； ② 保证冷凝器风机正常工作，待系统压力平衡后再次启动

续表

故障	现象	原因及判断	检测及排除措施
驱动控制器工作正常，压缩机不工作	压缩机无启动声音，电源电流无变化，端口电压正常	驱动控制器未接收到空调系统的 A/C 开关信号	① 检查 A/C 开关是否有故障； ② 检查与 A/C 开关相连的导线是否断路； ③ A/C 开关连接方式是否正确
驱动控制器工作正常，压缩机不工作	压缩机无启动声音，电源电流无变化，高压端口电压不足或无供电	欠电压保护启动	关闭整车主电源： ① 检查驱动控制器主电源输入接口处的插接件端子是否有松脱； ② 主电源到驱动控制器之间的导线是否有断路； ③ 控制主电源输入的继电器是否正常动作
驱动控制器自检正常，压缩机不工作	压缩机启动时有轻微抖动，电源电流有变化，随后降为 0	① 冷凝器风机未正常工作，系统压差过大，电机负载过大导致的过电流保护启动； ② 电机缺相导致的过电流保护启动	① 保证冷凝器风机正常工作，待系统压力平衡后再次启动； ② 检查驱动控制器与电机连接的三相插头及相关导线，保证其接触良好及导通

2. PTC 加热器常见故障及排除

PTC 加热器常见故障有 PTC 加热器不工作、PTC 加热器过热等，如表 5–4 所示。

表 5–4　PTC 加热器常见故障及排除

故障	现象	原因及判断	检测及排除措施
PTC 加热器不工作	启动功能设置后，风仍为凉风	① 冷暖模式设置不正确； ② PTC 控制器本体断路； ③ PTC 控制器控制回路断路； ④ 内部短路烧毁、高压熔丝	① 检查冷暖设置是否选择较暖方向； ② 断开高压插件后测量高压正负电阻是否正常； ③ 断开低压插件后测量两极间是否为导通； ④ 更换更好的 PTC 控制器及高压熔丝
PTC 加热器过热	出风温度异常升高或从空调出风口嗅到塑料焦糊气味	PTC 控制器控制模块损坏粘连，不能正常断开	关闭制热功能，断电检查 PTC 控制器、加热器及 PTC 控制器控制模块

3. 电动空调系统检修

丰田雷凌混动车电动空调系统出现故障时，可以通过故障自诊断和元件测试来寻找故障原因与部位。

（1）故障自诊断。把空调“AUTO”开关和“PJF”开关同时按下，并接通点火开关，空调指示灯在 1 s 间隔内连续亮灭 4 次，故障自诊断便自动开始自检。如有故障代码，故障代码由小到大显示，故障代码及故障部位如表 5–5 所示。如要退出故障自诊断状态，只需按下“OFF”开关。

（2）执行器测试。在空调指示灯闪烁状态下，再按下 PJF 开关，故障自诊断系统进入执行器元件测试状态。然后，空调控制系统每隔 1 s 自动运行执行器和继电器，维修人员可用手感觉温度和空气的流量，用眼睛观察执行器的工作情况。如果想慢慢显示，可按“TEMP”开关，将执行器的工作改变为步进运转。每按“TEMP”开关 1 次，改变 1 步显示，自动改变到对下一个执行器进行测试。

（3）故障代码的清除。故障排除后必须清除空调 ECU 存储器内的所有故障代码，然后重新进入故障自诊断状态，以验证维修后空调系统是否正常。清除故障代码的方法是拔下空调 ECU 常电源电路中的熔丝 10 s 以上。清除 ECU 存储器中故障代码后，重新插上熔丝，检查是否有正常代码输出。

（4）丰田雷凌混动车全线控空调系统的故障案例，如表 5–5 所示。一辆 2008 款雷凌混动车（已行驶了 20 000 km），接通空调开关后制冷系统工作正常，有冷风从出风口吹出，但工作一会儿后，冷风的温度较设置的要低；将空调开关断开，停一会儿再接通，制冷系统又可正常工作一段时间，接着又重复上述故障现象。打开发动机室盖，通过观察发现低压管路上有一层霜，断开空调开关并停一会儿后，霜会消失。

该故障现象主要是由制冷量过大引起的，其原因可能是电动变频压缩机、蒸发器表面温度传感器、室内温度传感器、室外温度传感器或空气混合风门等故障。

表 5–5　丰田雷凌混动空调系统故障代码及故障部位

故障代码	故障部位	故障代码	故障部位
B1411	室内温度传感器电路	B1443	出风口伺服电机电路
B1412	室外温度传感器电路	B1462	湿度传感器电路
B1413	蒸发器表面温度传感器电路	B1471	空调变频器高压电源电路
B1421	阳光传感器电路	B1472	空调变频器高压输出电路
B1423	压力开关电路	B1473	空调变频器启动信号电路
B1431	空气混合风门位置传感器电路	B1475	空调变频器冷却系统
B1432	进风口风门位置传感器电路	B1476	空调变频器负载电路
B1433	出风口风门位置传感器电路	B1477	空调变频器低压电源电路
B1441	空气混合伺服电机电路	B1498	通信系统
B1442	进风口伺服电机电路	POA6–611	混合蓄电池系统

任务二　冷 却 系 统

一、电动冷却系统概述

冷却散热技术是车辆辅助系统的核心技术之一，是动力、传动装置正常工作的重要技术保证，其技术水平及实车工况如何，将直接影响车辆性能指标的实现。电动汽车的冷却系统功能要求与普通机械传动车辆基本相同。但是，由于结构差异导致了热源及其散热方式的不同。因此，必须考虑热源的特点，采取相应的冷却方式来满足其使用的要求。

1. 冷却系统的要求

在电动汽车的设计中，由于热源不同导致结构差异及散热方式不同，要根据热源的特点，采取相应的冷却方式来满足其使用要求。所以需要设计一套有效的冷却系统，并且综合考虑冷却散热的体积、质量、尺寸等问题。具体内容如下。

（1）根据选用不同部件的散热特点采取相应的冷却措施，对热源进行实时监控，形成智能化和自动化控制的冷却系统。

（2）降低电动汽车的电能消耗，延长散热设备的使用寿命。

（3）选用零部件时，采用技术成熟的通风散热零部件。

2. 电池散热系统

（1）铅酸蓄电池。铅酸蓄电池使用广泛和常见，由于其主要集中在低速电动汽车上，且功率密度较低，续航里程要求不高；一般不需要进行强制冷却，采取普通的自然通风散热即可满足。

铅酸蓄电池在使用过程中，特别是在充电过程中，容易产生氢气，故还需要考虑通风。铅酸蓄电池的电解液为硫酸，属于强腐蚀性液体，还应考虑电解液泄漏收集和排放装置，避免车体腐蚀。

（2）锂离子电池。锂离子电池受温度影响较大，过高的温度容易使电解液分解，引起电池早衰，在使用过程中应考虑强制冷却。锂电池的散热量相对降低，但是由于在安装和使用过程中，一般将电池做成电池组或者电池包。大量锂电池在一起工作容易产生热量的堆积，影响电池性能，因而对锂离子电池系统的散热主要是为了避免热量堆积。

锂离子电池的使用条件和要求相对较高，冷却的方式可以采用自然通风散热，也可以强制散热。一般采用加装风扇的方式进行强制散热。

对于车用锂离子电池受到温度的影响较大，特别是在低温环境，充放电受到严重影响。为了保证电池的使用，电池箱在散热设计上不是采用空气冷却，而是常采用液体冷却，需要把电池置于不导电的油中，通过油的流通带走热量或带来热量。

3. 电机及控制器散热系统

（1）电机冷却。电动汽车的驱动电机有别于传统的电机，电动汽车一般不再装配离合器，车辆变速器挡位也变得较少甚至取消。车辆的起步、加速、高速行驶全靠电机实现，而电机的内阻不可能为零。因此，在大电流状况下，电机的内耗也会急剧增加，电机的内耗几乎全部以热量的形式释放。

如果温度过高就会造成内部烧蚀或击穿，另外，磁性材料在温度过高时会导致稳定性下降等都会导致电机损坏。因此，电机的工作温度很关键。

从理论上讲，电机均可以采用风冷和液冷。如果车辆安装空间自由度大，通风情况良好，电机的重量要求不是很苛刻，可以采用风冷电机，如电动大客车等。为了节约车辆空间，缩小电机的体积，降低电机的重量，提高电机的功率，则采用液冷方式。

（2）控制器冷却。控制器包括主控制器和若干辅助控制器（DC/DC、DC/AC），车载电机控制器的冷却方式主要取决于电机的冷却方式。控制器一般允许最高温度为 60 ～ 70 ℃，而最佳工作环境温度在 40 ～ 50 ℃。

二、电动冷却系统的结构原理

1. 电动冷却系统的结构组成

电动汽车冷却系统与传统汽车冷却系统最大的差异在于水泵及冷却部件的不同，其中冷却系统的组成包含电动水泵、散热器、风扇、水管和冷却液等。电动汽车的热源主要有动力电池、驱动电机及控制器等。

（1）电动水泵。电动水泵是冷却液在冷却系统循环的动力元件，如图 5–8 所示。其作用是对冷却液加压，使冷却液在冷却系统中循环，带走热源的热量，使电机及控制器处于最佳的工作温度范围，提高其工作效率。

电动水泵采用的是永磁无刷直流电机，整个部件中没有动密封，浮动式转子与叶轮注塑成一体。严禁电动水泵在没有冷却液的情况下空载运行，否则将导致转子、定子的磨损，将最终导致水泵的损坏。

（2）散热器及冷却风扇。图 5–9 为散热器，其作用是降低冷却液的温度，在散热器上有两个水管口，分别是热水进、冷水出，内部具有较大表面积。

图 5–8 电动水泵

图 5–9 散热器

冷却风扇的作用是提高流经散热器、冷凝器的空气流速和流量，以增强散热器的散热能力，并冷却驱动电机及其控制器。电子风扇采用左右双风扇构架，不对称结构的扇叶。采用两挡调速风扇，双风扇分别由整车电源提供动力，根据电机、控制器、空调压力等参数由整车控制器控制双风扇运行。电子风扇电器接插件为四线，如图 5–10 所示。

（3）膨胀水箱。膨胀水箱的作用是为冷却系统冷却液的排气、膨胀和收缩提供受压容积，同时也作为冷却液加注口。膨胀水箱不要用空或加液过满。如果膨胀水箱完全用空，就不能仅仅在罐中加液，需要开启散热器盖检查液面并添加冷却液，不然膨胀水箱就失去功用。膨胀水箱位置要高于冷却系统的所有部件，目的是当冷却液受热膨胀至散热盖的蒸汽阀打开时，部分冷却液随着高压蒸汽通过水管进入补偿水桶中，如图 5–11 所示。

图 5-10　冷却风扇

图 5-11　膨胀水箱

（4）冷却水管。电动汽车冷却水管与传统汽车冷却水管一样，都采用内外胶为三元乙丙橡胶（EPDM）。中间为织物增强，耐温等级是一级（125 ℃），爆破压力为 1.3 MPa，壁厚约为 4 mm。在冷却水管的端口处安装有定位标识，装配时标识与散热器上的定位标识对齐。

2. 电动冷却系统的原理

电动汽车的热源主要有驱动电机、控制器及动力电池，根据不同的使用要求及布置情况，采用不同的冷却方式。现阶段的冷却方式有分开式冷却方式和一体式冷却方式，即驱动电机和控制器冷却系统及动力电池冷却系统，以及驱动电机、控制器、动力电池一体式冷却系统。

（1）分开式冷却系统。冷却液通过水泵先经过控制器，再冷却驱动电机；然后经过散热器又回到水泵中，其动力电池采用单独的冷却系统加以冷却或加热。

（2）一体式冷却方式。冷却液分为两条冷却路径：一条路径通过水泵先经过控制器，再冷却驱动电机，然后经过散热器又回到水泵中；另一条路径冷却液直接通过水泵再经过动力电池，经过散热器又回到水泵中。

三、冷却液的更换及常见故障诊断

1. 冷却液的检查

（1）检查冷却系统。纯电动汽车冷却液液位必须定期检查。检查冷却液液位应在电机降温后检查，在电机未完全冷却时，打开散热器盖，可能会导致冷却液喷出，造成严重烫伤。检查冷却液液位与传统汽车无区别，目视检查，其液面位于 A、B 两线之间为正常，如图 5-12 所示。

（2）有无泄漏检查。检查冷却液是否低于最低刻度标准，并检查冷却系统各管路和各部件接口处有无泄漏现象。

（3）电动水泵线束检查。检查各连接器是否有脱落或接合不牢靠等情况，检查线束是否有老化、破皮、损伤等现象。

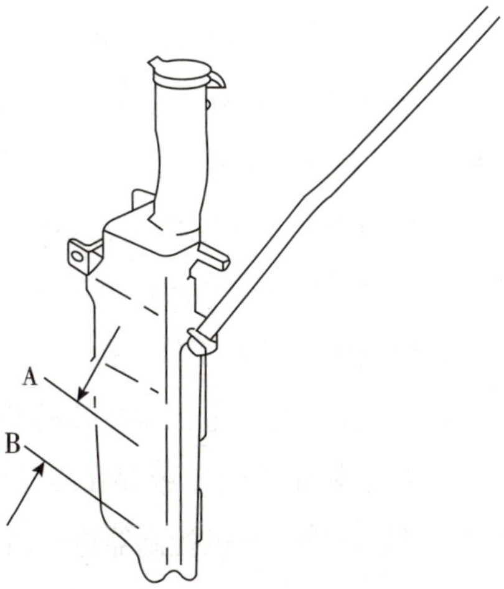

图 5-12　检查冷却液的液位

2. 冷却液的加注

通过检查，发现膨胀水箱中冷却液低于最低刻度标准时，需要加注冷却液，使液位上升到标准液位之内。

冷却液的加注步骤为：打开膨胀水箱盖→排空冷却液→关闭放水阀→一次加注→ON 挡运转水泵→二次加注→关闭散热器膨胀阀。

3. 常见故障诊断

（1）电机及控制器过热。电机及控制器过热的故障原因及解决方案如下。

① 冷却液过少——添加冷却液。

② 冷却液泄漏——找到泄漏处并修理恢复。

③ 电动水泵不工作或运转不良——检查水泵及其线路。

④ 散热风扇不工作或运转不良——检查风扇及其线路。

⑤ 散热器堵塞——更换散热器。

⑥ 进风口堵塞——检查排除异物。

（2）电动水泵异响。电动水泵异响的故障原因主要有冷却液杂质、泵轮破坏、冷却液缺失、冷却液排空不彻底、电动水泵高速运转等。对应的解决方案分别是更换冷却液、更换电动水泵、补充冷却液、冷却液排空处理、更换控制器或诊断线束故障等。

（3）散热器风扇异响。散热器风扇异响的原因主要有叶片破损、护风圈和叶片有摩擦、护风圈进入杂质、冷却液温度过高等。

4. 冷却系统典型故障诊断

（1）故障现象。车主反映自己使用 8 个月的吉利帝豪 EV300 纯电动汽车，在使用过程中仪表显示电机过热故障，车速受到限制。当停车过后一段时间，故障现象及故障灯消失，但行驶一定时间后再次出现该故障。

（2）故障诊断与排除。分析其故障现象，可能的原因为冷却液少、电动水泵故障、散热器风扇故障、冷却水管堵塞、电机温度传感器故障等。具体故障诊断步骤如下。

① 首先目测，检查冷却液是否缺少，管路有无泄漏等现象。

② 若无冷却液缺少或管路无泄漏等，连接诊断仪，选择对应车型和系统，进入整车控制器的数据流界面，选择所需数据，读取电机及控制器温度的变化，判断具体故障原因。

③ 分析冷却系统电路图，如图 5-13 所示。检查水泵工作情况，检查 IF17、EF03 保险是否损坏，如有，应更换；检查水泵继电器是否正常；检查水泵主体是否正常等。

④ 检查风扇是否工作，检查 EF29 保险是否损坏，检查低速继电器（ER12）及高速继电器（ER11）是否正常工作，检查电机温度传感器是否正常，检查冷却风扇是否正常等。

⑤ 观察膨胀水箱是否存在冷却液循环不畅的情况，进一步对冷却系统进行水道堵塞排查。采用压缩空气对散热器、电机控制器进行疏通。若有堵塞，找到堵塞点用高压空气将电机控制器内部异物吹出，恢复冷却系统管路，加注冷却液后进行试车。

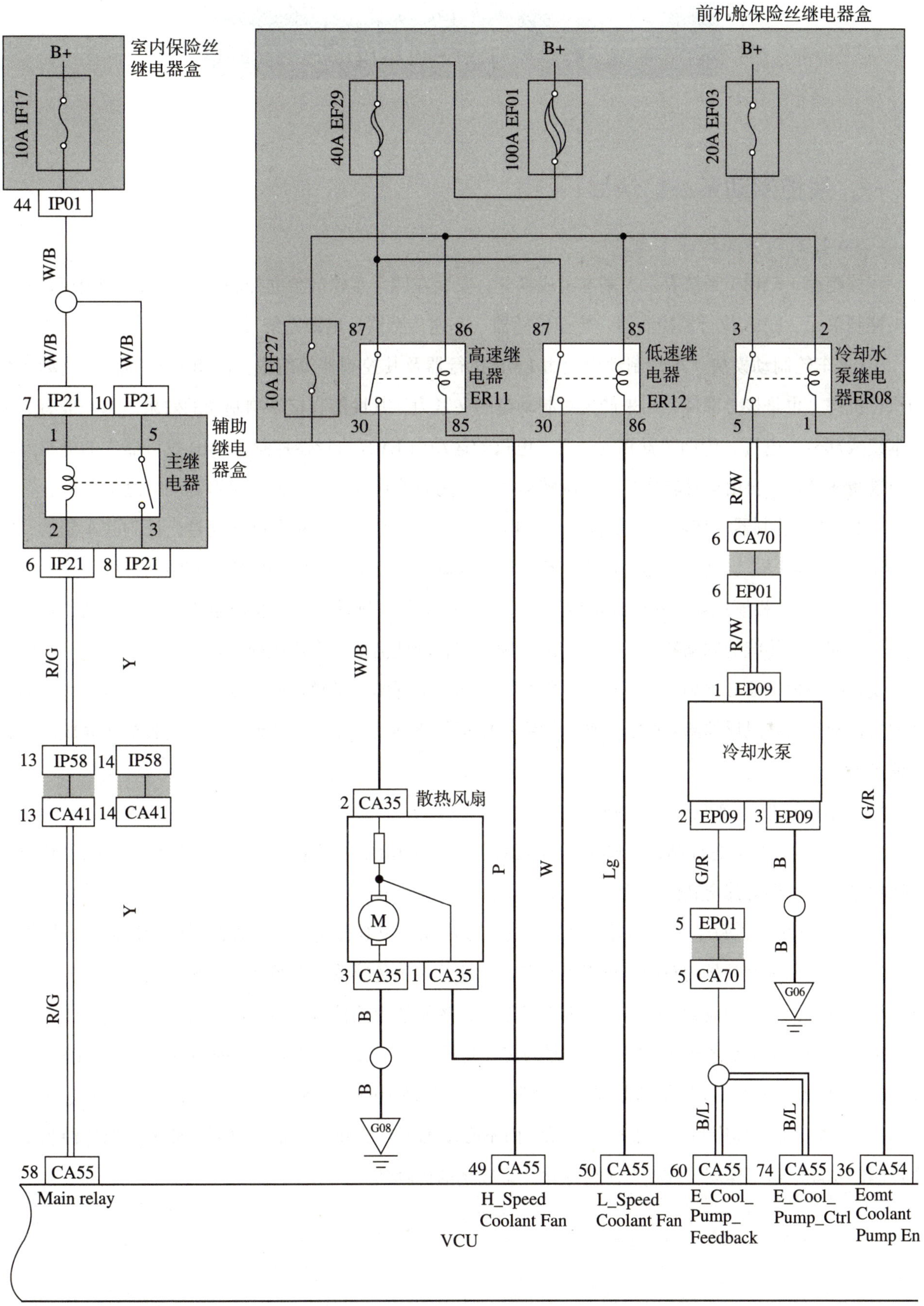

图 5-13 吉利帝豪 EV300 纯电动汽车冷却系统电路图

任务三　电控制动系统

一、线控制动系统的认知

1. 线控制动系统的基本结构

线控制动（EMB）系统有六大基本组成部分：安装在四个车轮的独立控制模块、制动踏板模拟器、中央控制单元、EMB 执行器控制器、轮速传感器、车速传感器、电源系统。

（1）车轮制动模块。车轮制动模块由 EMB 执行器及其控制器等组成。EMB 执行器作为制动系统的执行机构，也是核心部件，用来产生对制动盘的夹紧力，其性能直接影响制动的效果。它一般有 3 个基本组成部分：电机、传动装置和制动钳。电机的运动由 EMB 执行器控制，EMB 执行器中的电机经减速装置减速增扭，再由运动转换装置将旋转运动转换为直线运动，驱动制动钳对制动盘进行制动。

（2）电子控制器。接收制动踏板发出的信号，控制制动；接收驻车制动信号，控制驻车制动；接收车轮传感器信号，识别车轮是否抱死、打滑等，控制车轮制动力，实现防抱死和驱动打滑。

（3）制动踏板模拟器。在电控机械制动系统中已不需要制动液，而是由电机来产生制动力矩。但是由于长期使用传统的制动器会形式一定的驾驶习惯，因此需要一个踏板模拟器来模拟传统制动器的驾驶感受。踏板模拟器必须满足的条件是：能辨别出驾驶员踩踏制动踏板的程度，从而产生近似大小的制动力矩；把路面状况反馈给驾驶员，便于操纵；模拟传统制动器踏板的特性以适应驾驶员所养成的驾驶习惯。

2. EMB 系统常见的结构原理

（1）EMB 系统的总体结构。EMB 线控制动系统作为 BBW 线控制动系统的一种形式，除了有全新的线控制动器，还有其全新的制动系统。

由图 5-14 可见，每个车轮都有一个独立的线控制动器及其控制器。中心控制单元根据踏板模拟器传来的信号，识别驾驶员的意图；再根据车速、轮速等多种传感器来获得整个车辆的运行状态，综合处理各种信息后，发出相应的制动信号给四个控制器，控制器得到信号后将控制四台电机分别对四个车轮独立进行制动。通过传感器再将每个制动器的实际制动力矩等信息反馈给中心控制单元，形成闭环控制，以保证最佳制动效果。线控制动器制动力和制动时间都是由中心控制单元控制的，所以只需把 ABS、TCS、ESP 等功能的程序写入中心控制单元，而不必多加另外的硬件设备，便可以集中实现各种制动安全控制的功能。这正体现了线控系统模块化、集成化的优越性。

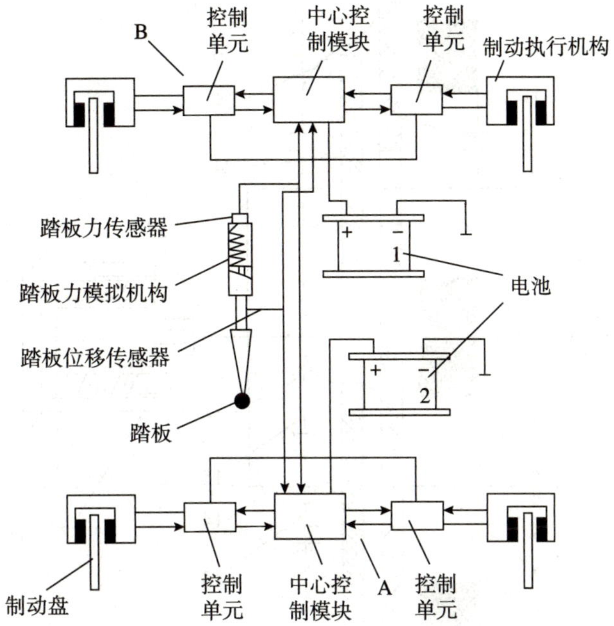

图 5-14　EMB 线控制动系统结构简图

（2）EMB 的结构及工作原理。EMB 线控制动器是制动系统的制动执行机构，也是其核心部件，它的性能的好坏直接影响了制动的效果。它一般有四个基本组成部分：电源、电机、运动转换装置和制动钳，如图 5-15 所示。

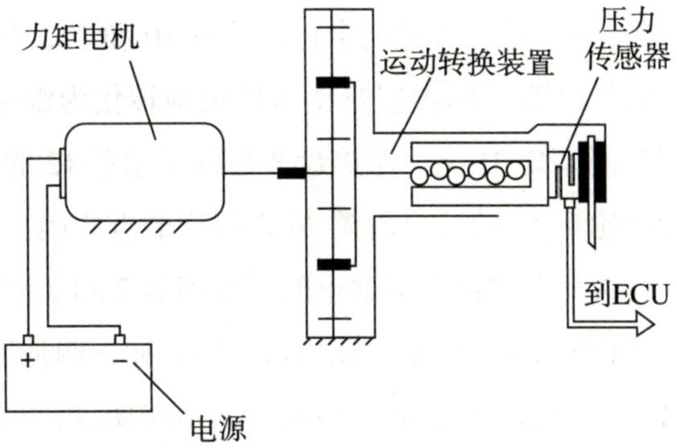

图 5-15　EMB 执行机构结构简图

对 EMB 的结构和性能有以下几点要求。

① 电机要小巧而又能提供足够大的力矩。

② 传动装置能减速增扭，还要将旋转运动转换为直线运动。

③ 整个机构要工作迅速，反应灵敏。

④ 能自动补偿制动间隙，并能实现驻车制动。

⑤ 有良好的散热性。

⑥ 整个执行器结构紧凑、体积小、质量轻，以便于安装。

⑦ 有足够的强度和寿命，以保证安全可靠。

3. 国外比较成熟的 EMB 系统

（1）德国 Bosoh 公司 EMB 系统

德国 Bosch 公司 EMB 的结构及原理，如图 5-16 所示。

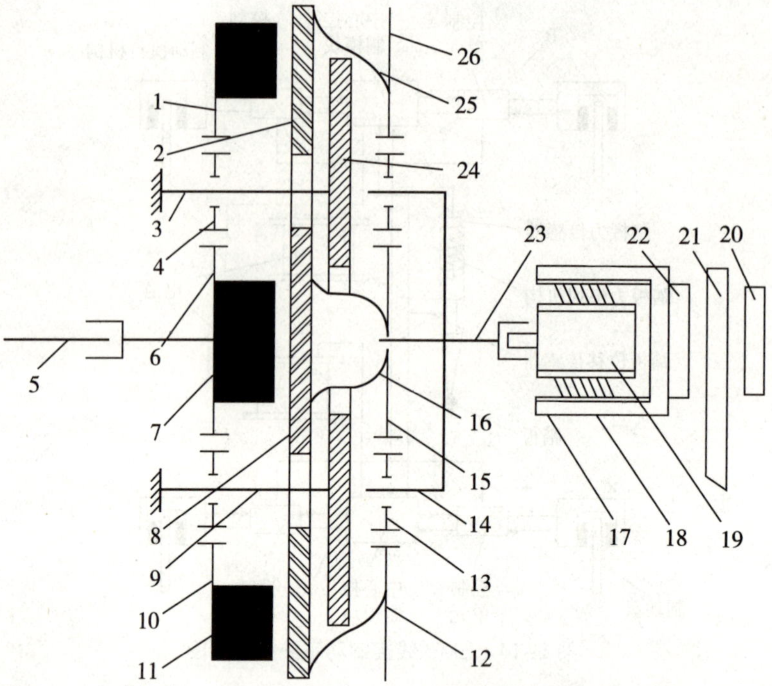

1、26—齿圈；2、8—摩擦盘；3、9—销钉；4、13—行星轮；5—电机输入轴；6、15—太阳轮；7、11—电磁离合器；10、12—行星轮系；14—行星轮架；16、25—杯形弹簧；17—螺母；18—螺纹滚柱；19—螺纹心轴；20、22—制动钳块；21—制动盘；23—电机输出轴；24—制动环。

图 5-16 德国 Bosch 公司 EMB 的结构及原理

工作时，动力由电机输入端 5 输入给内部的两个行星轮系 10 和 12，然后传递给螺纹心轴 19；再经螺纹心轴 19、螺母 17 和螺纹滚柱 18 组成的类似行星齿轮机构转化为螺母 17 的直线运动。螺母 17 推动制动钳块 22，将制动力施加在制动盘 21 上。摩擦盘 8 与行星轮系 12 的太阳轮 15 通过一个杯形弹簧 16 固接在一起，摩擦盘 2 与行星轮系 12 的行星齿圈 26 以同样的方式固接。在两个行星轮系 10、12 之间有两套电磁离合器 7 和 11。当两个电磁离合器通电时，摩擦盘 2 和 8 分别与母体 11 和 7 结合，同步运动。不通电时，摩擦盘受制动环限制无法转动。此执行机构有如下四种工作方式。

① 电磁离合器 7 通电，11 不通电。此时太阳轮 6、15 结合同步转动，齿圈 26 在制动环 24 的作用下静止，两个太阳轮 6、15 旋转方向相同，传动比大，可提供迅速克服制动钳块 22 和制动盘 21 之间间隙。

② 两个电磁离合器都通电。此时太阳轮 6、15 和齿圈 1、26 都同步转动。由于太阳轮 6、15 转动半径相同，齿圈 1、26 转动半径也相同，而行星轮 4 的转动半径大于行星轮 13。因此行星轮架 14 转动方向仍然与太阳轮 15 相同，实现了减速增扭的功能。

③ 电磁离合器 7 不通电，11 通电。此时齿圈 1、26 结合，同步转动，太阳轮 15 在制动环 24 的作用下静止，此时行星轮架 14 和齿圈 26 的旋转方向相反。在不需电机反转的情况下，即可使制动钳块 22 和制动盘 21 分离。此功能可用来调整制动间隙。

④ 两个电磁离合器都不通电。此时太阳轮 15、齿圈 26 在制动环 24 的作用下都不转动，行星轮架 14 也无法转动，因此制动力矩始终施加在制动钳块 22 上，实现制动力保持，此种工作方式可用于驻车功能。

（2）德国 Siemens 公司 EMB 系统

德国 Siemens 公司于 1997 年 7 月 24 日在美国专利局申请了第一项关于 EMB 的专利，到 2002 年 8 月 13 日，先后一共申请了五项相关专利。图 5-17 为 Siemens 公司 EMB 结构简图，可以自动补偿制动盘和制动钳块间隙的 EMB 执行机构。

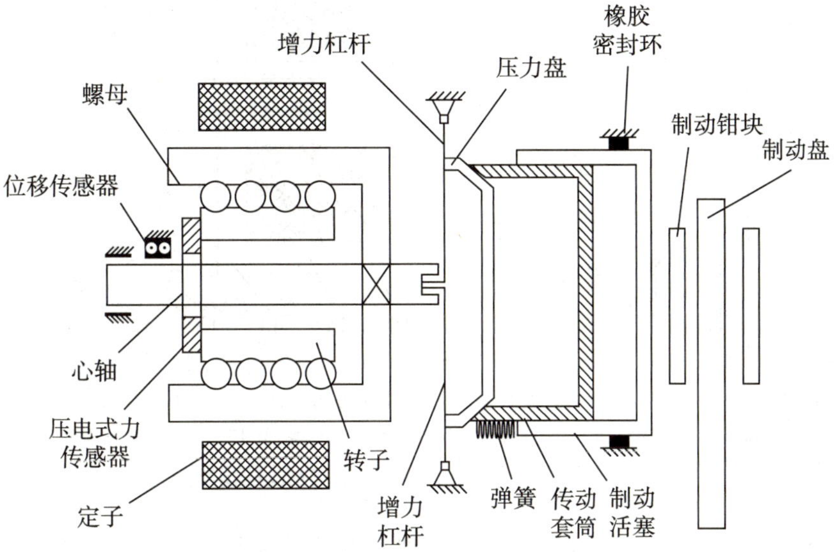

图 5-17　Siemens 公司 EMB 结构简图

（3）德国 Bosoh 公司 EMB 系统

这种执行机构力矩电机内置，转子与螺母相啮合，螺母和心轴固结在一起。当电机工作时，转子转动，使螺母和心轴做轴向运动，就把圆周运动转化为了直线运动。心轴轴向推动增力杠杆和压力盘。杠杆的末端插在制动器缸内的凹槽内，能够绕凹槽转动，在图 5-17 中采用铰链表示。压力盘再把力传递给传动套筒，套筒和制动活塞之间通过螺纹传动，这个螺纹传动副是不自锁的。

制动活塞推动浮动制动钳块，产生制动力矩。橡胶密封环和弹簧的主要作用是制动后使制动活塞等零件回位。当活塞向右移动时，活塞使橡胶环产生弹性变形，产生了作用在制动活塞上的回位力。当制动结束后，在橡胶环的弹性形变力下，传动套筒和制动活塞被推回到制动前的位置上。

Siemens 公司的 EMB 还具备间隙自动调整功能。当制动钳块磨损比较严重时，制动活塞的行程超出了橡胶环形变量时，二者发生相对滑动。制动卸载时，橡胶环带动活塞回位。由于活塞和橡胶环发生相对运动，因此活塞返回的行程一定小于制动前走过的行程，于是传动套筒和压力盘之间出现了空隙。传动套筒从制动活塞的内腔中被弹簧推出，直到与压力盘再次接触，退出的行程也就恰好等于磨损掉的厚度。

（4）Continental Teves 公司 EMB 系统

图 5-18 为 Continental Teves 公司 EMB 结构简图。Continental Teves 公司的执行机构也采用了电机内置的结构，它还有一个特点就是模块化，整个机构分为三个独立的模块，分别为驱动部分，一级丝杠螺母减速部分和二级减速齿轮部分。三个模块在生产、安装、维修时可以独立进行，然后组装在一起工作。

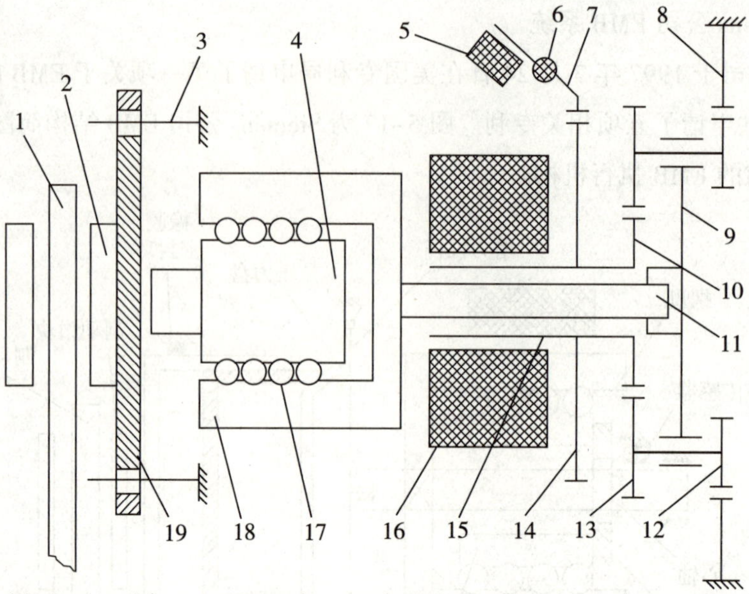

1—制动盘；2—制动钳块；3—销杆；4—螺旋心轴；5—电磁铁；6—销钉；7—棘爪；8—齿圈；9—行星轮架；10、14—齿轮；11—螺母轴颈；12、13—行星轮；15—转子；16—定子 17—钢珠 18—螺旋螺母；19—压盘。

图 5-18　Continental Teves 公司 EMB 结构简图

在驱动模块中包含有一个力矩电机，15、16 分别是电机的转子和定子。一级丝杠螺母减速部分由螺旋螺母 18、螺旋心轴 4 和大量的钢珠 17 组成，这三者构成了一个球螺旋机构。二级减速齿轮由 8、9、12、13 组成，这是一个行星轮系。当电机转子 15 转动时，其上的齿轮 10 带动二级减速齿轮部分的行星轮 13 转动，同时另一侧的行星轮 12 与齿圈 8 相啮合，这样力矩便通过旋转的行星轮架 9 传递给了一级减速机构中的螺母轴颈 11。当螺旋螺母 18 由二级减速齿轮驱动旋转时，通过球螺旋副螺旋心轴 4 产生向左的平动，推动压盘 19 和制动钳块 2，与制动盘 1 接触，产生制动力矩。在驱动部分中还有一个棘轮机构 5、6、7，用于实现驻车功能。通过电磁铁 5 的通断电，可以使棘爪 7 绕销钉 6 转动，来控制电机转子 15 是否旋转。当电机转子 15 不转动时，可以保持住制动力，达到驻车的目的。

（5）Siemens 公司楔块式 EMB 系统

Siemens VDO 的技术源自赫尔曼——冯黑尔——姆霍尔茨联合会（DLR）开发的新型的线控制动技术，这是一项具有高自增力能力的电控机械制动器。

Siemens VDO EWB 的主要结构由电机、滚珠丝杠、楔块、滚柱以及驱动机构组成，楔块由滚珠丝杠驱动。在这个机构中，作用力通过两个相邻楔块表面的挤压传递，这就允许两个电机可以一起工作也可以自由地运动对系统加载。它们同时工作的时候，一个滚珠丝杠拉着楔块向拉楔块的方向运动而另一个滚珠丝杠与第一个滚珠丝杠推楔块。这样在消除制动间隙的过程中减小了单个电机的载荷，而楔块式 EMB 工作在临界点的时候，两个滚珠丝杠相对地向各自的方向拉楔块。

楔块机构由两个表面呈 W 型的楔块组成，靠近电机的里面的楔块相对于电机是静止的，外面的楔块可以做轴向和沿制动盘方向的运动。这种结构分担了载荷并且使车辆在向任何方向行驶时都有自增力效果，在两楔块之间加有圆柱滚子以减小制动钳传来的滑动摩擦力。外侧安装制动衬块的楔块，通过一个预紧的弹簧连接在静止的楔块上。外面的楔块通过轴承表面传递轴向驱动力，这就允许楔块可以相对于电机中心线移动。

二、电动真空助力系统检修

当前新能源汽车所使用的制动系统与传统汽车类似，主要由制动器、制动压力调节装置 ABS、电动真空泵系统等组成。其中电动真空助力系统由真空泵、真空罐、真空泵控制器（后期集成到 VCU 整车控制器里）以及与传统汽车相同的真空助力器、12 V 电源组成，如图 5-19 所示。

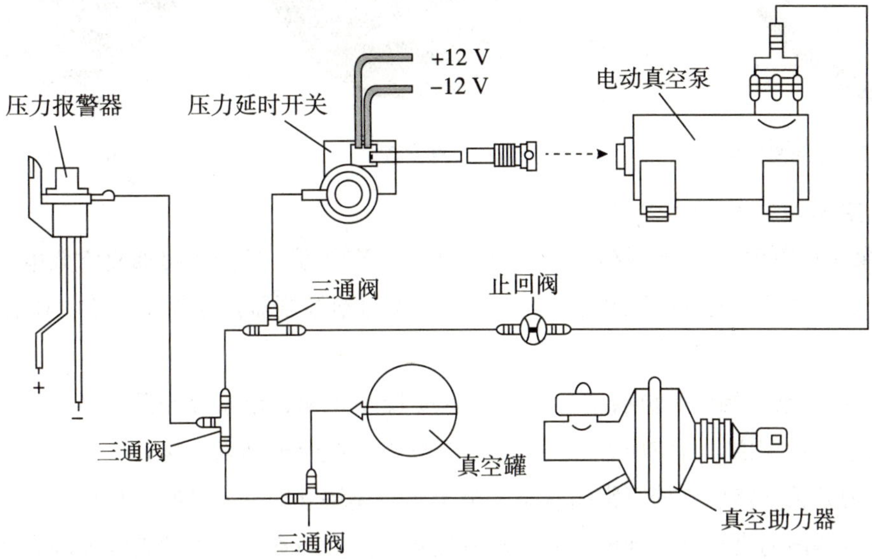

图 5-19 真空助力系统

电动真空助力系统的工作过程为：当驾驶员启动汽车时，车辆电源接通，控制器开始进行系统自检；如果真空罐内的真空度小于设定值，真空罐内的真空压力传感器输出相应电压信号至控制器，此时控制器控制电动真空泵开始工作；当真空度达到设定值后，真空压力传感器输出相应电压信号至控制器，此时控制器控制真空泵停止工作。当真空罐内的真空度因制动消耗，真空度小于设定值时，电动真空泵再次开始工作，如此循环。

1. 电动真空助力系统的主要组成元件

（1）电动真空泵。真空泵是指利用机械、物理、化学或物理化学的方法对被抽容器进行抽气而获得真空的器件或设备。通常，真空泵是用各种方法在某一封闭空间中改善、产生和维持真空的装置，如图 5-20 所示。

（2）真空罐。真空罐用于储存真空，并通过真空压力传感器感知真空度，并把信号发送给真空泵控制器，如图 5-21 所示。

（3）真空泵控制器。真空泵控制器是电动真空助力系统的核心部件。真空泵控制器根据真空罐真空压力传感器发送的信号控制真空泵工作，如图 5-22 所示。

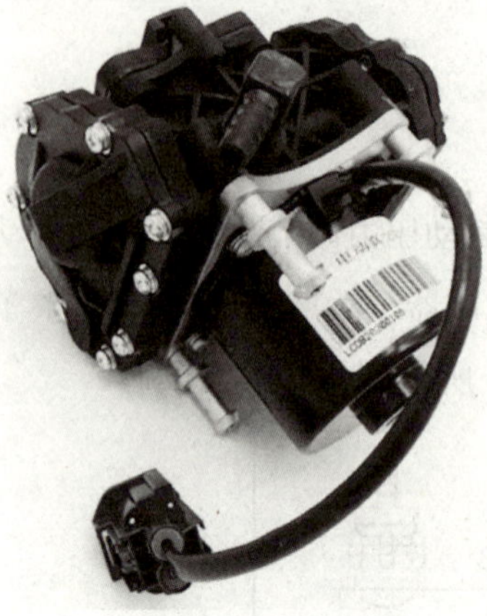

图 5-20 北汽 EV 系列真空泵

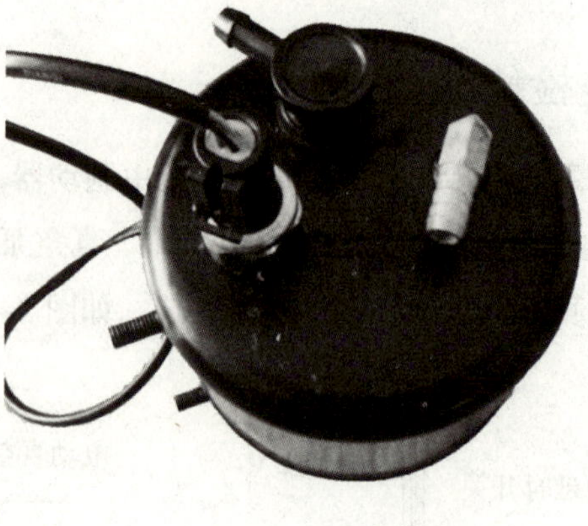

图 5-21 真空罐

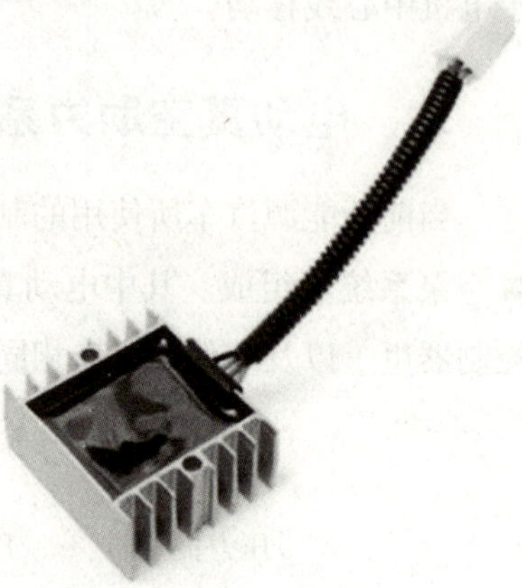

图 5-22 真空泵控制器

2. 电动真空助力系统的工作原理

（1）真空泵工作原理。电线连接好后，接通 12 V 直流电源，控制器接通真空泵电机开始工作，当真空度达到 –55 kPa 时真空压力开关闭合。输出高电平信号给控制器，控制器在接收到信号后延时 10 s，电机停止工作。

（2）真空泵的启动。当驾驶员启动车辆时，接通 12 V 电源，电子控制系统模块开始自检。如果真空罐内的真空度小于设定值，真空压力开关处于常开状态，此时电动真空泵开始工作。当真空度大于设定值时，真空压力开关或传感器处于常闭状态，电子延时模块立即进入延时工作模式，15 s 左右延时时间停止。此时真空罐内的真空度达到设定值，电机停止工作。当真空罐内的真空度因制动消耗，真空度小于设定值时，真空压力开关或传感器再次处于常开状态，电动真空泵再次开始工作，如此循环。

（3）电动真空助力系统参数如表 5-6 所示。

表 5-6 电动真空助力系统性能参数

项目	指标
电动真空泵尺寸	214.5 mm × 95 mm × 114 mm
真空罐直径	ϕ120 mm × 226 mm
工作电流	≤ 15 A
最大工作电流	≤ 25 A
额定电压	12 V（DC）
最大真空度	＞ 85 kPa
测试容积	2 L
抽至真空度 55 kPa，压力形成时间	≤ 4 s
抽至真空度 70 kPa，压力形成时间	≤ 7 s
真空度从 40 kPa 抽至 85 kPa，压力形成时间	≤ 4 s
延时模块接通闭合的真空度	55 kPa
延时时间	15 s
使用寿命	30 万次
工作环境温度范围	–20 ～ 100 ℃
启动温度	–30 ℃

续表

项目	指标
噪声	75 dB
真空罐密封性	在（66.7±5）kPa 真空度下，15 s 内真空压力降 $\Delta p \leqslant 3$ kPa

3. 电动真空助力系统检修

电动真空助力系统是新能源汽车，特别是纯电动汽车制动系统的重要组成部分。以下介绍电动真空助力系统的检修方法，其他与传统汽车相同的部件检修可参照传统汽车的检修方法。

（1）电路分析。电动真空助力系统某个真空管路发生空气泄漏，真空罐压力传感器检测到真空度不足，就会发送信号给控制器，控制真空泵工作。如果真空度一直不足，理论上真空泵会一直工作，但是设计的时候在持续工作 15 s 之后会自动停止，防止真空泵过热。此时如果踩下制动踏板，VCU（整车控制器）检测到真空罐压力不足 55 kPa，就会给真空泵报警继电器和组合仪表发出信号触发仪表报警，如图 5–23 所示。若 8 s 后真空仍未恢复到 55 kPa 以上，会给 MCU（驱动电机控制器）发送信号，将车辆速度限制在 9 km/h。

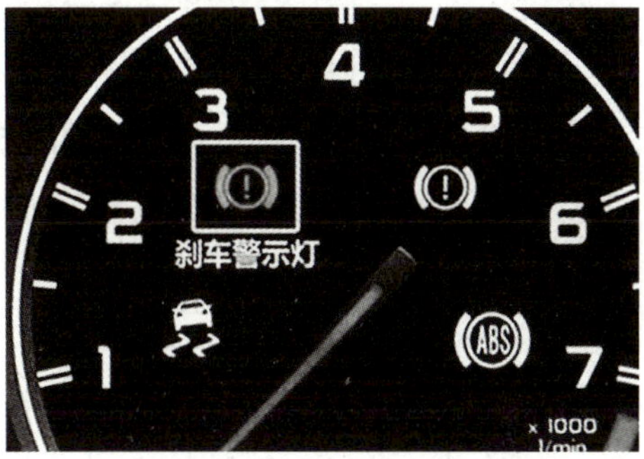

图 5–23　仪表故障制动故障

电动真空助力系统电路图如图 5–24 所示。接通 12 V 直流电后，真空泵控制器发送信号让真空泵开始工作，真空罐压力达到 55 kPa 以上时，真空罐压力传感器闭合。发出高电平信号到真空泵控制器和 VCU，真空泵控制器的时间模块延时 10 s，真空泵停止工作。等真空度下降到 55 kPa 以下，真空罐压力传感器断开，发出低电平信号给真空泵控制器和 VCU。真空泵控制器收到信号后，控制真空泵再次开始工作，如此循环。

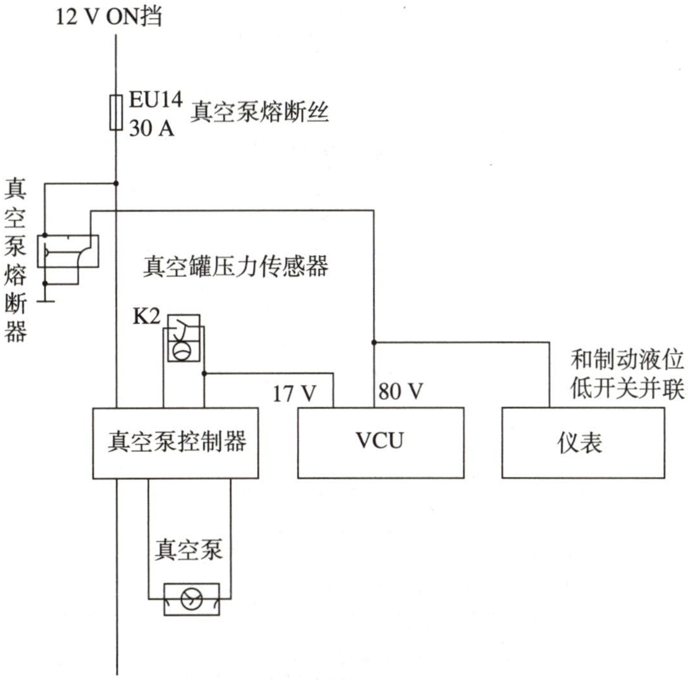

图 5–24　电动真空助力系统电路图

（2）电动真空助力系统接线方式和针脚定义如表 5-7 所示。

表 5-7　真空泵控制器针脚定义

针脚号	针脚功能	线束走向
1	12 V 正极输入	前机舱低压电器盒（30 A 熔断丝）
2	12 V 正极输出	负极搭铁
3	触点 1	真空罐压力开关
4	触点 2	真空罐压力开关
5	12 V 正极输入	电动真空泵输入正极
6	12 V 负极输出	电动真空泵输入负极

① 真空泵控制器针脚示意图，如图 5-25 所示。

② 真空泵针脚示意图，如图 5-26 所示，如表 5-8 所示。

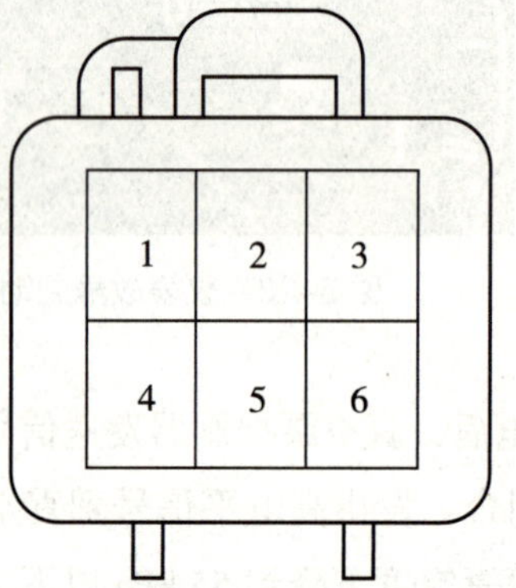

图 5-25　真空泵控制器针脚示意图

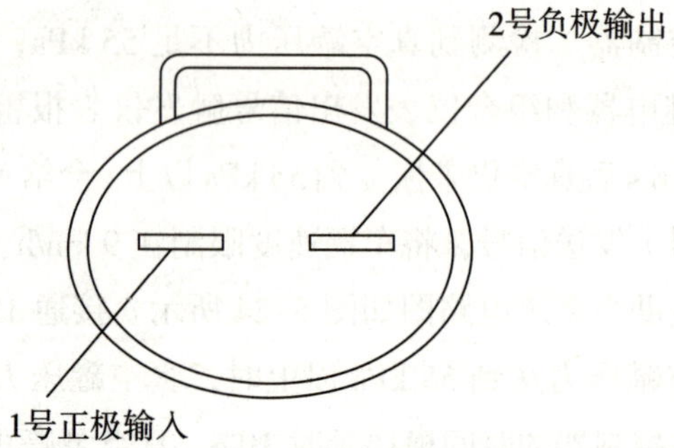

图 5-26　真空泵针脚

表 5-8　真空泵针脚定义

针脚号	针脚功能	线束走向
1	12 V 正极输入	真空泵控制器
2	12 V 负极输出	真空泵控制器

③ 真空罐针脚示意图，如图 5-27 所示，如表 5-9 所示。

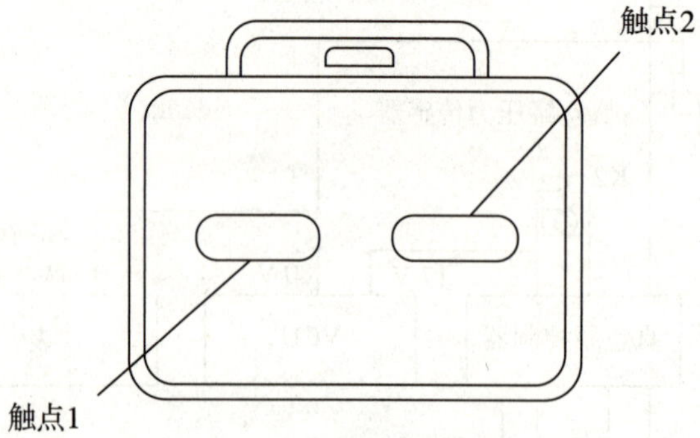

图 5-27　真空罐针脚示意图

表 5-9　真空罐针脚定义

针脚号	针脚功能	线束走向
1	触点 1	真空泵控制器
2	触点 2	真空泵控制器

（3）电动真空助力系统检查与诊断。电动真空助力系统检查与诊断步骤，如表 5-10 所示。

表 5-10　电动真空助力系统检查与诊断步骤

序号	检查步骤	检查结果及操作方法		
1	检查熔断丝是否熔断	正常：进行下一步	不正常：熔断丝熔断	更换熔断丝
2	检查电动真空泵是否损坏	正常：进行下一步	不正常：电路有故障或电动真空泵损坏	检修电路或更换电动真空泵
3	检查真空罐是否漏气	正常：进行下一步	不正常：真空罐漏气	更换真空罐
4	正确检修操作后检查故障是否出现	正常：诊断结束	不正常：故障未消失	从其他症状查找故障源

任务四　电动转向助力系统

一、电动助力转向系统概述

1. 发展历程

在汽车的发展历程中，转向系统经历了四个发展阶段：从最初的机械式转向系统（manual steering，MS）发展为液压助力转向系统（hydraulic power steering，HPS）；然后又出现了电控液压助力转向系统（electro hydraulic power steering，EHPS）和电动助力转向系统（electric power steering，EPS）。

装配机械式转向系统的汽车，在泊车和低速行驶时驾驶员的转向操纵负担过于沉重，为了解决这个问题，美国 GM 公司在 20 世纪 50 年代率先在轿车上采用了液压助力转向系统。但是，液压助力转向系统无法兼顾车辆低速时的转向轻便性和高速时的转向稳定性，因此在 1983 年日本 Koyo 公司推出了具备车速感应功能的电控液压助力转向系统。这种新型的转向系统可以随着车速的升高而提供逐渐减小的转向助力，但是结构复杂、造价较高，而且无法克服液压系统自身所具有的许多缺点，是一种介于液压助力转向和电动助力转向之间的过渡产品。1988 年，日本 Suzuki 公司首先在小型轿车 Cervo 上配备了 Koyo 公司研发的转向柱助力式电动助力转向系统。1990 年，日本 Honda 公司在运动型轿车 NSX 上采用了自主研发的齿条助力式电动助力转向系统，从此揭开了电动助力转向系统在汽车上应用的历史。

2. 电动助力转向系统的优势

电动助力转向系统是在机械式转向系统的基础上，加装了电机及减速机构、转矩转角传感器、车速传感器和 ECU 电控单元。

相比传统液压助力转向系统，电动助力转向系统具有以下优点。

（1）只在转向时电机才提供助力，可以显著降低燃油消耗。传统的液压助力转向系统由发动机带动转向油泵，不管转向或者不转向都要消耗发动机的部分动力；而电动助力转向系统只是在转向时才由电机提供助力，不转向时则不消耗任何能量。因此，电动助力转向系统可以降低车辆的燃油消耗。

电动助力转向系统与液压助力转向系统对比试验表明：在不转向时，电动助力转向系统可以降低燃油消耗 2.5%；在转向时，可以降低 5.5%。

（2）转向助力大小可以通过软件调整，能够兼顾低速时的转向轻便性和高速时的转向稳定性，回正性能好。

传统的液压助力转向系统所提供的转向助力，大小不能随车速的提高而改变。这样就使得车辆虽然在低速时具有良好的转向轻便性，但是在高速行驶时由于转向盘太轻，会产生转向“发飘”的现象；使驾驶员缺少显著的“路感”，从而降低了高速行驶时的车辆稳定性和驾驶员的安全感。

电动助力转向系统提供的助力，大小可以通过软件方便地调整。在低速时，电动助力转向系统可以提供较大的转向助力，提供车辆的转向轻便性。随着车速的提高，电动助力转向系统提供的转向助力可以逐渐减小；转向时驾驶员所需提供的转向力将逐渐增大，这样驾驶员就感受到明显的“路感”，提高了车辆稳定性。

电动助力转向系统还可以施加一定的附加回正力矩或阻尼力矩，使得低速时转向盘能够精确地回到巾间位置；而且可以抑制高速同正过程中转向盘的振荡和超调，兼顾了车辆高、低速时的回正性能。

（3）结构紧凑，质量轻，生产线装配好，易于维护保养。电动助力转向系统取消了液压转向油泵、油缸、液压管路、油罐等部件，而且电机及减速机构可以和转向柱、转向器做成一个整体；使得整个转向系统结构紧凑，质量轻，在生产线上的装配性好，节省装配时间，易于维护保养。

（4）通过程序的设置，电动助力转向系统容易与不同车型匹配，可以缩短生产和开发的周期。

由于电动助力转向系统具有上述多项优点，因此近年来获得了越来越广泛的应用。

二、电动助力转向系统

电动转向助力系统

1. 电动助力转向系统的结构

电动助力转向系统（EPS）利用电机产生的动力，协助驾驶员进行动力转向。电动助力转向系统由转矩传感器、电子控制器（ECU）、助力电机、减速器、机械转向器以及供电电源所构成，如图 5-28 所示。

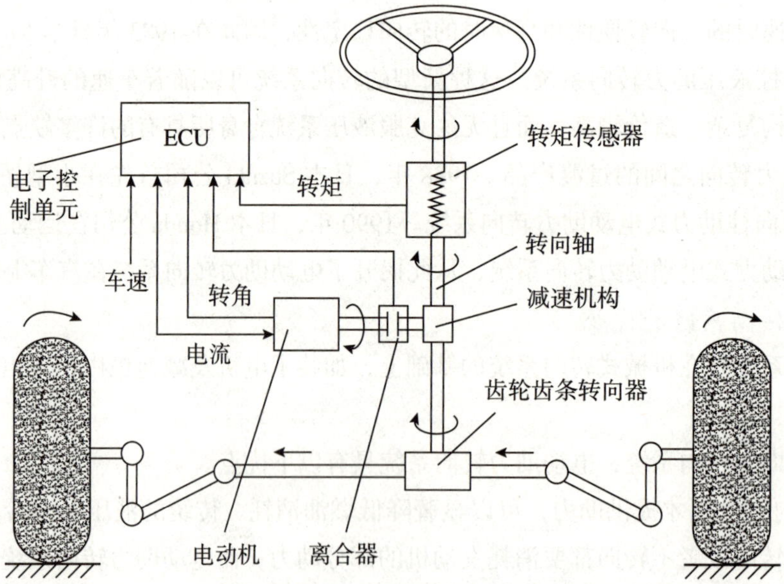

图 5-28 电动助力转向系统的结构

（1）转矩传感器。转矩传感器用来测量驾驶员作用在转向盘上的力矩大小与方向，以及转向盘转角的大小与方向。目前采用较多的是扭杆式电位计传感器，它是在转向轴位置加一根扭杆，通过扭杆检测输入轴与输出轴的相对扭转位移得到转矩，如图 5-29 所示。

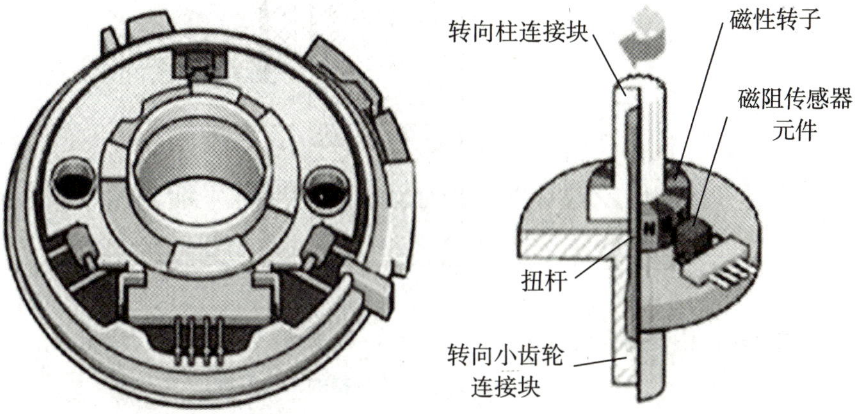

图 5-29　电动助力转向系统的转矩传感器

（2）助力电机。助力电机通常选用有刷直流电机或无刷直流电机，通过对电机的正反转从而实现车辆的左右转向，其控制方式如图 5-30 所示。

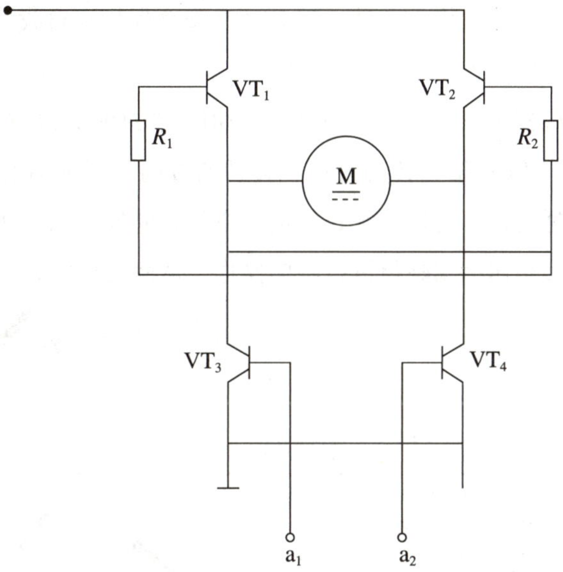

图 5-30　助力电机正反转控制原理

当 a_1 端子通电，VT_2、VT_3 导通，电机正传；当 a_2 端子通电，VT_1、VT_4 导通，电机反转。

① 转子位置检测（旋转变压器），实现转子位置的实时检测。

② 采用矢量控制算法，实现正弦波控制和转矩稳定输出。

③ 绕组电流为正弦波，谐波分量小，转矩脉动小。

④ 运行平衡性好，噪声低，响应快，定位精度高。

⑤ 与方波驱动相比，转矩脉动更小。

（3）电磁离合器。EPS 中的电磁离合器主要起安全保护作用，当 EPS 发生故障、助力电机工作电流过大等情况下，电磁离合器会及时切断。此时汽车仍可以以传统转向装置进行工作，从而保证整个系统和行车的安全。常用电磁离合器为单片式电磁离合器，其工作原理如图 5-31 所示。

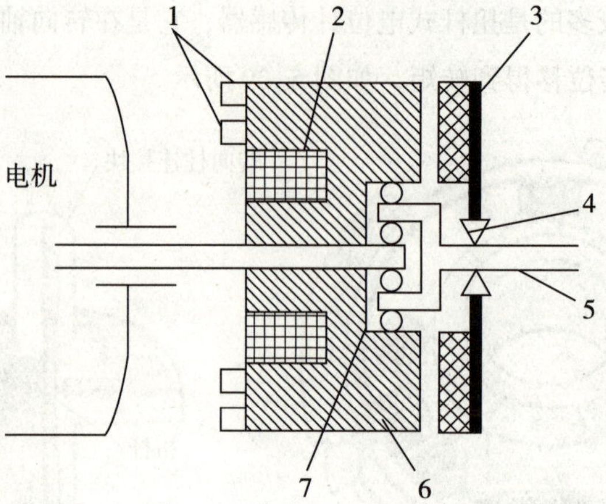

1—集电环；2—线圈；3—压板；4—花键；5—从动轴；6—主动盘；7—球轴承。

图 5-31 单片式电磁离合器的工作原理

（4）减速机构。离合器与电机相连，可以起到减速增扭的作用。离合器装在减速机构一侧是为了保证 EPS 只在预先设定的车速（如 0 ～ 45 km/h）范围内起作用。

（5）电子控制单元（ECU）。ECU 的功能是根据转矩传感器信号和车速传感器进行逻辑分析和计算后，发出指令控制电机和离合器的动作。此外，ECU 还有安全保护和自我诊断功能。

2. 电动助力转向系统的原理

汽车在转向时，转矩传感器把采集到的转向盘转矩和传动方向信号，车速传感器把采集到的车速信号，通过数据总线发给 ECU。ECU 根据转动转矩、转动的方向、行驶速度等数据信号，进行综合逻辑分析与计算后，选择一条合适的助力特性曲线；向助力电机控制器发出动作指令，电机按转向盘转动的速度和方向产生所需的助力转矩协助驾驶员进行转向操作，从而实现助力转向，如图 5-32 所示。

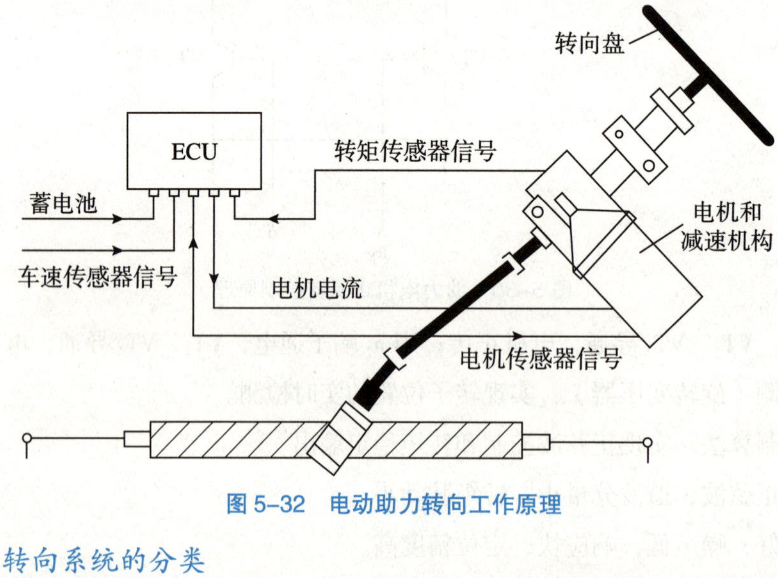

图 5-32 电动助力转向工作原理

3. 电动助力转向系统的分类

电动助力转向系统按照电机布置位置的不同，可以分为：转向轴助力式（column-assist type，EPS）、齿轮助力式（pinion-assist type，EPS）、齿条助力式（rack-assist type，EPS）、直接助力式（direct-drive type，EPS）四种。

（1）转向轴助力式电动助力转向器（C-EPS）的助力电机同定在转向柱的一侧，通过减速增扭机构与转向轴相连，直接驱动转向轴助力转向。这种形式的电动助力转向系统结构简单紧凑、易于安装，现在多数 EPS 就是采用这种形式。此外，C-EPS 的助力提供装置可以设计成适用于各种转向柱，如固定式转向柱、斜度可调式转向柱以及其他形式的转向柱。但由于助力电机安装在驾驶舱内，受到空间布置和噪声的影响，电机的体积较小，输出扭矩不大，一般只用在小型及紧凑型车辆上，如图 5-33 所示。

（2）齿轮助力式电动助力转向器（P-EPS）的助力电机和减速增扭机构与小齿轮相连，直接驱动齿轮实现助力转向。由于助力电机不是安装在乘客舱内，因此可以使用较大的电机以获得较高的助力扭矩，而不必担心电机转动惯量太大产生的噪声。该类型转向器可用于中型车辆，以提供较大的助力，如图 5-34 所示。

（3）齿条助力式电动助力转向器（R-EPS）的助力电机和减速增扭机构则直接驱动齿条提供助力。由于助力电机安装于齿条上的位置比较自由，因此在汽车的底盘布置时非常方便。同时，C-EPS 和 P-EPS 相比，R-EPS 可以提供更大的助力值，所以一般用于大型车辆上，如图 5-35 所示。

图 5-33　转向轴助力式 EPS　　图 5-34　齿轮助力式 EPS　　图 5-35　齿条助力式 EPS

（4）直接助力式电动助力转向器（D-EPS）的助力电机和减速增扭机构同转向齿轮形成了一个独立的单元。它与 R-EPS 比较相似，两者的主要区别是扭矩传感器的安装位置有所不同。通过优化电控单元（ECU）内部的算法，让电机向齿条直接提供转向助力可以获得良好的转向路感。

三、电动线控转向系统

1. 电动线控转向系统的结构

电动线控转向系统由主控制器、故障处理器、各转向传感器、转向盘总成、回正力矩电机、故障离合器、齿轮齿条转向器以及转向执行电机等组成，如图 5-36 所示。

（1）转向盘总成。转向盘总成包括转向盘、转向盘转角传感器、力矩传感器、转向盘回正力矩电机。

（2）转向执行总成。转向执行总成包括前轮转角传感器、转向执行电机、转向电机控制器和前轮转向组件等。

（3）主控制器。主控制器对采集的信号进行分析处理，判别汽车的运动状态，向转向盘回正力矩电机和转向电机发送指令。控制两个电机的工作，保证各种工况下都有理想的车速响应，以减少驾驶人对汽车转向特性随车速变化的补偿任务，减轻驾驶人的驾驶负担。

（4）自动防故障系统。自动防故障系统是线控转向系统的重要模块，它包括一系列的监控和实施算法，针对不同的故障形式和故障等级做出相应的处理，以求最大限度地保持汽车的正常行驶。

（5）电源系统。电源系统承担着控制器、两个执行电机以及其他车用电器的供电任务，其中仅前轮转角执行电机的最大功率就有 500 ～ 800 W；加上汽车上的其他电子设备，电源的负担已经相当沉重。

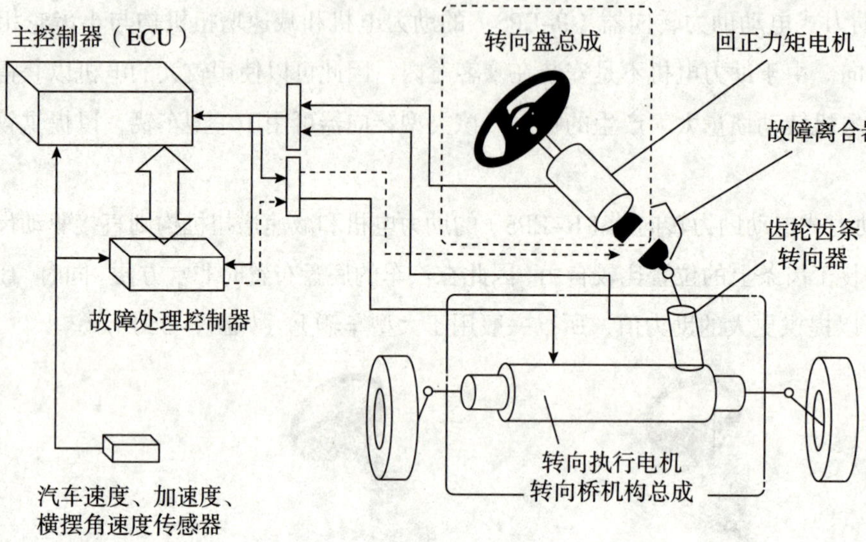

图 5-36　电动线控转向系统

2. 电动线控转向系统的原理

通过驾驶员的操纵，传递给转矩传感器，形成转角及转动力矩信号，同时路面激起的转向轮摆振被侧向加速度传感器接收，形成信号。这两组信号被转向控制器接收，并进行分析计算，同时控制电磁离合器及转向电机进行转向控制；并通过模拟路面信息传递到转向盘，传递给驾驶员，让驾驶员实时了解路面信息，如图 5-37 所示。

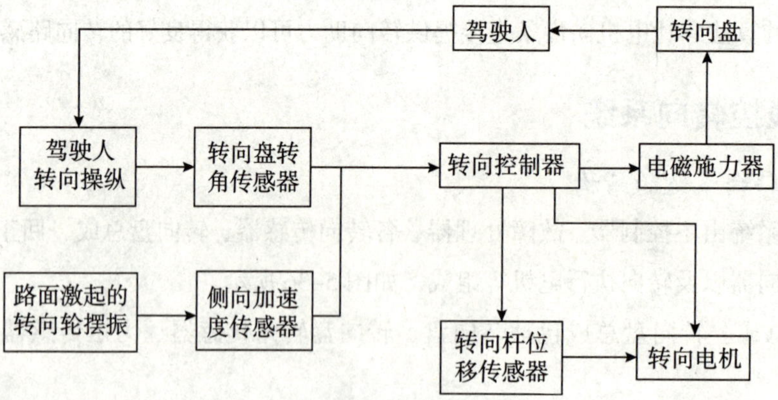

图 5-37　电动线控转向系统原理框图

3. 电动线控转向系统中的特殊问题

（1）系统的安全性问题。作为汽车行驶安全的控制系统，转向系统必须配备安全模块和自检模块以确保系统安全可靠地运行和维修的方便。

（2）路感模拟。由于转向盘和转向车轮之间无机械连接，驾驶人的“路感”必须通过模拟生成。

四、电动液压助力转向系统

1. 电动液压助力转向系统的结构

电动液压助力转向系统由传统发动机助力升级改造而来，取消了发动机助力系统，增加了电机助力系统；其包含助力电机、控制器、转向油泵、储油罐、油管、转角传感器及传统的转向器，转向盘等，如图 5–38 所示。

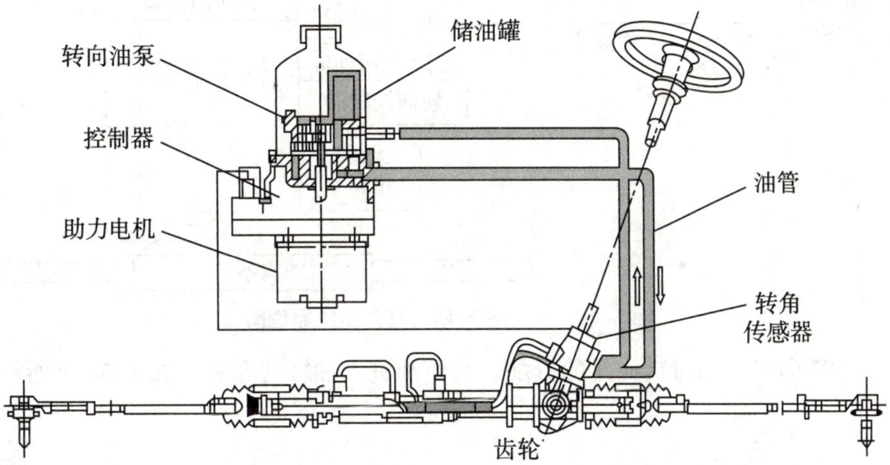

图 5–38　电动液压助力转向系统的结构

国内纯电动汽车多采用这种类型的转向系统，其储油罐、转向油泵、控制器以及助力电机多采用整体式，其转向油泵的工作原理如图 5–39 所示。

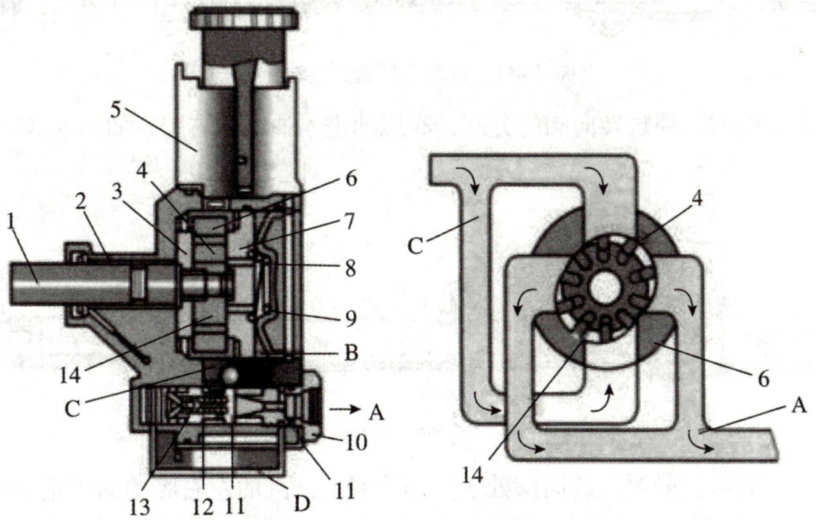

1—驱动轴；2—壳体；3—前配油盘；4—叶片；5—储油罐；6—定子；7—后配盘；8—后盖；
9—弹簧；10—管接头；11—柱塞；12—阀杆 ；3—钢球；14—转子。
A—出油口；B—出油腔；C—进油腔；D—油道；H—主量孔。

图 5–39　转向油泵的结构和原理

2. 电动液压助力转向系统的原理

车速传感器、转向盘转角传感器以及发动机转速传感器的信号传递给转向控制器，同时车载蓄电池信号及 DC/DC 转换器信号也传递给转向控制器。转向控制器进行分析与计算，控制助力电机转动方向及力矩大小，带动转向油泵工作；对转向器进行油路控制，高进低出，形成完整回路，实现转向助力，如图 5–40 所示。

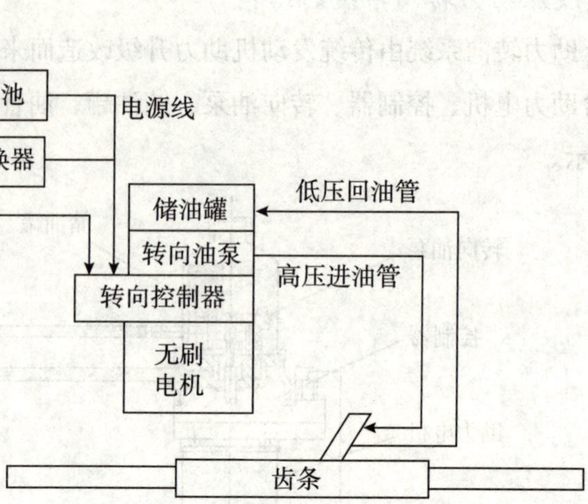

图 5–40　电动液压助力转向系统原理图

（1）左转。左转向时，通过转向阀的分配，高压油进入油缸的左腔，如图 5–41 所示。

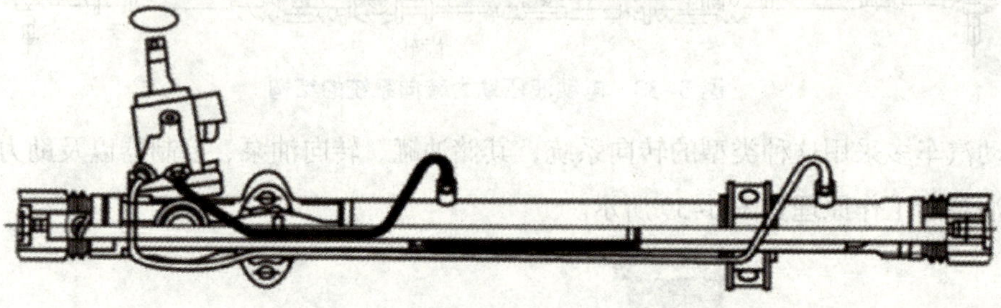

图 5–41　电动液压助力左转执行

（2）右转。右转向时，通过转向阀的分配，高压油进入油缸的右腔，如图 5–42 所示。

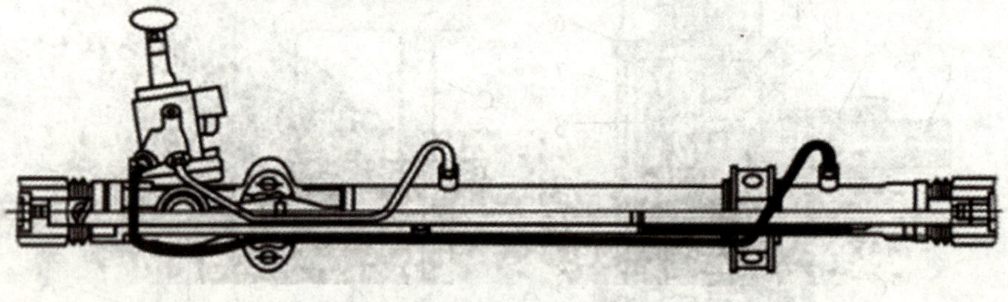

图 5–42　电动液压助力右转执行

（3）直线行驶。直线行驶时，转向阀处于中间位置，油缸的左右腔的油压是平衡的，没有油压推动齿条移动，如图 5–43 所示。

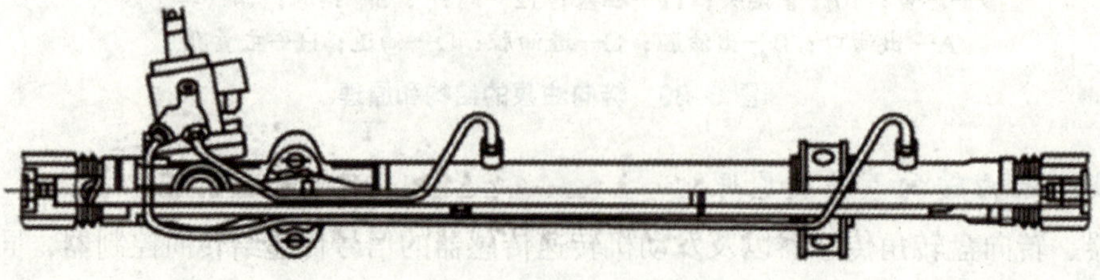

图 5–43　电动液压助力直线行驶

五、EPS 故障分析及诊断

1. 故障自诊断系统的作用

故障自诊断系统的作用是监测、诊断电子控制系统各传感器、执行器以及电子控制器（electronic control unit，ECU）的工作是否正常。当 ECU 中某一电路超出规定范围的信号时，自诊断系统就判定该电路及相关的传感器或执行器发生故障，并控制故障指示灯闪烁。

目前常用的故障代码指示有两种：一是以闪烁次数和时间长短表示不同故障，如三菱、现代、克莱斯勒、宝马等；二是不同颜色的几盏灯（一般为红、绿灯）闪烁表示不同故障，如本田、日产等。同时将故障信息以故障代码的形式存储到 ECU 内部的存储器中，然后 ECU 控制系统采取相应的安全防范措施。

故障信息一旦被存储，即使故障已经排除且故障指示灯熄灭，故障信息仍将储存在存储器中。消除故障码的方法有两种：一是将保险丝盒中的保险丝拔下 10 s 以上；二是将蓄电池搭铁线拆下 10 s 以上。

2. 电动助力转向系统故障实例诊断

根据 EPS 系统控制线路，对 EPS 系统各组成部件进行如下故障诊断。

（1）转矩传感器故障诊断

电动助力转向系统应用的是摆臂式的转矩传感器，其工作原理相当于一个电位计，它具有双回路输出，即主扭矩（对应 IN +端电压值）、副扭矩（对应 IN −端电压值）输出。当转矩传感器正常工作时，电位计的两个输出信号。理论上，正常工作范围在 1 ～ 4 V，并且当转向盘处于中间位置时，转矩传感器的主扭和副扭的输出电压均为 2.5 V。一旦其本身及信号采集电路出现异常，输入 CPU 的主、副扭矩信号将大于 4 V 或小于 1 V 或两信号之差超过 3 V。

实际车辆行驶中，虽然在硬件和软件设计中考虑了各种抗干扰措施，但各种偶尔的噪声或振动还是或多或少地引起转矩信号的暂时偏差，而这种偏差是暂时的且系统能自动修复。故将转矩信号的异常界限值设为 0.9 ～ 4.1 V，并且只有当信号值超出其范围持续一定时间（如 30 ms），才判定转矩传感器有故障。这样可以减少因其他外界因素而引起对转矩传感器故障的误判。

此外，转矩传感器的信号检测是建立在 +5 V 的稳压电源基础上的，稳压电源电路的正常与否将直接影响到主、副扭矩信号。因此在检测转矩传感器主、副扭矩信号异常之前，首先判断转矩传感器电源电压是否在规定范围内。考虑到三端稳压集成块在环境温度影响下其输出电压会有 ±0.1 V 的偏差，因此规定其正常输出电压为（5 ± 0.2）V。如果 CPU 检测到电源电压异常，此时就跳过对转矩传感器信号的检测，这样可以避免对转矩传感器本身故障的误判。

（2）电机故障诊断

转向助力大小通过控制电机电流来实现，因此检测电机两端的实际控制电流就显得非常重要。电机电流采集电路，通过测量串联在驱动回路中的精密电阻两端的电压，经过信号放大和适当的电容滤波，然后通过端口反馈给 CPU。此时程序设计将此电压与理论计算电压进行比较，如果两者差距过大，或者连续几分钟之内的平均电流消耗超过预先规定的数值，就判断电机及其线路有故障。

（3）车速和发动机转速信号故障诊断

车速信号和发动机转速信号都是数字信号，因此不需要经过 A/D 转换，只需经过一定的整形电路，就可以直接送给 CPU 的定时器 / 计数器端口；然后通过计数器对波形在一定时间内的计数即可采集车速和发动机转速。对车速整形电路，车速信号通过一定的滤波和比较器比较，然后直接送给 CPU 的计数器。通过信号的采集，然后与相应工况的规定值比较，便可以诊断故障。

（4）电磁离合器故障诊断

电磁离合器连接了助力电机和转向柱，它的分离与接合稳定与否将直接影响转向性能。因此系统工作时，其状态信号要及时反馈给 CPU。电磁离合器状态信号采集电路所示，当离合器处于接合状态时，端口输出高电流；反之，输出低电流。因此离合器线路断开或短路可以通过端口输出的电流大小判断。

（5）控制单元电源线路故障诊断

当点火开关闭合时，蓄电池电压将通过端口送给 CPU，因此当端口检测的电压信号低于 10 V 时，程序设计就可以控制故障灯显示蓄电池电压太低。

（6）控制单元故障诊断

控制单元主要由电子元件和软件组成，其本身不易出现故障。主要通过在硬件方面进行合理的布线和相应的滤波、抗干扰等措施来减少故障的发生；软件上通过使用看门狗技术、容错技术和设置软件陷阱等处理程序运行时的“跑飞”和“死循环”等问题。

3. 故障代码显示控制及安全防范措施

当系统检测到各组成部件出现上述异常之一，且持续时间超过相应的规定值，程序设计就通过对端口间断地置 0 或 1，故障显示控制电路就控制发光二极管（故障灯）闪烁。其中闪烁的次数和延续的时间（各种故障代码）通过计数指针和延时子程序实现。如主扭矩信号出现异常，指示灯将显示故障代码号 DTC11，亮 1.5 s，暗 2 s；再亮 0.5 s，暗 3 s，往复进行；直至故障排除，称“一长一短”。故障显示的同时，程序设计也对端口分别置 1 和 0，经过电磁离合器控制电路和继电器控制电路使得电磁离合器和继电器同时被切断，以确保电机助力完全被切断，从而确保行车安全。

项 目 小 练

一、填空题

1. 根据电动汽车特有性质，目前电动汽车空调可采用＿＿＿＿＿空调系统和＿＿＿＿＿型空调系统。

2. 电动空调系统由空调＿＿＿＿＿、＿＿＿＿＿、膨胀阀、＿＿＿＿＿及管路等组成。

3. 送风系统主要由＿＿＿＿＿、＿＿＿＿＿、风门和＿＿＿＿＿等组成。

4. 冷却系统的组成包含＿＿＿＿＿、散热器、风扇、＿＿＿＿＿和＿＿＿＿＿等。

5. 线控制动（EMB）系统有六大基本组成部分：安装在四个车轮的独立控制模块、＿＿＿＿＿、＿＿＿＿＿、EMB 执行器控制器、轮速传感器、＿＿＿＿＿、电源系统。

二、简答题

1. 电动汽车空调系统有哪些特点?
2. 冷却系统的要求有哪些?
3. 电动助力转向系统具有哪些优点?

项目六

纯电动汽车的结构原理

学习目标

知识目标

◆了解纯电动汽车的相关技术。

◆熟悉新能源汽车的总体结构。

◆了解纯电动汽车的特点。

能力目标

◆能够简述驱动系统的布置。

◆能够简述驱动系统的工作过程。

素质目标

◆通过学习纯电动汽车的结构原理，培养学生的科学求知精神和创新意识。

◆启发学生对新能源汽车技术的热情，培养学生对国家发展需求的认识。

思政目标

通过纯电动汽车的学习，增强学生实现中华民族伟大复兴的信心和决心。

项目引入

新能源汽车的种类较多，根据目前的市场发展情况和政策指引看，纯电动汽车以其环保、能源清洁、易发展等特点，逐渐称为新能源汽车的发展方向。全面了解纯电动汽车的结构原理，有利于进一步发展新能源电动车。

任务工单

【任务实施】

1. 学生分组进行资料的收搜整理，并对收搜到的资料进行讨论。

问题 1：纯电动汽车整体结构是如何的？

____

____

问题 2：纯电动汽车的优势有哪些？

____

____

2. 按照实际操作过程，将操作内容及实施过程中遇到的问题或解决方法记录在表 6–1 中。

表 6–1　任务实施过程记录表

序号	操作内容	遇到的问题	解决方法
1			
2			
3			
4			

【任务评价】

学生展示任务实施的成果，并协同老师完成表 6–2 所示的任务评价表。

表 6–2　任务评价表

评价项目	评价内容	分值 / 分	评价分值 / 分		
			自评	互评	师评
职业素养考核项目	考勤、仪容仪表	10			
	团队交流与合作意识	10			
	创新意识、纪律意识	10			
专业能力考核项目	积极参与教学活动并正确理解任务要求	10			
	认真搜集并积极讨论相关资料	10			
	任务实施过程记录表的完成度	10			
	对纯电动汽车结构的了解程度	20			
	对纯电动汽车特点的了解程度	20			
合计：综合分数____________		100			
综合评价：					
备注：					

任务一　纯电动汽车概述

纯电动汽车是指由电机驱动的汽车，电机的驱动电能来源于车载可充电蓄电池或其他能量储存装置。纯电动汽车的电机相当于内燃机汽车的发动机，蓄电池或其他能量储存装置相当于内燃机汽车油箱中的燃料。目前，纯电动汽车是发展最快的新能源汽车，也是新能源汽车发展的重点。

纯电动汽车概述

新能源汽车的结构和传统汽车有很大的不同，图 6-1 为北汽新能源 EV160/200 纯电动汽车的结构。

图 6-1　北汽新能源 EV160/200 纯电动汽车的结构

一、纯电动汽车的技术条件

纯电动汽车主要以纯电动乘用车为主，《纯电动乘用车技术条件》（GB/T 28382—2012）规定了座位数在 5 座及以下的纯电动乘用车的技术条件。

1. 重量分配

车辆的电机及动力蓄电池系统应合理布置，重量分布均衡；车辆的动力蓄电池（包含电池箱及箱内部件）总重量与整车整备重量的比值，不宜大于 30%。

2. 行李舱容积

车辆应具有适宜的行李舱容积，对于 4 座及 5 座车辆，按 GB/T 19514—2004《乘用车行李舱标准容积的测量方法》测量，行李舱容积不宜小于 0.3 m^2。

3. 安全要求

车辆的特殊安全、制动性能、乘员保护等应符合以下要求。

①《电动汽车 - 安全要求 - 第 1 部分：车载可充电储能系统》（GB/T 18384.1—2015）、《电动汽车 - 安全要求 - 第 2 部分：操作安全和故障防护》（GB/T 18384.2—2015）、《电动汽车 - 安全要求 - 第 3 部分：人员触电防护》（GB/T 18384.3—2015）对纯电动汽车特殊安全的规定。

②《乘用车制动系统技术要求及试验方法》（GB 21670—2008）对制动性能的规定。

③《汽车正面碰撞的乘员保护》（GB 11551—2014）和《汽车侧面碰撞的乘员保护》（GB 20071—

2006）对乘员保护的规定。

④ 车辆在设计时应考虑车辆启动、速度低于 20 km/h 时，能够给车外人员发出适当的提示性声响。

4. 动力性能要求

车辆的动力性能应满足以下要求。

（1）30 min 最高车速

30 min 最高车速是指电动汽车能够持续行驶 30 min 以上的最高平均车速。按照 GB/T 18385—2005《电动汽车动力性能试验方法》规定的试验方法测量 30 min 最高车速，其值应不低于 80 km/h。

（2）加速性能

按照 GB/T 18385—2005《电动汽车动力性能试验方法》规定的试验方法测量车辆 0 ～ 50 km/h 和 50 ～ 80 km/h 的加速性能，其加速时间应分别不超过 10 s 和 15 s。

（3）爬坡性能

按照 GB/T 18385—2005《电动汽车动力性能试验方法》规定的试验方法测量车辆爬坡速度和最大爬坡度，车辆通过 4% 坡度的爬坡速度不低于 60 km/h；车辆通过 12% 坡度的爬坡速度不低于 30 km/h；车辆最大爬坡度不低于 20%。

5. 低温启动性能要求

车辆在 -20 ℃ ±2 ℃的试验环境温度下，浸车 8 h 后，应能正常启动、行驶。

6. 续驶里程

按照 GB/T 18386—2005《电动汽车能量消耗率和续驶里程试验方法》工况法测量续驶里程，其值应大于 80 km。

7. 操纵稳定性

按照 QC/T 480—1999《汽车操纵稳定性指标限值与评价方法》，进行操纵稳定性试验，其指标应满足 QC/T 480 的要求。

8. 可靠性要求

车辆的可靠性应满足以下要求。

（1）里程分配

可靠性行驶的总里程为 15 000 km，其中强化坏路 2 000 km，平坦公路 6 000 km，高速公路 2 000 km，工况行驶 5 000 km（工况行驶按照 GB/T 19750 中的要求进行）；可靠性行驶试验前的动力性能试验里程以及各试验间的行驶里程等可计入可靠性试验里程。

（2）故障整个可靠性

试验过程中，整车控制器及总线系统、动力蓄电池及管理系统、电机及电机控制器、车载充电机等系统和设备不应出现危及人身安全、引起主要总成报废、对周围环境造成严重危害的故障（致命故障）；也不应出现影响行车安全、引起主要零部件和总成严重损坏或用易损备件和随车工具不能在短时间内排除的故障（严重故障）。

（3）车辆维护

车辆的正常维护和充电应按照车辆制造厂的规定；整个行驶试验期间，不应更换动力系统的关键部件，如电机及其控制器、动力蓄电池及管理系统、车载充电机等。

（4）性能复试

可靠性试验结束后，进行 30 min 最高车速、续驶里程复试。其 30 min 最高车速复测值应不低于初始所测值的 80%，且应不低于 70 km/h；工况法续驶里程复试值应不低于初始所测值的 80%，且应不低于 70 km。

9. 车辆上安装的动力蓄电池的要求

车辆上安装的动力蓄电池应满足以下要求。

（1）一般要求

动力蓄电池根据其类型，应符合 QC/T 742—2006《电动汽车用铅酸蓄电池》、QC/T 743—2006《电动汽车用锂离子蓄电池》或 QC/T 744—2006《电动汽车用金属氢化物镍蓄电池》的要求。

（2）低温容量

在环境温度为 -20 ℃时，动力蓄电池模块容量与常温下的容量比应不小于 70%；动力蓄电池根据其类型，试验方法参照 QC/T 742—2006《电动汽车用铅酸蓄电池》、QC/T 743—2006《电动汽车用锂离子蓄电池》或 QC/T 744—2006《电动汽车用金属氢化物镍蓄电池》中相应的条款。

二、纯电动汽车的特点

纯电动汽车与内燃机汽车相比，具有以下优点。

① 零排放。纯电动汽车使用电能，在行驶中无废气排出，不污染环境。

② 能源效率高。电动汽车的能源效率已超过汽油机汽车，特别是在城市中运行，汽车走走停停，行驶速度不高，电动汽车更加适应且电动汽车停止时不消耗电。在制动过程中，电机可自动转化为发电机，实现制动减速时能量的再利用。

③ 结构简单。因使用单一的电能源，省去了发动机、变速器、油箱、冷却和排气系统等，所以结构较简单。

④ 噪声低。电动汽车无内燃机产生的噪声，电机噪声也较内燃机小。

⑤ 节约能源。电动汽车的应用可有效地减少对石油资源的依赖，向蓄电池充电的电力可以由煤炭、天然气、水力、核能、太阳能、风力、潮汐等能源转化。除此之外，如果夜间向蓄电池充电，还可以避开用电高峰，有利于电网均衡负荷，减少费用。

纯电动汽车与内燃机汽车相比，具有以下缺点。

① 续驶里程较短。目前电动汽车尚不如内燃机汽车技术完善，尤其是动力蓄电池的寿命短，使用成本高，储能量小，一次充电后续驶里程较短。

② 成本高。目前，纯电动汽车主要采用锂离子蓄电池，成本较高。

③ 安全性。锂离子蓄电池的安全性有待进一步提高。

④ 配套不完善。电动汽车的使用还远不如内燃机汽车使用方便，还要加大配套基础设施的建设。

随着电动汽车技术的突破，特别是动力蓄电池容量和循环寿命的提高，以及价格的降低，电动汽车的推广使用一定会得到大的发展。

任务二 纯电动汽车的总体结构

一、纯电动汽车的基本结构组成

内燃机汽车主要由发动机、底盘、车身和电气设备四大部分组成。发动机把燃料燃烧产生的热能变成机械能，再通过底盘上的传动机构，将动力传给驱动车轮，使汽车行驶。纯电动汽车与内燃机汽车相比，取消了发动机，底盘上的传动机构发生了改变。根据驱动方式不同，有些部件已被简化或省去；增加了电源系统和驱动电机系统等。

典型纯电动汽车组成如图 6–2 所示，主要包括电源系统、驱动电机系统、整车控制器和辅助系统等。动力电池输出电能，通过电机控制器驱动电机运转产生动力，再通过减速机构，将动力传给驱动车轮使电动汽车行驶。

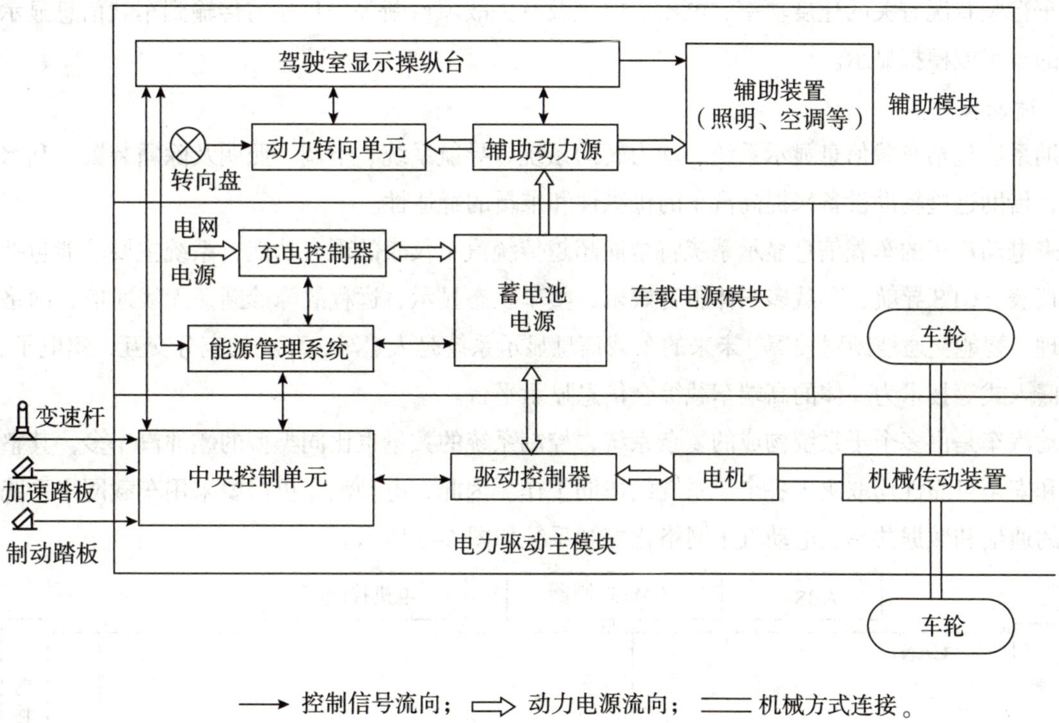

图 6–2　典型纯电动汽车组成

1. 电源系统

电源系统主要包括动力电池、电池管理系统、车载充电机及辅助动力源等。动力电池是电动汽车的动力源，是能量的存储装置，也是目前制约电动汽车发展的关键因素。要使电动汽车与内燃机汽车相竞争，关键是开发出比能量高、比功率大、使用寿命长、成本低的动力电池；目前纯电动汽车以锂离子蓄电池为主。电池管理系统实时监控动力电池的使用情况，对动力电池的端电压、内阻、温度、电解液浓度、当前电池剩余电量、放电时间、放电电流或放电深度等动力蓄电池状态参数进行检测，并按动力电池对环境温度的要求进行调温控制。通过限流控制避免动力蓄电池过充、过放电，对有关参数进行显示和报警，其信号流向辅助系统的车载信息显示系统。以便驾驶员随时掌握并配合其操作，按需要及时对动力电池充电并进行维护保养。

车载充电机是把电网供电制式转换为对动力电池充电要求的制式，即把交流电转换为相应电压的直流电，并按要求控制其充电电流。辅助动力源一般为 12 V 或 24 V 的直流低压电源，它主要给动力转向、制动力调节控制、照明、空调、电动窗门等各种辅助用电装置提供所需的能源。

2. 驱动电机系统

驱动电机系统主要包括电机控制器和驱动电机，电机控制器是按整车控制器的指令、驱动电机的转速和电流反馈信号等，对驱动电机的转速、转矩和旋转方向进行控制。电机在纯电动汽车中被要求承担着电动和发电的双重功能，即在正常行驶时发挥其主要的电动功能将电能转化为机械旋转能；而在减速和下坡滑行时又被要求进行发电，承担发电机功能，将车轮的惯性动能转换为电能。

3. 整车控制器

整车控制器根据驾驶员输入的踏板和制动踏板的信号，向电机控制器发出相应的控制指令，对电机进行启动、加速、减速、制动控制。在纯电动汽车减速和下坡滑行时，整车控制器配合电源系统的电池管理系统进行发电回馈，使动力蓄电池反向充电。整车控制器还对动力蓄电池充放电过程进行控制。对于与汽车行驶状况有关的速度功率、电压、电流及有关故障诊断等信息还需传输到车载信息显示系统进行相应的数字或模拟显示。

4. 辅助系统

辅助系统包括车载信息显示系统、动力转向系统、导航系统、空调、照明及除霜装置、刮水器和收音机等，借助这些辅助设备来提高汽车的操纵性和乘员的舒适性。

未来电动汽车的车载信息显示系统将全面超越传统汽车仪表的现有功能，系统主要功能包括全图形化数字仪表、GPS 导航、车载多媒体影音娱乐、整车状态显示、远程故障诊断、无线通信、网络办公、信息处理、智能交通辅助驾驶等。未来的车载信息显示系统是人、车、环境的充分交互，集电子、通信、网络、嵌入式等技术为一体的高端车载综合信息显示平台。

电动汽车是由多个子系统构成的复杂系统，控制系统的数量也比同类型的燃油汽车多，其整体性能的发挥和安全可靠性均取决于各个子系统的协同工作。因此，电动汽车更需要采用车载网络系统进行整车信息的通信和数据共享。电动汽车网络化控制系统如图 6-3 所示。

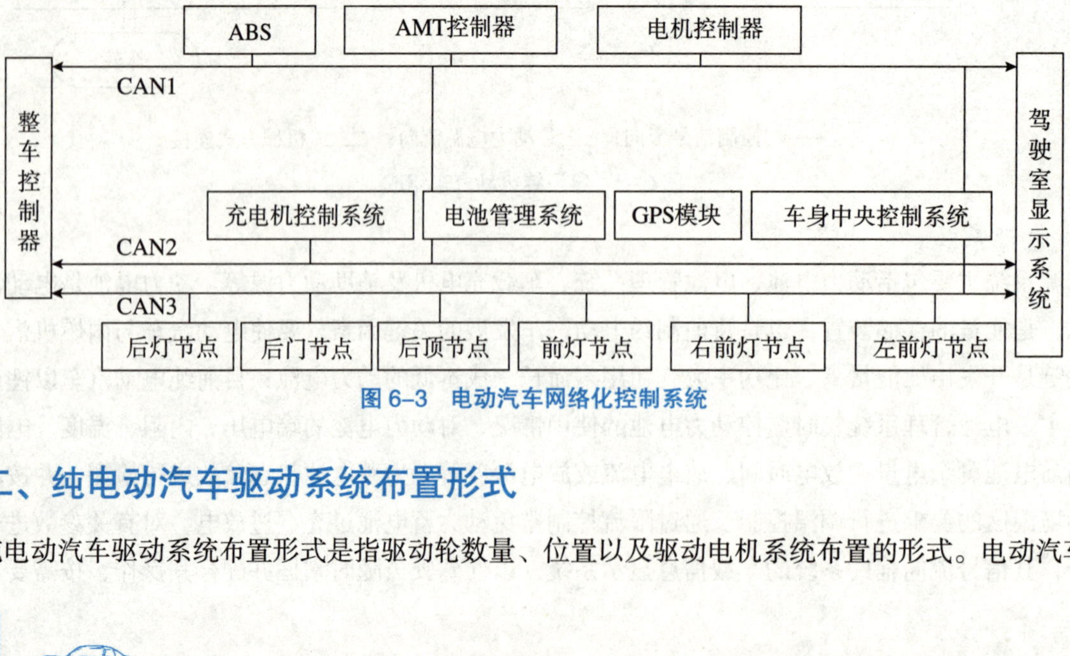

图 6-3 电动汽车网络化控制系统

二、纯电动汽车驱动系统布置形式

纯电动汽车驱动系统布置形式是指驱动轮数量、位置以及驱动电机系统布置的形式。电动汽车的驱动系统是电动汽车的核心部分，其性能决定着电动汽车行驶性能的好坏。电动汽车的驱动系统布置取决于电机驱动方式，可以有多种类型。电动汽车的驱动方式主要有后轮驱动、前轮驱动和四轮驱动。

1. 后轮驱动方式

后轮驱动方式是传统的布置方式，适合中高级电动轿车和各种类型电动客货车，有利于车轴负荷分配均匀，汽车操纵稳定性、行驶平顺性较好。

后轮驱动方式主要有传统后驱动布置形式、电机驱动桥组合后驱动布置形式、电机变速器一体化后驱动布置形式、轮边电机后驱动布置形式、轮毂电机后驱动布置形式等。

（1）传统后驱动布置形式

传统后驱动布置形式如图 6–4 所示，这种布置形式一般用于改造型电动汽车，它与传统内燃机汽车后轮驱动系统的布置方式基本一致，带有离合器、变速器和传动轴，驱动桥与内燃机汽车驱动桥一样，只是将发动机换成电机。

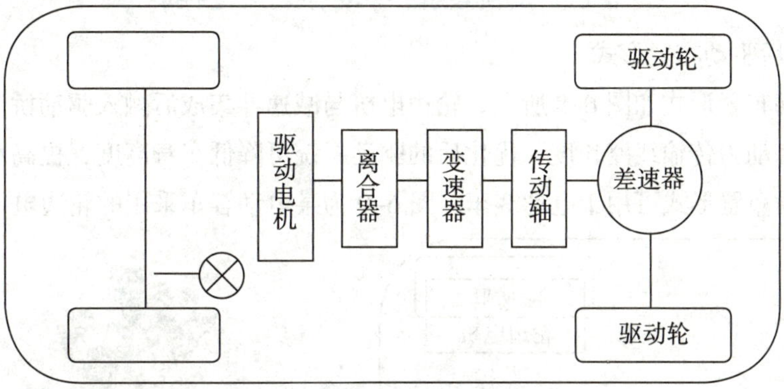

图 6–4　传统后驱动布置形式

（2）电机驱动桥组合后驱动布置形式

电机驱动桥组合后驱动布置形式如图 6–5 所示。它取消了离合器、变速器和传动轴，但具有减速差速机构，把驱动电机、固定速比的减速器和差速器集成为一个整体，通过 2 个半轴来驱动车轮。此种布置形式的整个传动长度比较短，传动装置体积小，占用空间小，容易布置，可以进一步降低整车的重量；但对电机的要求较高，不仅要求电机具有较高的启动转矩，而且要求具有较大的后备功率，以保证电动汽车的启动、爬坡、加速超车等动力性。一般低速电动汽车采用这种布置形式。

电机驱动桥组合后驱动布置形式采用的驱动桥与内燃机汽车驱动桥不同，需要电动汽车专用后驱动桥，如图 6–6 所示。

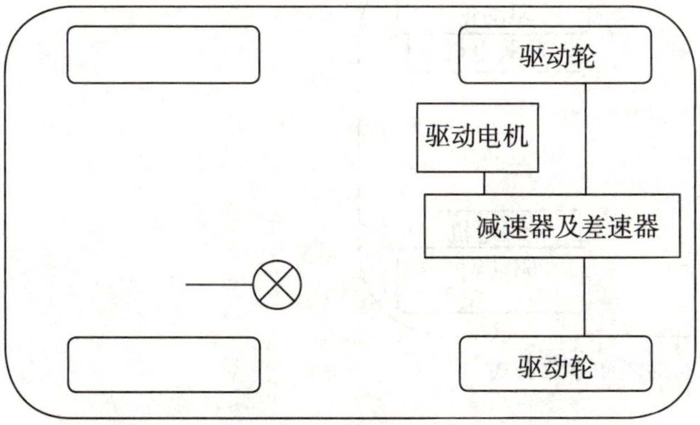

图 6–5　电机驱动桥组合后驱动布置形式

图 6–6　电动汽车专用后驱动桥

（3）电机变速器一体化后驱动布置形式

电机变速器一体化后驱动布置形式如图 6-7 所示，相比单一的电机驱动系统，一体化驱动系统可以综合协调控制电机和变速器，最大限度地改善电机输出动力特性；增大电机转矩输出范围，在提升电动汽车的动力性的同时，使电机最大限度地工作在高效经济区域内。变速器一般采用 2 挡自动变速器。

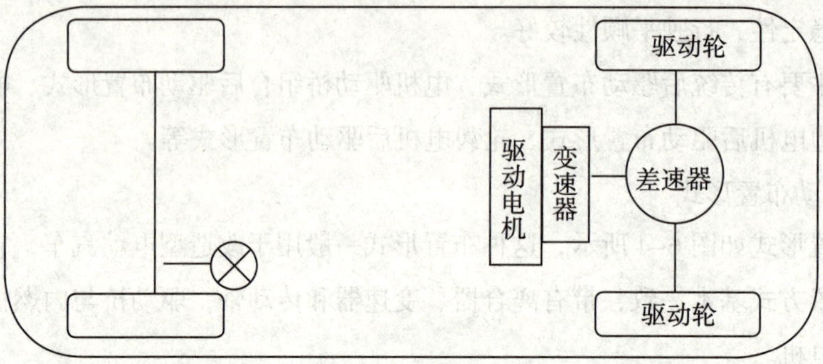

图 6-7 电机变速器一体化后驱动布置形式

（4）轮边电机后驱动布置形式

轮边电机后驱动布置形式如图 6-8 所示，轮边电机与减速器集成后融入驱动桥上，采用刚性连接，减少高压电器数量和动力传输线路长度。优化后的驱动系统可降低车身高度、提高承载量、提升有效空间。轮边电机后驱动布置形式可用于电动客车。图 6-9 为某电动客车采用的轮边电机后驱动桥实物。

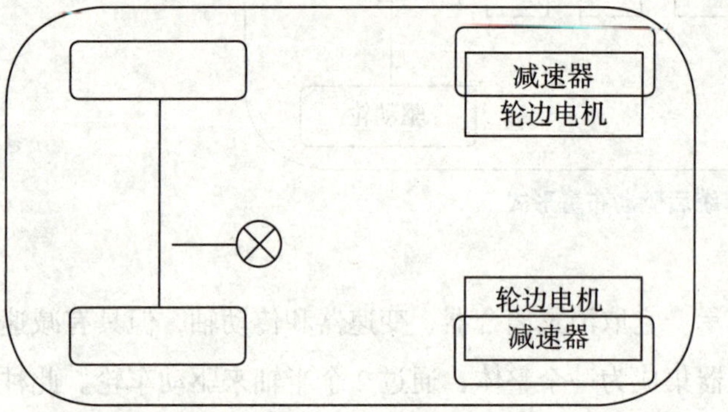

图 6-8 轮边电机后驱动布置形式

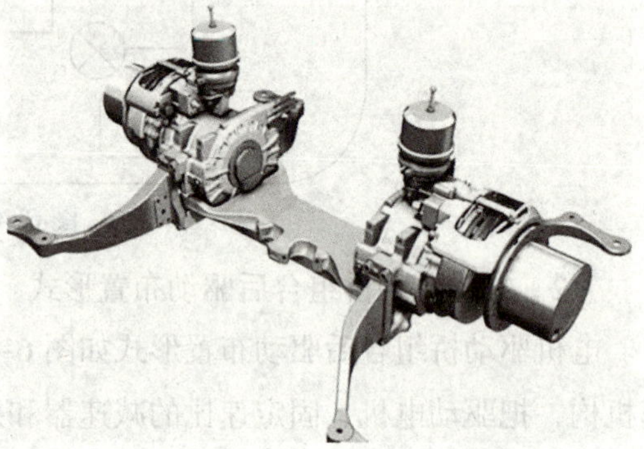
图 6-9 某电动客车采用的轮边电机后驱动桥实物

（5）轮毂电机后驱动布置形式

轮毂电机后驱动布置形式如图 6-10 所示，轮毂电机直接安装在车轮上，此时，轮毂是电机的转子，羊角轴承座是定子。

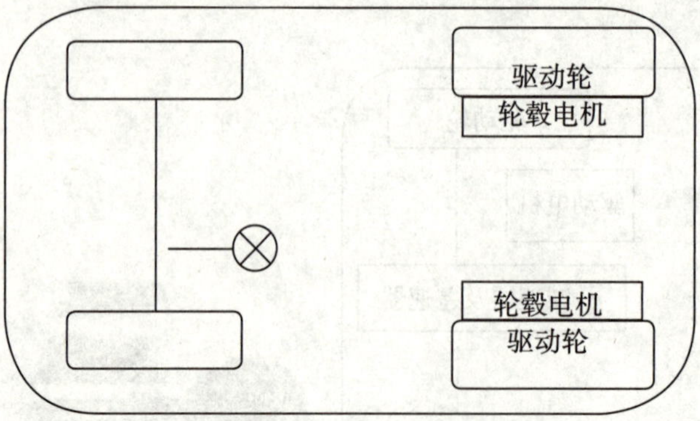

图 6-10 轮毂电机后驱动布置形式

轮毂电机后驱动的纯电动汽车大大减少了零部件数量和动力系统的体积，让车辆的动力系统变得更加简单，大大提高了车内空间的实用性和利用率。每个车轮独立的轮毂电机相比一般电动汽车，也省掉了传动半轴和差速器等装置，同样节省了大量空间且传动效率更高。将动力蓄电池放置在传统的发动机舱中，而将辅助蓄电池、电机控制器、充电机等布置在车尾附近，根据实际需要可以在车辆上灵活地布置电池组。从另一个方面来看，在满足目前空间需求的前提下，使用轮毂电机驱动的车辆在体积上可以变得更加小巧，这将改善城市中的拥堵和停车等问题。同时，独立的轮毂电机在驱动车辆方面灵活性更高，能够实现传统车辆难以实现的功能或驾驶特性。

轮边电机和轮毂电机在原理上可以实现任何一种驱动形式，但由于成本过高，目前还没有厂家推出量产车，更多的是作为试验车或改装车存在。

（二）前轮驱动方式

前轮驱动方式主要有电机驱动桥组合前驱动布置形式、电机变速器组合前驱动布置形式、电机变速器一体化前驱动布置形式、轮边电机前驱动布置形式、轮毂电机前驱动布置形式等，主要适合于中级及中级以下的电动轿车。

前轮驱动纯电动汽车结构紧凑，有利于其他总成的安排，在转向和加速时行驶稳定性较好；前轮驱动兼转向，结构复杂，上坡时前轮附着力减小，易打滑。

1. 电机驱动桥组合前驱动布置形式

电机驱动桥组合前驱动布置形式如图 6–11 所示。电机驱动桥组合前驱动布置形式需要电动汽车专用前驱动转向桥，如图 6–12 所示。

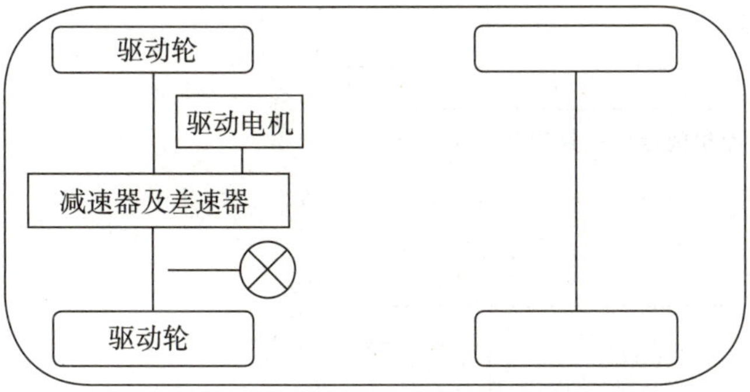

图 6–11　电机驱动桥组合前驱动布置形式

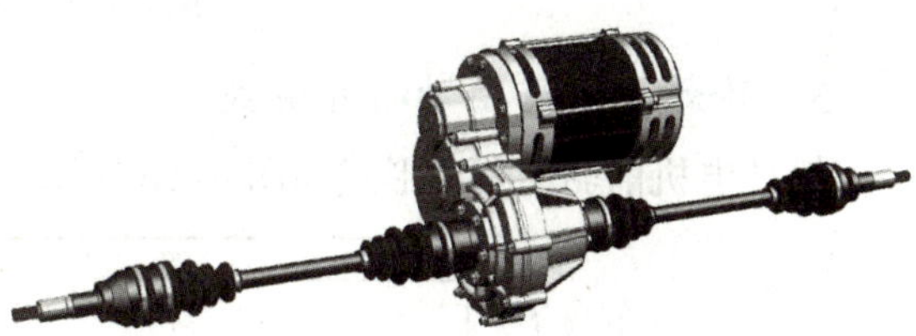

图 6–12　电动汽车专用前驱动转向桥

2. 电机变速器组合前驱动布置形式

电机变速器组合前驱动布置形式如图 6–13 所示，变速器可用 2 挡。

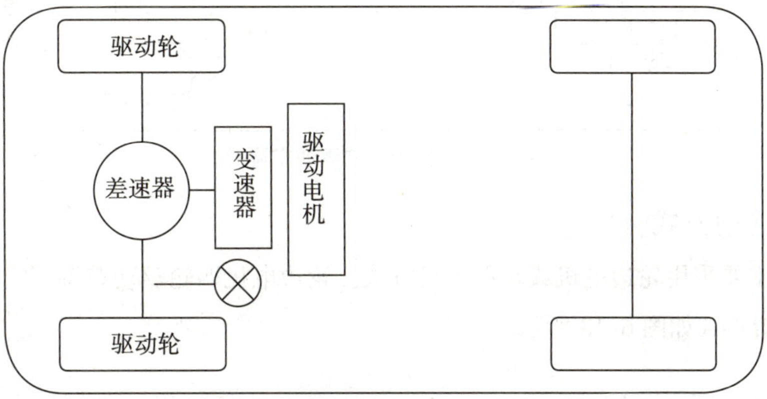

图 6–13　电机变速器组合前驱动布置形式

3. 电机变速器一体化前驱动布置形式

电机变速器一体化前驱动布置形式如图 6-14 所示。

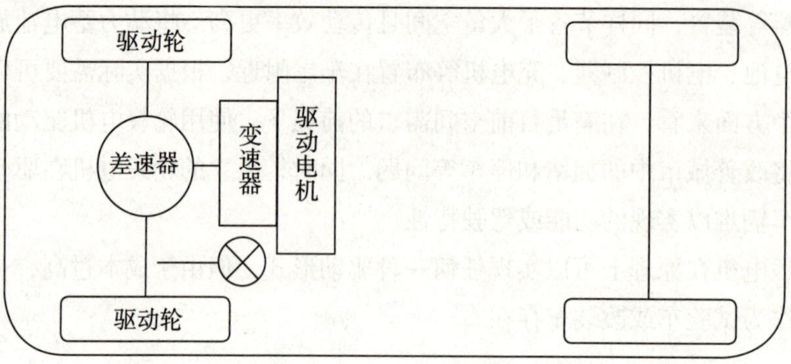

图 6-14 电机变速器一体化前驱动布置形式

4. 轮边电机前驱动布置形式

轮边电机前驱动布置形式如图 6-15 所示。

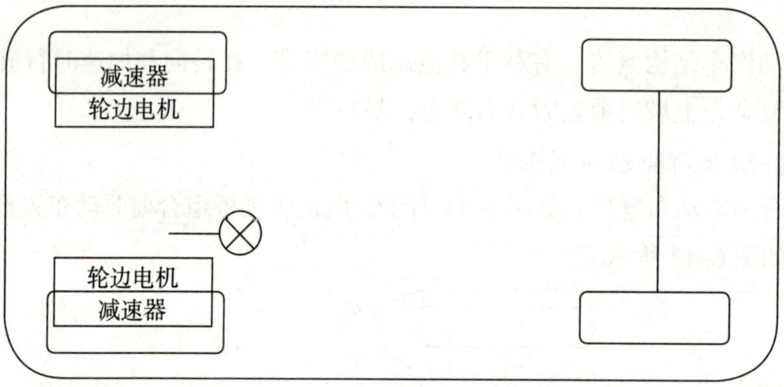

图 6-15 轮边电机前驱动布置形式

5. 轮毂电机前驱动布置形式

轮毂电机前驱动布置形式如图 6-16 所示。

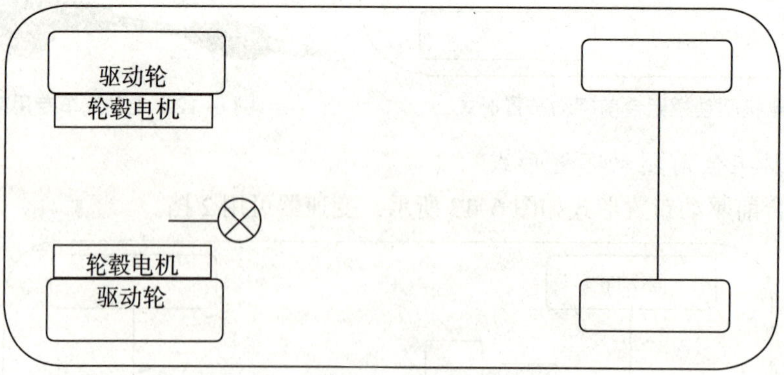

图 6-16 轮毂电机前驱动布置形式

（三）四轮驱动方式

四轮驱动方式主要采用轮边电机或轮毂电机方式。轮边电机四轮驱动布置形式如图 6-17 所示，轮毂电机四轮驱动布置形式如图 6-18 所示。

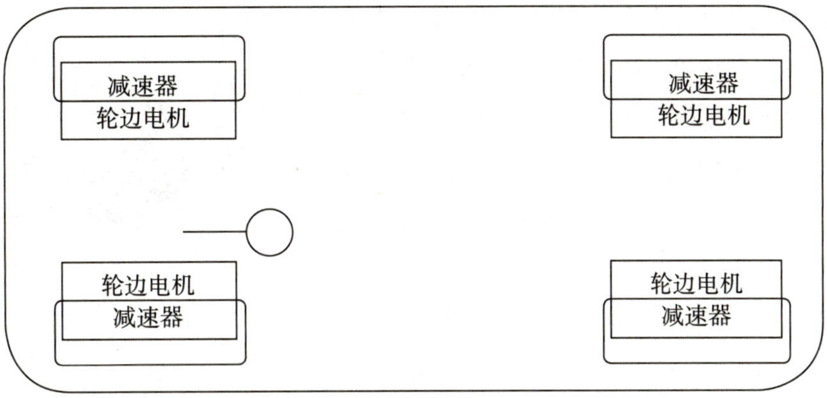

图 6-17　轮边电机四轮驱动布置形式

四轮驱动适合要求动力性强的电动轿车或城市 SUV，与四轮驱动内燃机汽车相比，四轮驱动纯电动汽车能够取消部分传动零件，提高空间的利用率和动力的传递效率。

电机四轮驱动可以极大地节省空间，并且每个车轮都是一个独立的动力单元，因此能够实现对每一个车轮进行精准的转矩分配，反应更快、更直接，效率更高，这是目前传统四轮驱动汽车无法做到的。轮边电机和轮毂电机驱动布置形式是纯电动汽车驱动系统布置形式的发展趋势。

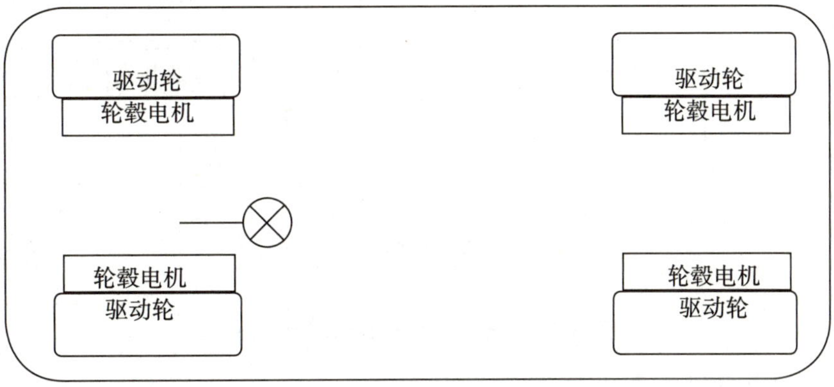

图 6-18　轮毂电机四轮驱动布置形式

电动汽车驱动系统布置的原则是简单、节省空间、效率高。随着电机技术和变速技术的发展，会有更多种驱动系统布置形式出现。

任务三　典型纯电动汽车车型实例

一、比亚迪 E6 纯电动汽车

比亚迪 E6 纯电动汽车整体布局如图 6-19 所示，比亚迪纯电动汽车结构组成与工作原理如图 6-20 所示。电源接通，汽车前进时，主控 ECU 接收挡位控制器、加速踏板和角度传感器等各方面信息，传递给电机控制器，以控制流向前驱电机的电流。此时电池组电流通过应急开关、配电箱 / 继电器之后，一路经过电机控制器向前驱动电机供给需要的电流，从而使驱动电机运转。通过变速器 / 差速器和传动轴，带动左右前轮转动，使汽车行进。另一路经过 DC-DC 转换器，将电池组 330 V 高压直流电转换为低压 42 V，提供给电动转向系统 EPS 使用。同时电池组受 BMS 控制，将电池组的瞬时电压、电流、温度、存电情况等信息传递给 BMS，以防止电池组过放电或温度过高损坏电池组。如果发生漏电情况，漏电保护器起作用。一旦发生紧急短路等情况，保护装置熔丝即熔断保护。

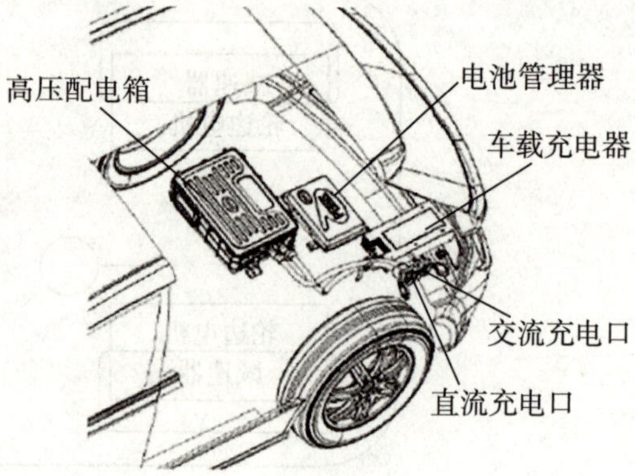

图 6-19　比亚迪 E6 纯电动汽车整体布局

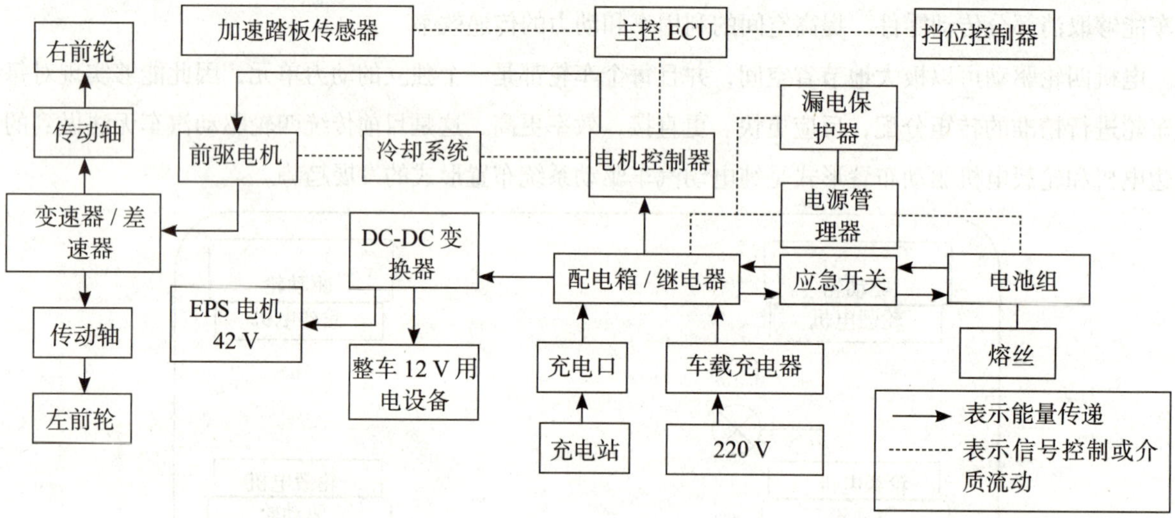

图 6-20　比亚迪纯电动汽车工作原理

1. 比亚迪 E6 纯电动汽车电池组

E6 纯电动汽车采用磷酸铁锂电池，简称铁电池，也是锂电池的一种。它放在汽车底部，由 90 个单体电池组成，总电压 307 V，电池容量达 220 A · h，可以使续驶里程达到 300 km，如图 6-21 所示。

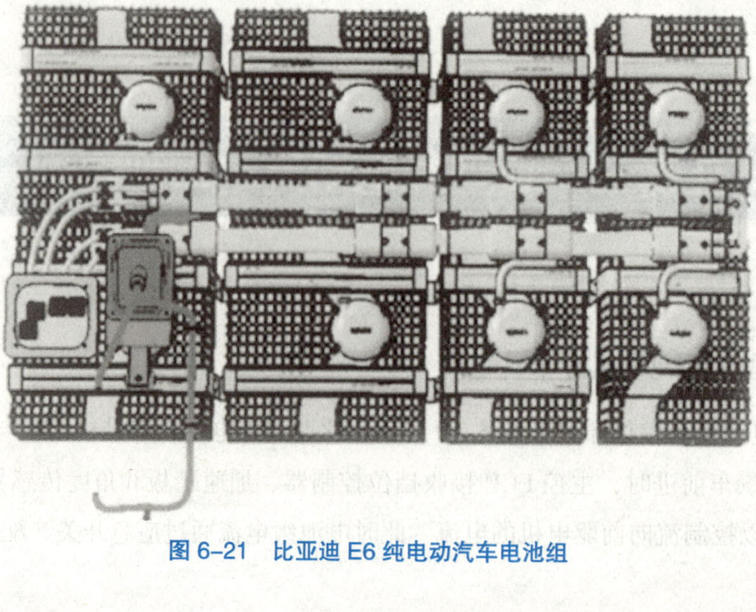
图 6-21　比亚迪 E6 纯电动汽车电池组

电池管理系统结构如图 6-22 所示，它包括多个处理模块：数据采集模块、SOC 估算模块、电气控制模块、安全管理模块、热管理模块、数据通信和显示模块等。BMS 动态监测动力电池组的工作状态，实时采集每块电池的端电压和温度、充放电电流及电池包总电压，估算出各电池的荷电状态 SOC、安全状态（state of health，SOH）和电化学状态（state of electrochemistry，SOE）。然后通过控制其他器件，防止电池产生过充电或过放电现象，同时能够及时给出电池状况，找出故障电池所在箱号内位号，挑选出有问题的电池，保持整组电池运行的可靠性和高效性。此外，BMS 还需要设定面向用户端的显示，将估算的剩余电量换算成可行驶里程，同时还需要有自动报警和故障诊断功能，方便驾驶人操作和处理。

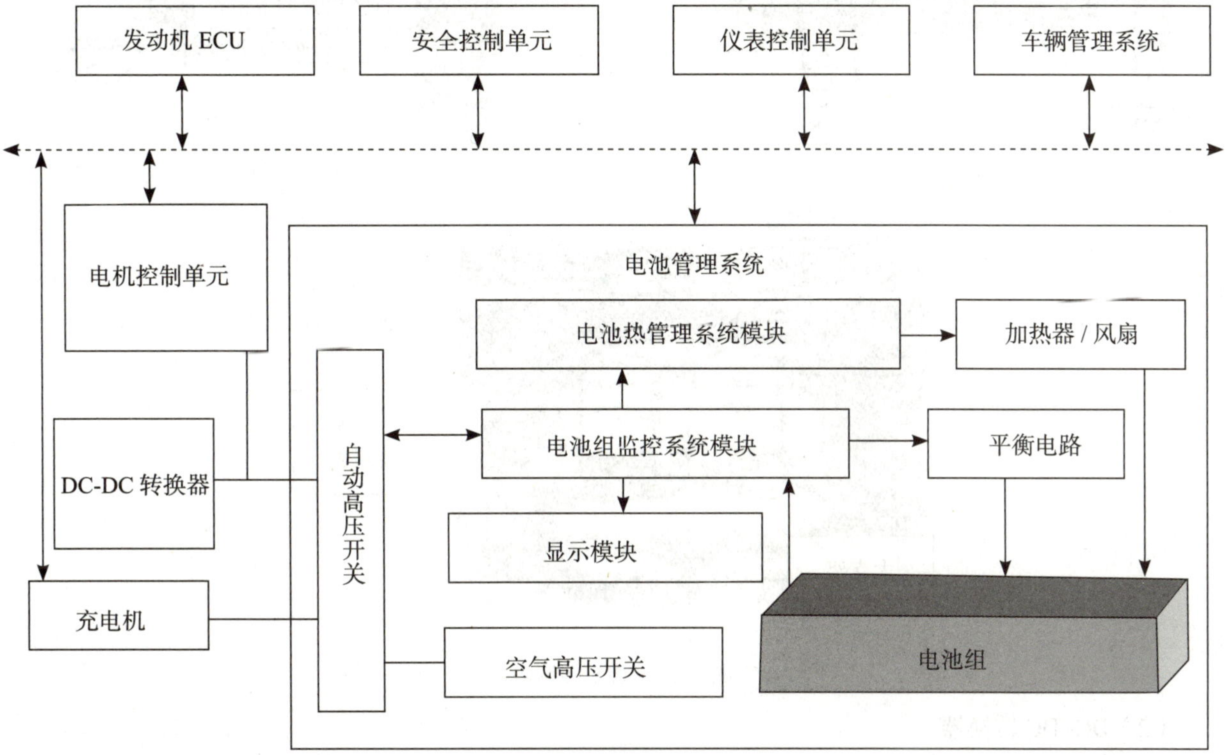

图 6-22　电池管理系统结构

BMS 的主要工作原理：数据采集电路首先采集电池状态信息数据；然后由电子控制单元 ECU 进行数据处理和分析；最后根据分析结果对系统内的相关功能模块和执行部件发出控制指令，并向外界传递信息。

比亚迪电动汽车电池管理系统置于发动机室上部，同时还有动力配电箱与其配合，通过配电箱对电池包体中巨大的能量进行控制，如图 6-23 所示。它相当于一个大型的电闸，通过继电器的吸合来控制电流通断，将电流进行分流。关键零部件为继电器，为了控制如此大的电流通过整车，需要几个继电器的并联工作。

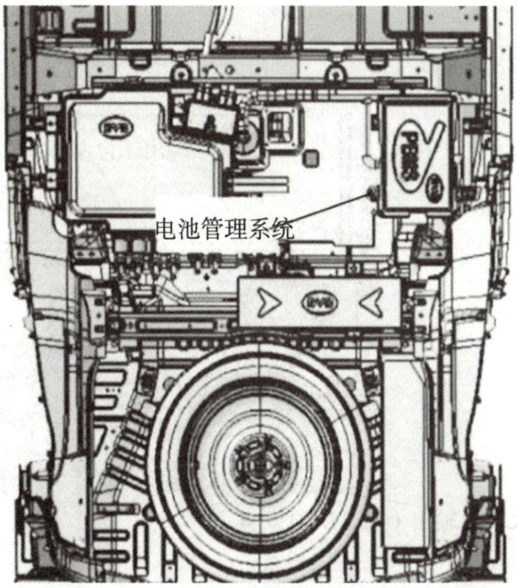

图 6-23　电池管理系统位置

2. 电动汽车的控制模块

（1）电机控制器

电机控制器负责控制电机的前进、倒退、维持电动车的正常运转，关键零部件为 IGBT。IGBT 实际为大电容，目的是为了控制电流的工作，保证能够按照我们的意愿输出合适的电流参数，如图 6-24 所示。

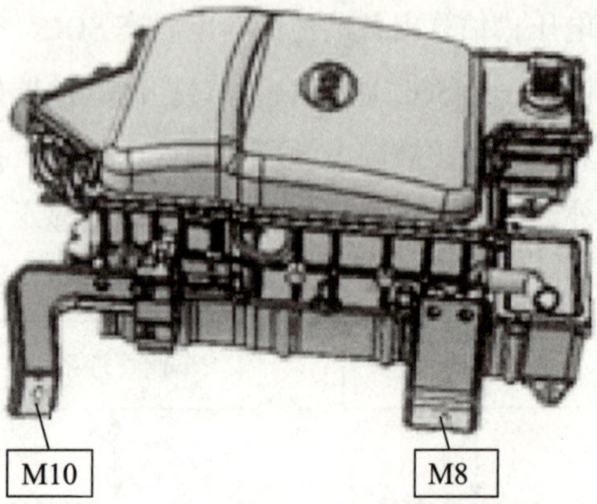

（a）

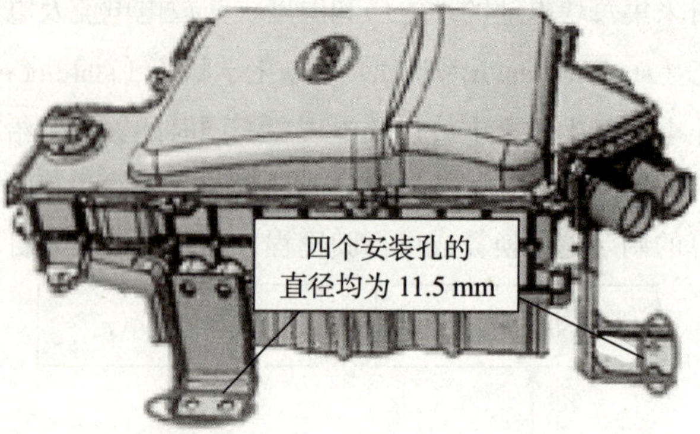

（b）

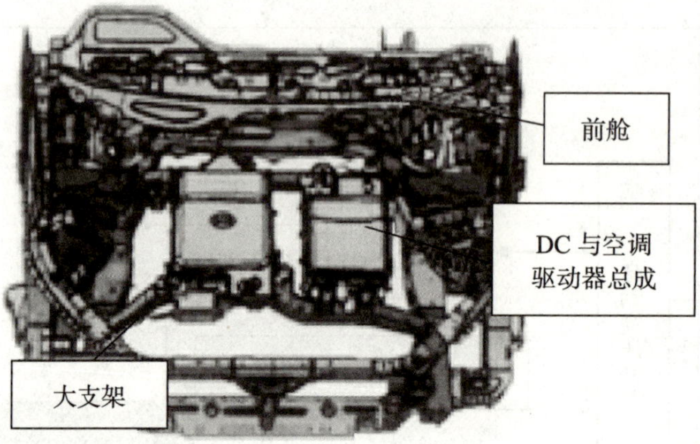

（c）

图 6-24　电机控制器

（2）DC-DC 转换器

DC-DC 转换器负责将 330 V 高压直流转低压提供给车载低压用电设备，如蓄电池、EPS 等，如图 6-25 所示。

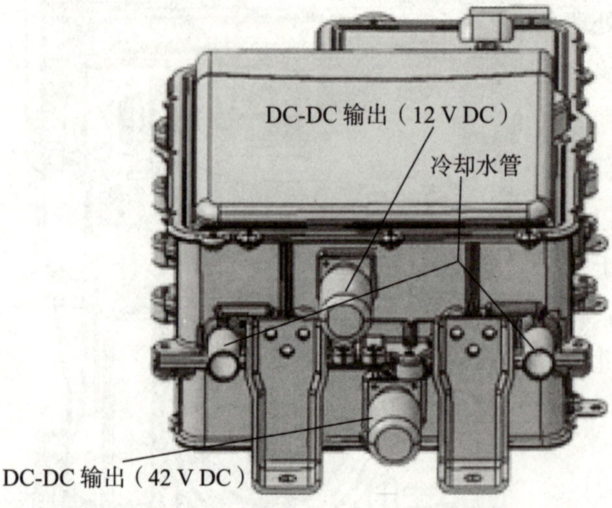

（a）

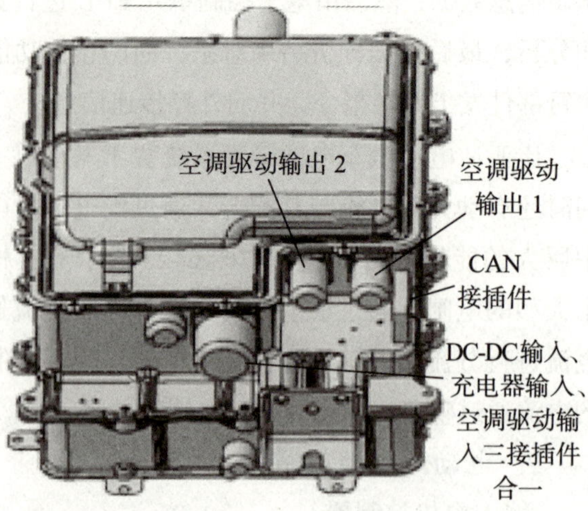

（d）

图 6-25　DC-DC 转换器

3. 电动汽车的动力电机

电机系统主要由驱动电机及其管理、控制装置组成，图 6–26 为比亚迪 E6 的驱动电机及其控制器。动力电机根据冷却形式分风冷和水冷，根据结构分为直流有刷电机和直流无刷电机以及交流电机。比亚迪 E6 现在使用的电机为交流无刷电机，通过采集电机旋变信号进行工作。

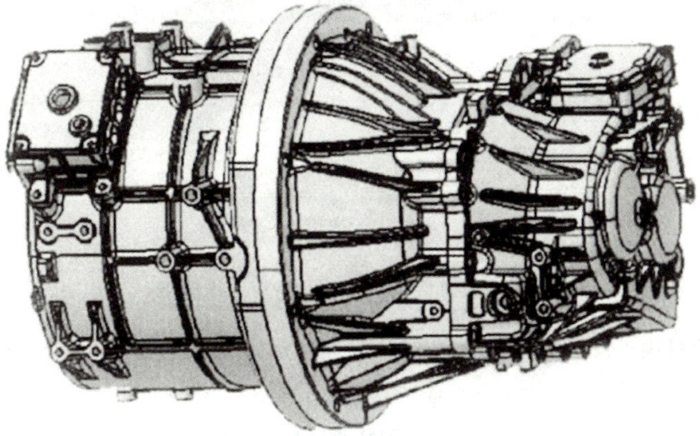

图 6–26　比亚迪 E6 的驱动电机及控制器

驱动电机是 EV 的唯一驱动装置，是 EV 的心脏，其重要性相当于传统汽车的内燃机。驱动电机有外转子式和内转子两大类。

外转子式采用低速外转子电机，如图 6–27 所示，电机的最高转速在 1 000 ～ 1 500 r/min，无减速装置，车轮的速度与电机相同。采用低速外转子电机，外转子就安装在车轮轮缘上，而且电机转速和车轮转速相等，因而就不需要减速装置。

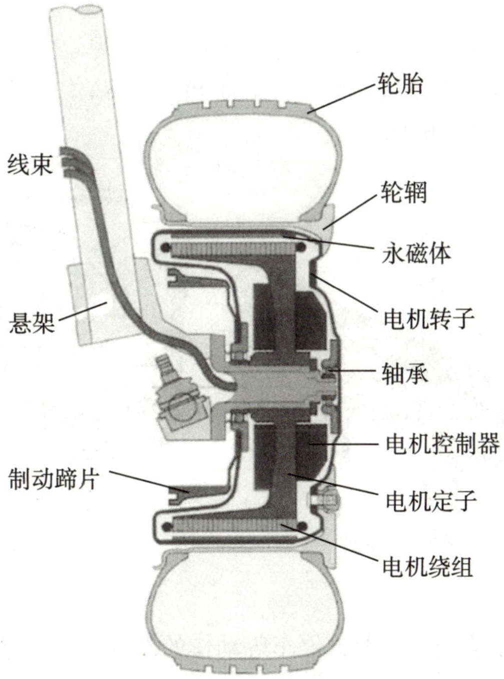

图 6–27　外转子式轮毂电机

内转子式如图 6–28 所示，采用高速内转子电机，配备固定传动比的行星减速器，也称轮边减速器。为获得较高的功率密度，电机的转速可高达 10 000 r/min。所选用的行星齿轮变速机构的速度比为 10 ∶ 1，而车轮的转速范围则为 0 ～ 1 000 r/min。随着更为紧凑的行星齿轮减速器的出现，内转子式轮毂电机在功率密度方面比低速外转子式更具竞争力。

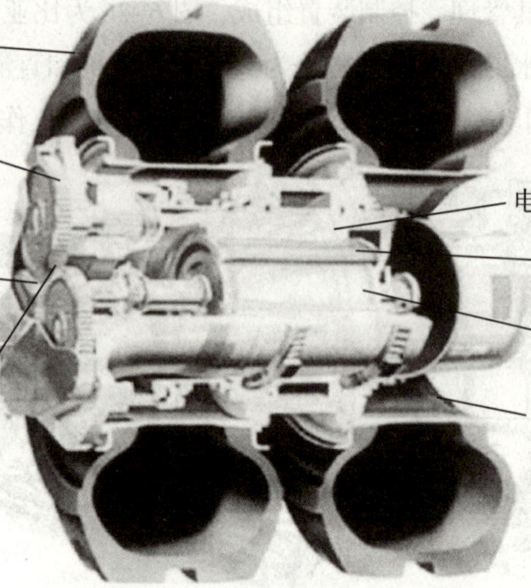

图 6–28　内转子式轮毂电机

4. 其他高压辅助设备

（1）车载慢充

车载慢充系统需要提升低压转高压的转化效率，如图 6–29 所示。需要注意的是使用家用插座为电动车充电时，也需要考虑插座及线路的承受能力，需要额定电流为 10 A 的单相 220 V 插座。如果采用一些伪劣产品的插座，也可能导致充电插座烧毁、线路烧熔等安全隐患。

（2）漏电保护器

通过将一端和负极相连，一端和车身连接，检测电流和电压值，一旦发现有超出限制的电流和电压，则报警并切断控制模块，保证蓄电池系统泄漏电流量不超过 2 mA（E6 车型）；整车绝缘电阻值应大于 100 Ω/V（E6 车型）。图 6–30 为漏电保护器。

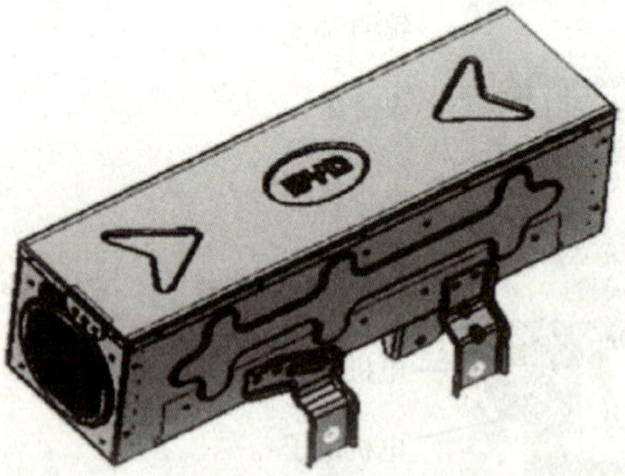

图 6–29　车载慢充系统

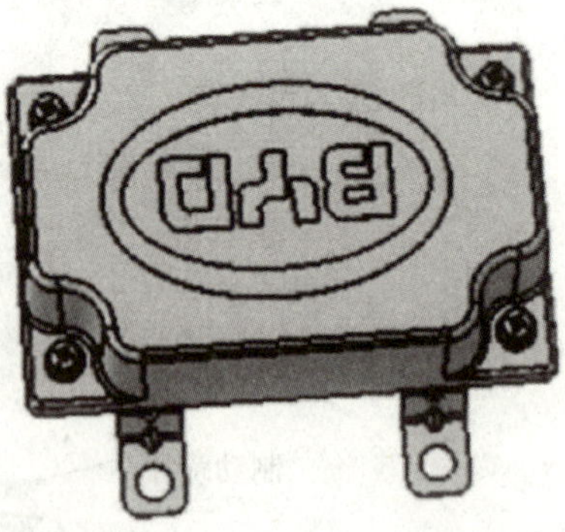

图 6–30　漏电保护器

（3）挡位控制器

挡位控制器用来控制电动车前进、后退、停车等动作的部件，由于电动车与传统燃油车的控制方式不同，故挡位控制类似自动挡，如图 6–31 所示。

（4）主控 ECU

主控 ECU 用来接受各高压监控系统发出的信号，并加以判断；控制冷却系统、制动系统、车速里程等，如图 6–32 所示。

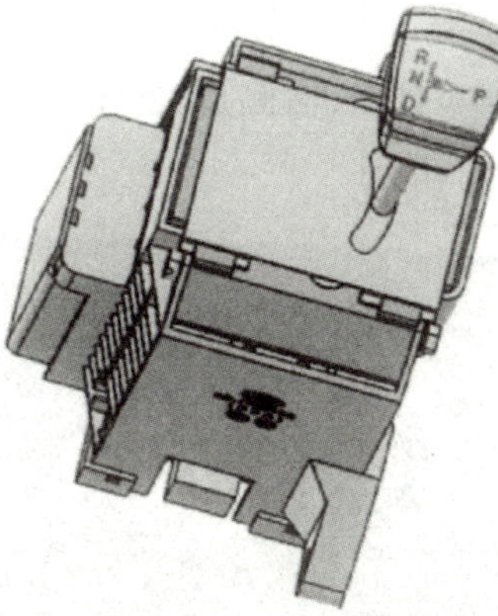

图 6–31 挡位控制器

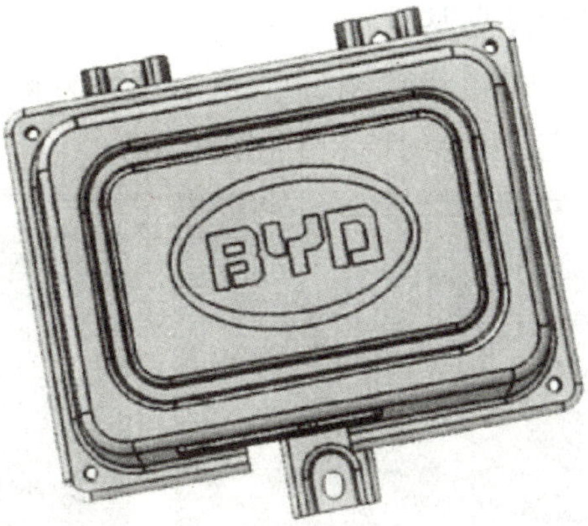

图 6–32 主控 ECU

（5）加速踏板

加速踏板是指通过改变电流大小控制电机转速，如图 6–33 所示。

（6）车载充电口

车载充电可分为快充和慢充，为了保证充电迅速高效，使用特定的充电口进行充电，如图 6–34 所示。充电时需要保证整车防水密封性要求，并且能够保证车载充电口能够承受瞬时大电流的充电过程。

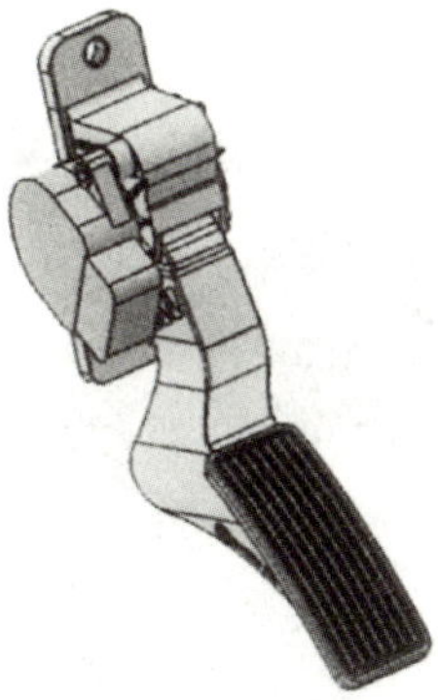

图 6–33 加速踏板

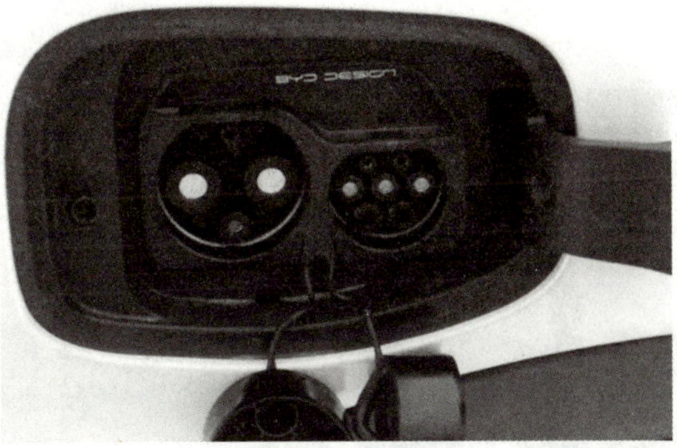

图 6–34 车载充电口

（7）应急开关

应急开关通常设计为人工操作的安全开关，一般设计在电池的正负极近端，保证通过人工操作应急开关能够在紧急情况下将电池电压封闭，如图 6–35 所示。

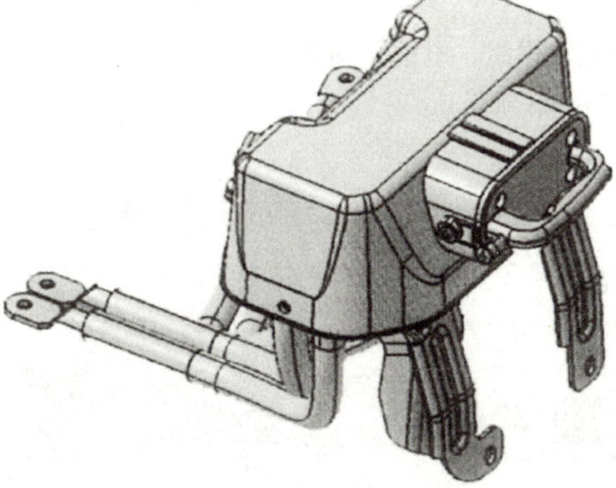

图 6–35 应急开关

5. 电动汽车的充电接口

比亚迪E6电动汽车电池充电接口在汽车侧面，左侧是380 V插口，右侧是220 V插口，如图6-36所示。充电时，仪表板会亮起相应的指示灯（图6-37）。

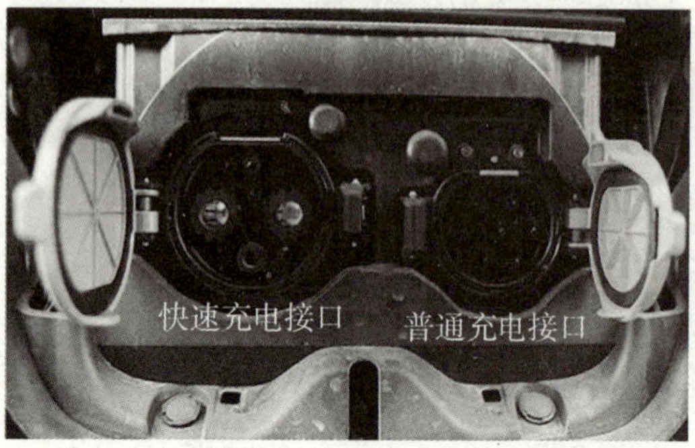

图 6-36 比亚迪 E6 电动汽车电池充电接口

图 6-37 比亚迪 E6 电动汽车充电指示灯

二、北汽新能源 EV160/200

1. 总体结构布局

北汽新能源 EV160/200 总体结构如图 6-38 所示。

1—驱动电机控制器；2—高压控制盒；3—DC/DC 变换器；4—车载充电机；
5—动力蓄电池系统；6—整车控制器（VCU）；7—驱动电机。

图 6-38 北汽新能源 EV160/200 总体结构

2. 动力电池系统的结构

动力电池系统主要由动力电池模组、电池管理系统、动力电池箱及辅助元器件等四部分组成，如图6-39所示，电池管理系统如图6-40所示。

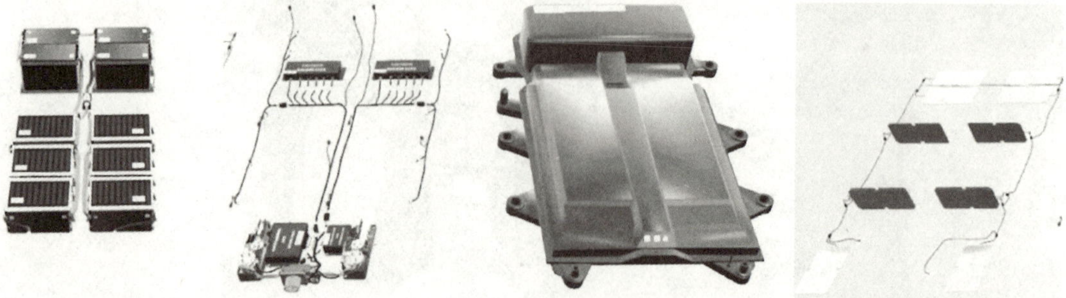

（a） （b） （c） （d）

图 6-39 EV160/200 纯电动汽车动力电池系统 3D 拆解图

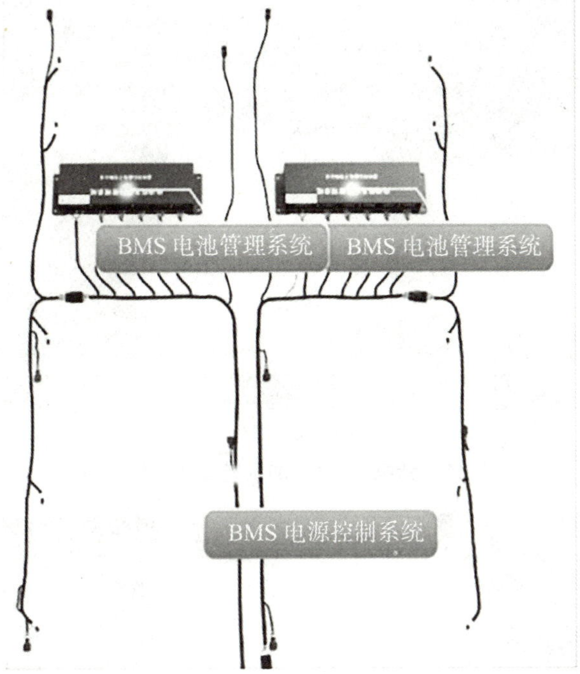

（a）

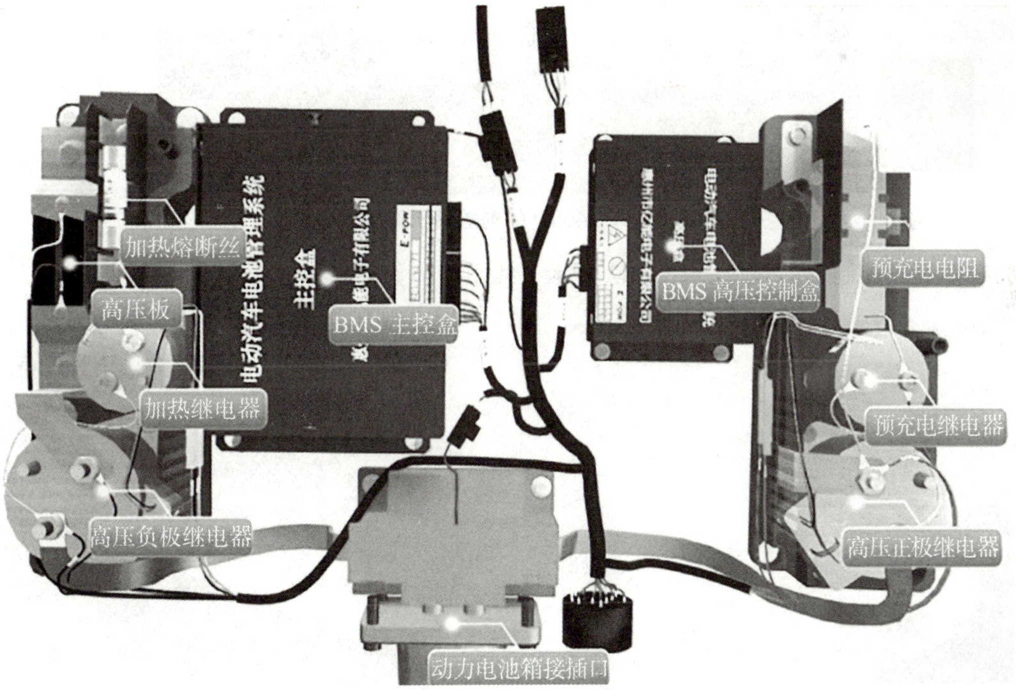

（b）

图 6–40　北汽 EV160/200 电池管理系统

3. 高压部件

新能源汽车的高压部件的发展趋势越来越集成化，例如，新款的 EV160 将车载充电机、高压控制盒和 DC/DC 变换器等集成一体，称为动力分配单元（power distributor unit，PDU）。图 6–41 为新款北汽 EV160 的前舱高压部件分布图；将车载充电机、高压控制盒、DC/DC 和电控控制器集成一体，称为 PEU，图 6–42 为 EU400D 的前舱高压部件分布图。

1—电机控制器；2—动力分配单元；3—辅助蓄电池。

图 6-41　新款 EV160 的前舱高压部件分布图

图 6-42　EU400D 的前舱高压部件分布图

EV160/200 高压控制盒的外观如图 6-43 所示，线束接口如图 6-44 所示。

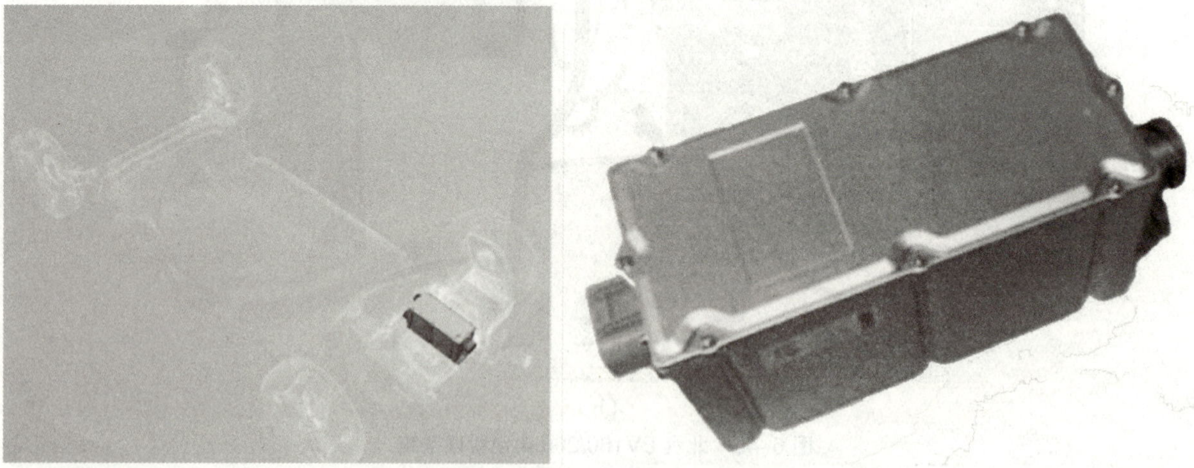

（a）　　　　　　　　（b）

图 6-43　高压控制盒的外观

(a)　(b)

1—快充插件接口；2—低压控制插件接口；3—高压附件插件接口；4—动力蓄电池插件接口；5—电机控制器插件接口。

图 6–44　高压控制盒线束接口

北汽 EV160/200 高压控制盒的接口定义如图 6–45 和图 6–46 所示。

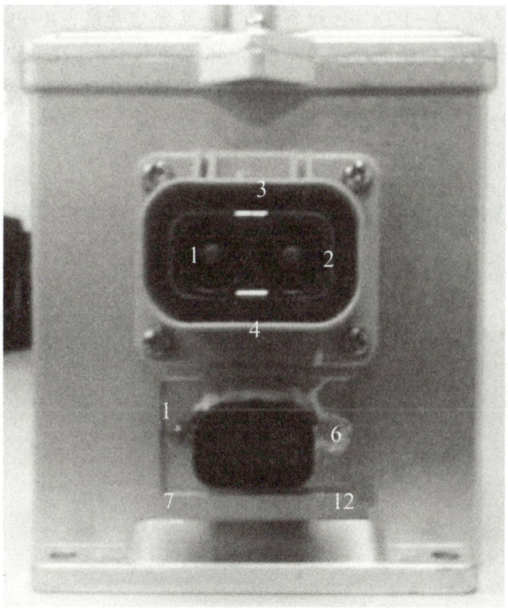

北汽 EV160/200 高压控制盒接快充插件接口定义（图 6–45 上部分）：1—电源负极，2—电源正极，3—互锁信号线，4—互锁信号（到盒盖开关）。

北汽 EV160/200 高压控制盒接低压控制端插件接口定义（图 6–45 下部分第一行从左到右依次为 1–6，第二行从左到右依次为 7–12）：1—快充继电器线圈（正极），2—快充负继电器线圈（控制端），3—快充正继电器线圈（控制端），4—空调继电器线圈（正极），5—空调继电器线圈（控制端），6—PTC 控制器 GND，7—PTC 控制 CANL，8—PTC 控制 CANH，9—PTC 温度传感器负极，10—PTC 温度传感器正极，11—互锁信号；12—缺省。

图 6–45　快充插件接口和低压控制端插件接口定义

北汽 EV160/200 高压控制盒接高压附件插件接口定义（图 6-46 左上接口）：A—DC/DC 电源正极，B—PTC 电源正极，C—压缩机电源正极，D—PTC-A 组负极，E—充电器电源正极，F—充电器电源负极，G—DC/DC 电源负极，H—压缩机电源负极，J—PTC-B 组负极，L—互锁信号线，K—空引脚。

北汽 EV160/200 高压控制盒接动力蓄电池插件接口定义（图 6-46 左下接口）：A—电源负极，B—电源正极，C—互锁信号线，D—互锁信号线。

北汽 EV160/200 高压控制盒接电机控制器插件接口定义（图 6-46 右上接口）：A—电源负极，B—电源正极，C—互锁信号线，D—互锁信号线。

图 6-46　高压附件插件接口、动力蓄电池插件接口和电机控制器插件接口定义

北汽 EV160/200 高压控制盒互锁接线如图 6-47 所示。

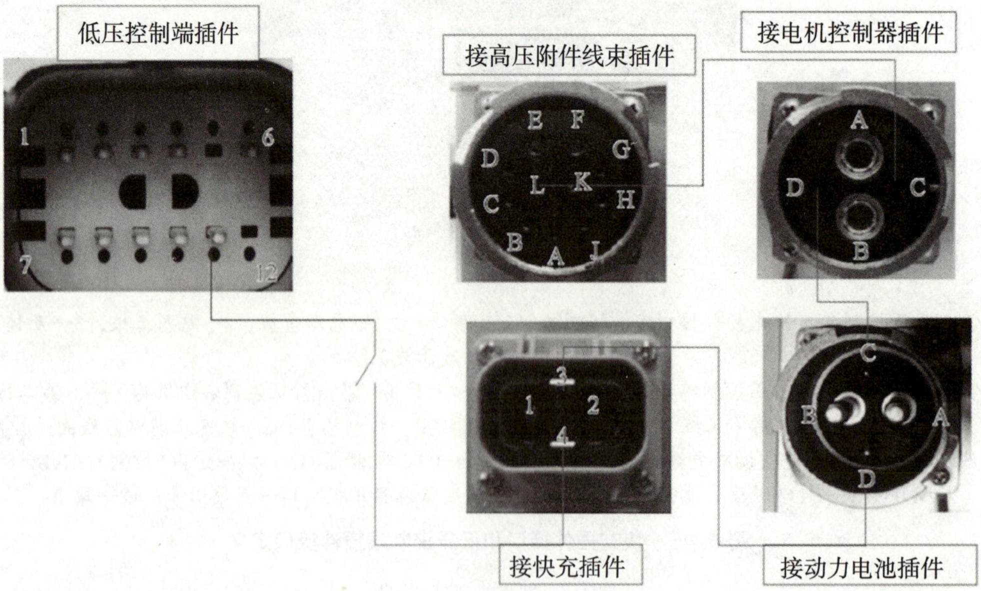

图 6-47　高压控制盒互锁接线

北汽 EV160/200 高压控制盒的内部结构如图 6-48 和图 6-49 所示。

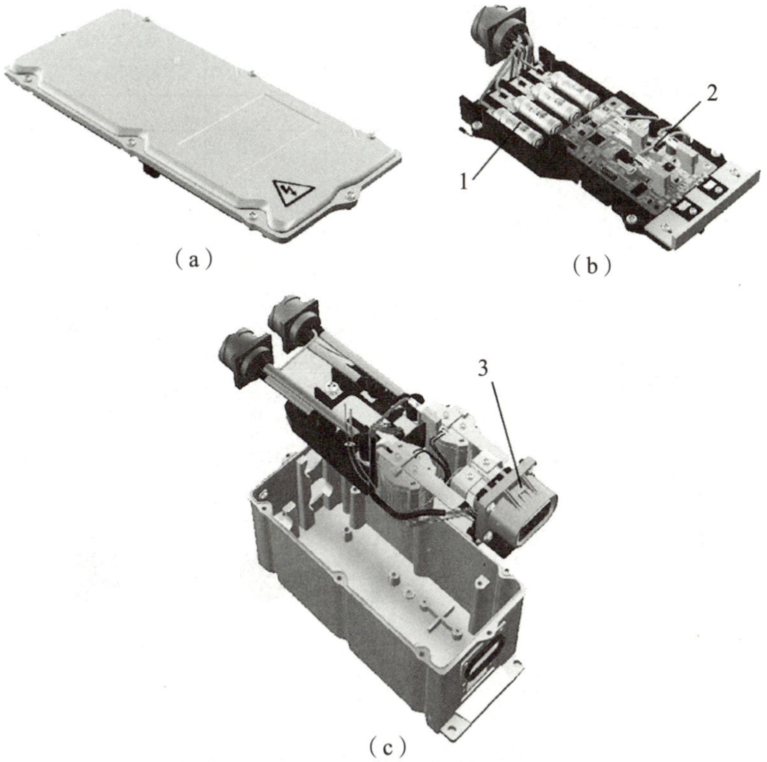

1—四个熔断器；2—PTC 控制器；3—快充接触器（继电器）。

图 6-48　高压控制盒的内部结构（1）

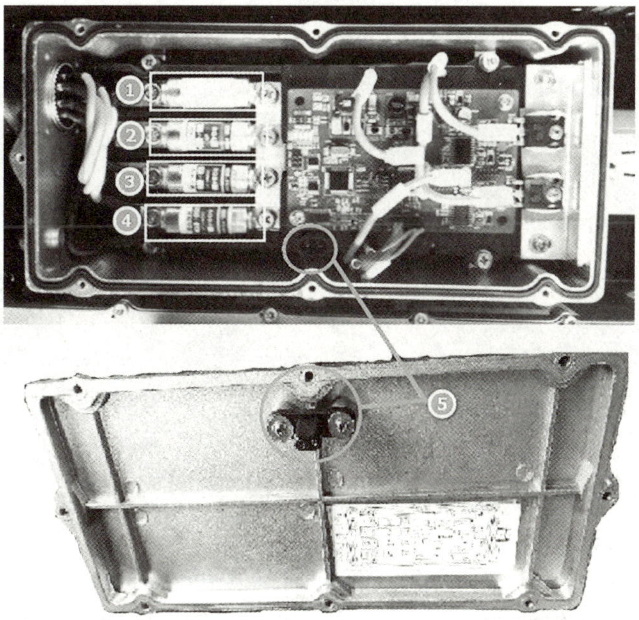

1—PTC 熔断器；2—空调压缩机熔断器；3—DC/DC 熔断器；4—车载充电器熔断器；5—开盖保护。

图 6-49　高压控制盒的内部结构（2）

EV160/200 高压控制盒的电路如图 6–50 所示。

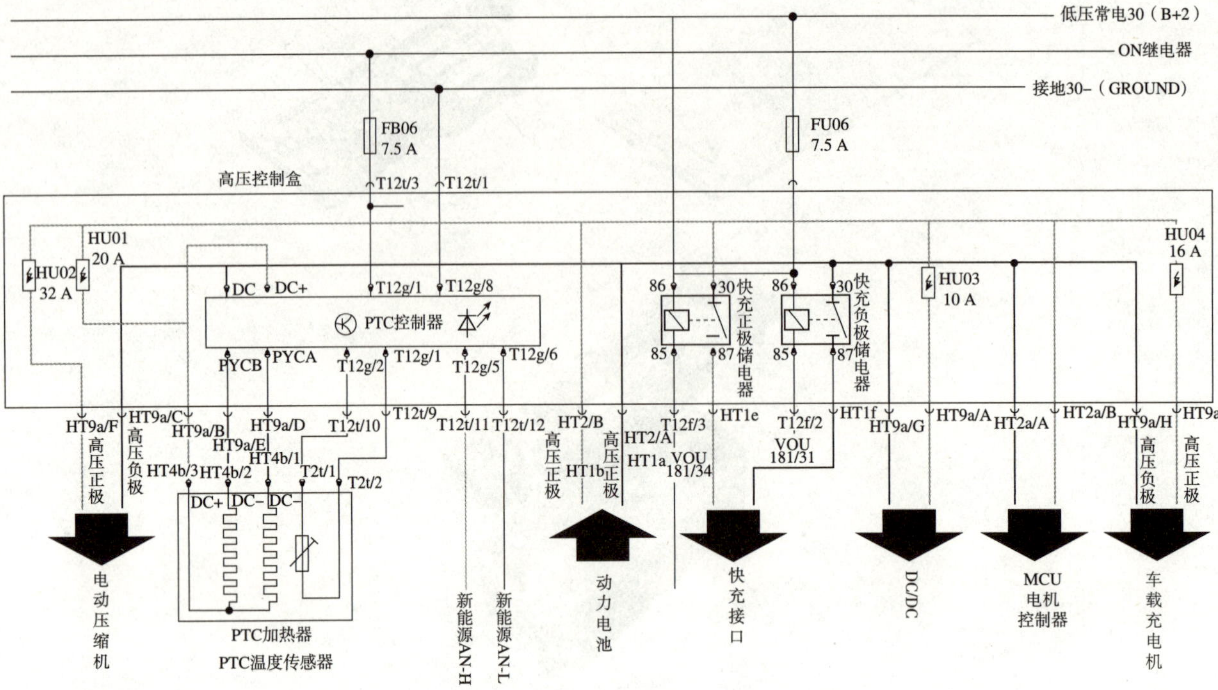

图 6–50　EV160/200 高压控制盒的电路

三、EV160/200 DC/DC

EV160/200 DC/DC 的位置和结构如图 6–51 所示。

（a）　（b）

图 6–51　DC/DC 的位置和结构

EV160/200 DC/DC 的线路连接如图 6–52 所示。

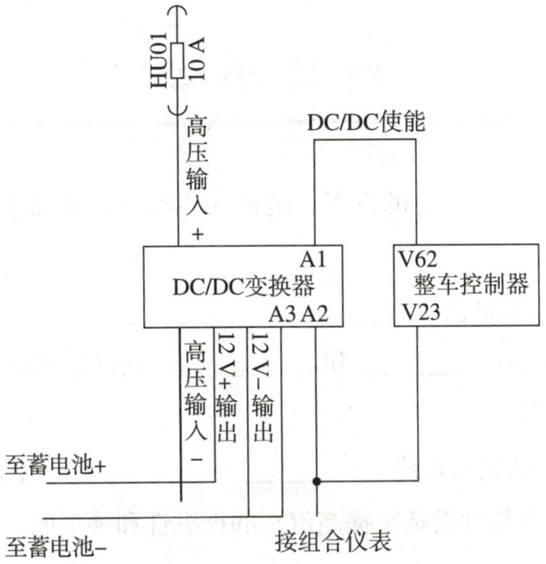

图 6–52 EV160/200 DC/DC 的线路连接

EV160/200 DC/DC 的端子定义如图 6–53 所示。

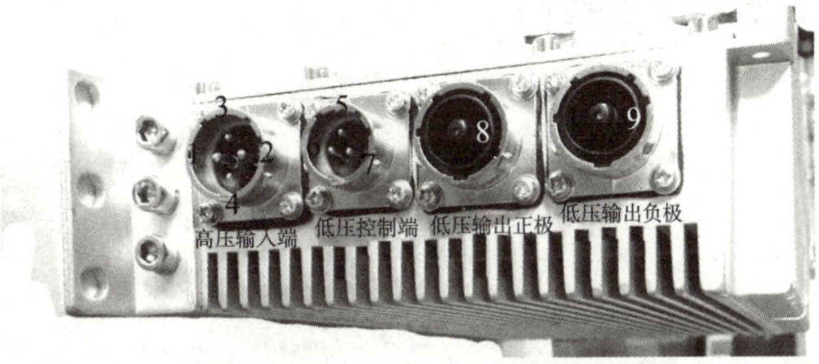

1—高压输入端，电源正极；2—高压输入端，电源负极；3，4—高压互锁短接端子；5—低压控制端，控制电路电源正兼使能（直流 12 V 启动，0～1 V 关机）；6—电源状态信号输出（故障线，故障为 12 V 高电平；正常为低电平）；7—控制电路电源；8—低压输出正极；9—低压输出负极。

图 6–53 EV160/200 DC/DC 的端子定义

EV160/200 的仪表功能显示如图 6–54 所示。

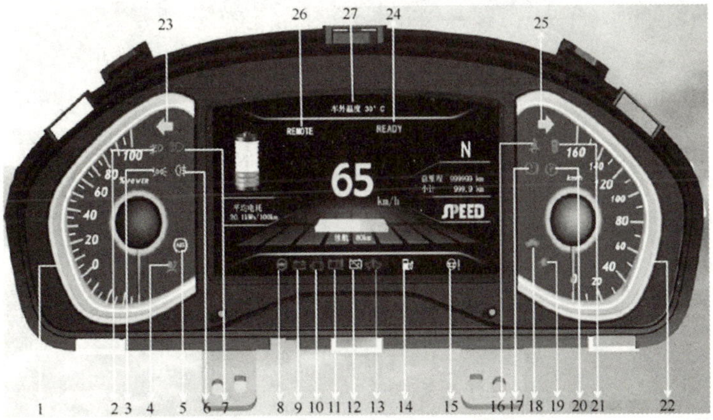

1—驱动电机功率表；2—前雾灯；3—示廓灯；4—安全气囊指示灯；5—ABS 指示灯；6—后雾灯；7—远光灯；8—跛行指示灯；9—蓄电池故障指示灯；10—电机及控制器过热指示灯；11—动力电池故障指示灯；12—动力电池断开指示灯；13—系统故障灯；14—充电提醒灯；15—EPS 故障指示灯；16—安全带未系指示灯；17—制动故障指示灯；18—防盗指示灯；19—充电线连接指示灯；20—手刹指示灯；21—门开指示灯；22—车速表；23，25—左 / 右转向指示灯；24—READY 指示灯；26—REMOTE 指示灯；27—室外温度提示。

图 6–54 EV160/200 的仪表功能显示

项 目 小 练

一、填空题

1．纯电动汽车是指由__________的汽车，电机的驱动电能来源于__________或其他能量储存装置。

2．典型纯电动汽车组成主要包括__________、__________、整车控制器和__________等。

3．驱动电机系统主要包括__________和__________，电机控制器是按整车控制器的指令、驱动电机的转速和__________等。

4．辅助系统包括车载信息显示系统、__________、__________、空调、__________及除霜装置、刮水器和收音机等，借助这些辅助设备来提高汽车的操纵性和乘员的__________。

二、简答题

1．纯电动汽车与内燃机汽车相比，具有哪些优点？

2．电动汽车的主要驱动方式有哪些？

项目七 混合动力汽车的结构原理

学习目标

知识目标

◆了解混合动气汽车的特点。

◆了解混合动力汽车的基本特征。

◆熟悉混合动力汽车的发动机总成。

能力目标

◆能够简述混合动力汽车的基本结构。

◆能够简述混合动力汽车的结构组成。

素质目标

◆清楚自己的时代使命，树立职业荣誉感。

◆立足现实，练就过硬本领，用技能成就梦想。

思政目标

能够掌握进入社会生活的专业技能或必要本领，全面提高素质能力，为步入工作岗位奠定坚定的基础。

项目引入

随着全球汽车工业的迅猛发展、石油资源供应的日趋紧张，世界各国致力于新型环保节能汽车的开发，从而能够寻找到代用燃料，或者是使燃油的消耗量得以有效降低。人们对混合动力汽车的关注度也越来越高，因为其低油耗、低排放、高性价比的优势。混合动力汽车将存在一个较长的历史时期，并且在 21 世纪的运载车辆中占有重要的地位。

任务工单

【任务实施】

1．学生分组进行资料的收搜整理，并对收搜到的资料进行讨论。

问题 1：什么是混合动力电动汽车？

____

____

问题 2：混合动力电动汽车由哪些部分组成？

____

____

2．按照实际操作过程，将操作内容及实施过程中遇到的问题或解决方法记录在表 7–1 中。

表 7–1　任务实施过程记录表

序号	操作内容	遇到的问题	解决方法
1			
2			
3			
4			

【任务评价】

学生展示任务实施的成果，并协同老师完成表 7–2 所示的任务评价表。

表 7–2　任务评价表

评价项目	评价内容	分值 / 分	评价分值 / 分		
			自评	互评	师评
职业素养考核项目	考勤、仪容仪表	10			
	团队交流与合作意识	10			
	创新意识、纪律意识	10			
专业能力考核项目	积极参与教学活动并正确理解任务要求	10			
	认真搜集并积极讨论相关资料	10			
	任务实施过程记录表的完成度	10			
	对混合动力电动汽车结构的了解程度	20			
	对混合动力电动汽车类型的了解程度	20			
合计：综合分数________		100			
综合评价：					
备注：					

任务一　混合动力汽车概述

混合动力电动汽车概述

一、混合动力汽车的定义及特点

（一）混合动力汽车的基本概念

混合动力汽车（hybrid electric vehicle，HEV），是指携带不同动力源。且汽车在不同的动力源使用方面可以根据其具体行驶情况来进行选择。动力传动系统体现了传统汽车与混合动力汽车的最大差别，一般动力源和能量储存系统至少要有两个，这是必须要满足的。

混合动力汽车是一种特别的车型，介于内燃机汽车和电动汽车之间，它是一种内燃机汽车向 EV 过渡型的车辆，同时也是一种“独立”型车辆。

混合动力汽车是采用传统内燃机（汽油机、柴油机）和电机作为动力源而设计的车辆。通过在混合动力汽车上使用电机，使得动力系统可以按照整车的实际工况要求灵活调控，而发动机保持在综合性能最佳的区域内工作。这样通过热能和电力两套系统开动的汽车，从而达到节省燃油和降低排气污染的目的，以求得最终解除能源危机和净化环境的目的（也有的发动机经过改造使用压缩天然气、丙烷和乙醇燃料等为替代品的燃料发动机）。图 7–1 为比亚迪秦混合动力新能源汽车。

图 7–1　比亚迪秦混合动力新能源汽车

混合动力汽车使用汽油驱动和电力驱动两种驱动方式，优点在于车辆启动、停止时，只靠发电机带动，不达到一定速度时，发动机就不工作。因此，便能使发动机一直保持在最佳工况状态，动力性好，排放量低，而且电能的来源都是发动机，只需加油即可，如图 7–2 所示，比亚迪秦自带一套充电设备，一头插入车尾部，另一头即可插入普通家用 220 V 电源插座即可。

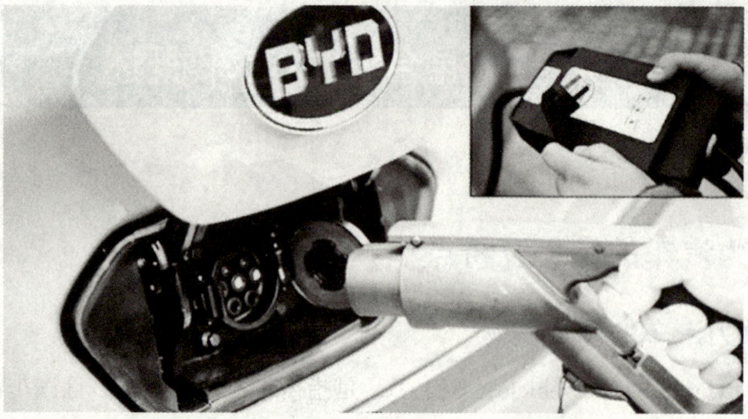

图 7-2　比亚迪秦的充电设备及充电插孔

混合动力汽车的关键是混合动力系统，它的性能直接关系到混合动力汽车整体性能。经过多年的发展，混合动力系统总成已从原来的发动机与电机分离的结构，向发动机电机和变速箱一体化结构设计发展，即集成化混合动力总成系统。

混合动力汽车是传统内燃机汽车的替代和延伸，并继承和沿用了大部分内燃机汽车的传动系统，如保留了内燃机汽车的操纵装置；包括发动机控制装置的加速踏板、制动踏板、离合器或自动离合器、变速器总成的操纵装置等。由这些操纵装置发出控制信号，通过中央控制器和各种控制模块，向内燃机的驱动系统或电机驱动系统发出单独驱动指令或混合驱动指令，来获得不同的驱动模式。按照驾驶人的意图，实现混合动力汽车的启动、行驶、加速、爬坡、减速、倒车和制动时驱动模式转换的控制。

（二）混合动力汽车的特点

驾驶混合动力汽车的驾驶员，要充分地发挥混合动力汽车的混合动力才能发挥混合动力汽车的优势。混合动力是指在汽车启动以及低挡运转时，不使用内燃机，而使用电机驱动汽车。当车速行驶至时速 30 km/h 以上，切换至内燃机驱动，这样就可以达到节省燃料的目的。因为，内燃机在低转速的时候工作，产生的扭矩效率最低；也就是说汽车在刚启动，三挡之前或时速 30 km/h 之前，输出的扭矩效率最低，而耗油高，燃烧不充分。

1. 混合动力汽车的优点

① 和传统汽油车一样要到加油站加燃油，不用改变汽车的使用习惯；政府和企业推广这种产品也无需投资新建充电装置或加气站，利用内燃机即可充电。

② 动力性能优于同排量的单纯内燃机汽车，特别是在起步加速时，混合动力汽车的电机，可以有效地弥补内燃机低转速扭矩驱动力不足的弱点。

③ 混合动力汽车的电机驱动，可以减少驾驶舱内的机械噪声。

④ 以比亚迪秦这款车为例，与同等排量的普通汽车相比，一般百公里油耗约 5 L，大大少于目前普通汽车的油耗。专家认为，如果混合动力匹配得好，可以节省燃油 50% 以上。

⑤ 尾气排放下降 80%。由于在时速低于 50 km 或怠速状态下，电脑会自动辨识路况后，使发动机停止工作，大大减少汽车尾气的排放。

2. 混合动力汽车的缺点

① 电机和内燃机，两套动力系统的造价远比一套动力系统的成本要高。

② 因为混合动力汽车燃油消耗上的优势，主要依靠车辆运动的势能积蓄电力节能。这样一来，一

台汽车配有内燃机和电机，这样的两台动力引擎，同时还有一个大容量的蓄电池组。当汽车减速或制动点刹时，电机反挂在齿轮上，制动力反转带动齿轮转动进行发电，以供低挡启动时用电。换句话说，混合动力汽车在行驶中越是频繁制动减速或频繁地起步停车，就会相对更为节能。而如果处于长时间匀速行驶，其节能效果就会相应降低。

根据我国现在的交通道路状况和城市的车流量状况分析，混合动力车特别适合大城市。因为交通普遍拥堵、汽车频繁制动，这样可以使节能治污的效果可以发挥到极致。

二、混合动力汽车基本特征

与传统汽车相比较，混合动力汽车在有些系统或部件上根据混合动力汽车运行需要，做了改进或升级。主要表现在：混合动力汽车采用 DC/DC 转换器来替代原有 12 V 发电机；采用电动驱动压缩机来替代皮带驱动压缩机；以及有的车辆采用 PTC 电加热来实现空调的暖风功能。

与传统内燃机汽车相比，混合动力汽车在以下三个方面做出了升级提高。

1. 内燃机的升级变化

混合动力汽车的内燃机排量较小，同时由于大多数混合动力汽车取消了 12 V 发电机、曲轴皮带驱动压缩机等部件。因此会简化辅助装置的皮带传动机构，主要的表现是不再需要通过曲轴皮带来驱动压缩机和 12 V 发电机了。混合动力汽车通常采用电动空调压缩机或电子水泵，在曲轴上的皮带轮仍会保留，仅作为减振器用。丰田普锐斯内燃机曲轴皮带驱动部件明显减少了，仅保留一个发动机水泵和惰轮。

此外，对于一些插电式混合动力汽车，由于内燃机可能很少运行，因此还设计有独立的封闭式燃油炭罐系统，利用很大的炭罐来吸收燃油箱内的蒸发燃油气体。当需要继续添加燃油时，混合动力控制系统会首先释放系统封闭的燃油蒸汽压力，然后才执行燃油箱盖的打开和允许添加燃油指令。图 7–3 为通用沃蓝达混合动力汽车上的一个大炭罐。

图 7–3　沃蓝达插电混合动力燃油炭罐

2. 转向系统的升级变化

由于混合动力汽车的内燃机可能偶尔会停止运转，因此内燃机将不能正确驱动一个液压转向助力系统的液压泵。目前，几乎所有的混合动力汽车上都使用了电机械式转向系统，如图 7–4 所示。该系统的电机直接从车辆电源系统获取电能，无论内燃机是否运转，电机均能提供转向助力。

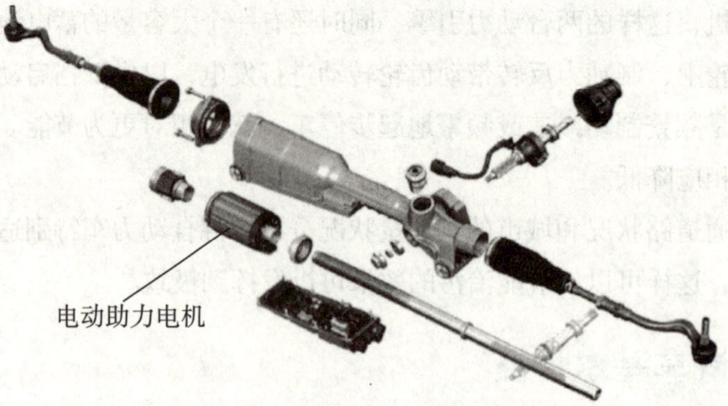

图 7–4　电机械式转向系统

3. 制动系统的升级变化

混合动力汽车通常会设计有电动真空泵（图 7–5），无论内燃机是否关闭，该电动真空泵均能为带有真空制动助力器的制动系统提供足够的真空，保证了混合动力汽车的制动安全。

有些混合动力汽车不再设计有真空助力系统的制动系统，改用电控液压制动系统。该系统的特点是驾驶员踩下制动踏板不再是直接将机械力传递到制动主缸，而制动踏板是一个传感器，传感器将信号先传递给制动系统模块。该模块根据制动需求，驱动液压制动系统的制动压力实现制动。普锐斯液压制动主缸结构示意图如图 7–6 所示，该系统的最大优点是可以无缝配合混合动力的制动能量回收控制。

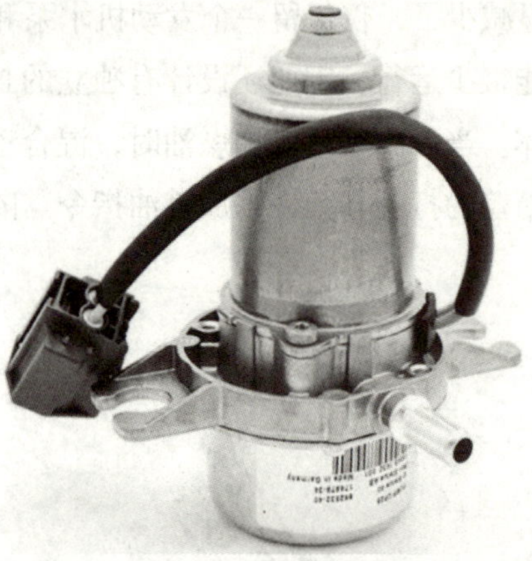

图 7–5　混合动力汽车电动真空泵

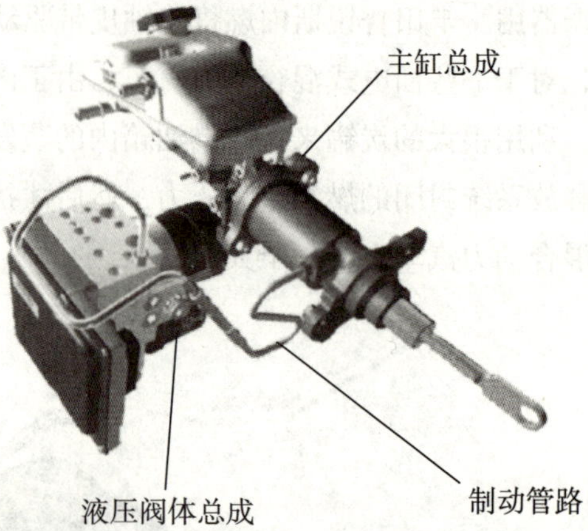

图 7–6　普锐斯液压制动主缸结构示意图

三、混合动力汽车的基本结构

混合动力汽车的结构较为复杂，它具有传统汽车与纯电动汽车的双重部件。混合动力汽车配置有内燃机、动力电池、动力驱动单元、DC/DC 转换器，如图 7–7 所示。如果是插电式混合动力汽车还配置有车载充电器等。

图 7–7　混合动力汽车基本结构

由于动力电池、DC/DC 转换器等部件与纯电动汽车在结构原理上并无区别。但是动力驱动单元的设计却是混合动力汽车的中心，也是车辆混合动力驱动形式的反映，还是一辆混合动力汽车技术性能的重要表现。

在混合动力的车型中，中度、重度混合动力，其内部在传统内燃汽车基础上主要增加有高压动力电池组和改进的变速驱动单元，并为特定车辆需求增加一些其他附属部件。

四、混合动力电动汽车的类型

《混合动力电动汽车类型》（QC/T 837—2010）对于混合动力电动汽车的类型进行了严格划分，具体内容如下。

1. 按照动力系统结构形式划分

（1）串联式混合动力电动汽车

车辆行驶系统的驱动力只来源于电机的混合动力电动汽车，如图 7-8 所示。串联式混合动力电动汽车结构特点是发动机带动发电机发电，电能通过电机控制器输送给电机，由电机驱动车辆行驶。另外，动力蓄电池可以单独向电机提供电能驱动车辆行驶。

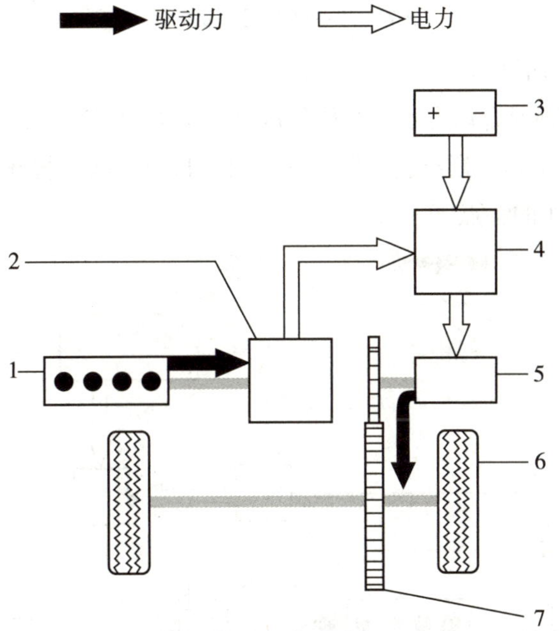

1—发动机；2—发电机；3—动力蓄电池；4—变压器；5—电机；6—驱动轮；7—减速器。

图 7-8　串联式混合动力系统

（2）并联式混合动力电动汽车

车辆行驶系统的驱动力由电机及发动机同时或单独供给的混合动力电动汽车，如图 7-9 所示。并联式混合动力电动汽车结构特点是并联式驱动系统可以单独使用发动机或电机作为动力源，也可以同时使用电机和发动机作为动力源驱动车辆行驶。

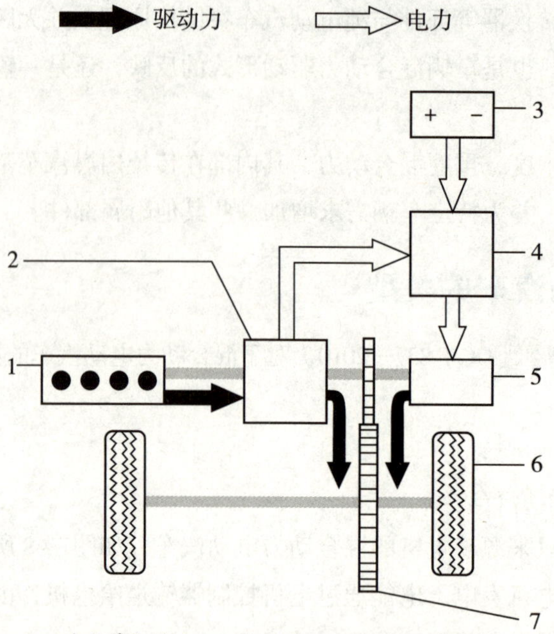

1—发动机；2—变速器；3—动力蓄电池；4—变压器；5—电机/发电机；6—驱动轮；7—减速器。

图 7-9　并联式混合动力系统

（3）混联式混合动力电动汽车

具备串联式和并联式两种混合动力系统结构的混合动力电动汽车，如图 7-10 所示。混联式混合动力电动汽车结构特点是既可以在串联混合模式下工作，也可以在并联混合模式下工作，同时兼顾了串联式和并联式混合动力电动汽车的特点。

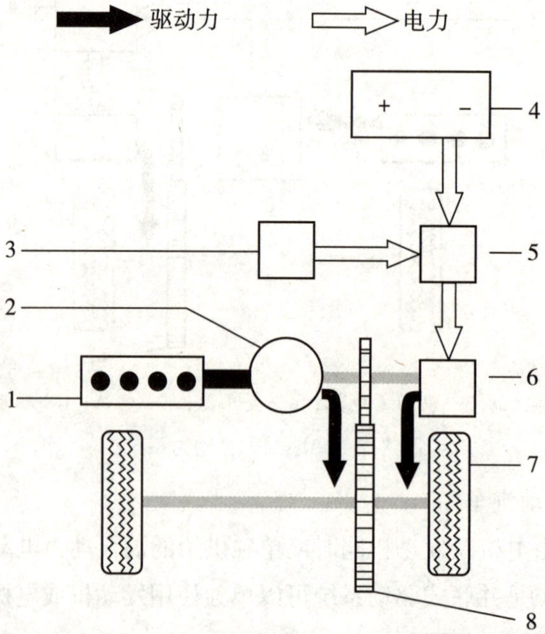

1—发动机；2—动力分离装置；3—发电机；4—动力蓄电池；5—变压器；6—电机；7—驱动轮；8—减速器。

图 7-10　混联式混合动力系统

三种不同动力系统结构的混合动车电动车综合对比如表 7-3 所示。

表 7-3　三种不同动力系统结构的混合动车电动车综合对比

结构模式		串联式	并联式	混联式
动力总成		发动机、发电机、驱动电机三大部件总成	发动机、电机 / 发电机两大部件	发动机、电机 / 发电机、驱动电机三大部件
发动机	选择范围	发动机的选择有多种样式	发动机一般为传统内燃机	发动机的选择有多种形式
	发动机功率	发动机功率较大	发动机功率较小	发动机功率较小
	发动机的排放	发动机工作稳定，排气较好	发动机工况变化大、排气较差	发动机排放介于串联与并联之间
传动系统	驱动模式	电机是唯一的驱动动力	发动机、电机都是驱动动力	发动机、电机都是驱动动力
	传动效率	能量转换效率低	发动机传动系统传动效率较高	发动机传动系统传动效率较高
	制动能量回收	能够实现制动能量回收	按结构不同，其中有个别不能回收制动能量	能够实现制动能量回收
整车总布置		三大部件总成之间没有机械连接装置，结构布置的自由度大，但为保证整车动力性要求，各总成功率较大，质量较大	发动机驱动系统保持机械式传动系统，发动机和电机两大动力总成之间被不同的机械装置连接起来，结构复杂，使布置受到一定限制	三大动力总成之间采用机械式传动系统，三大动力总成的质量、尺寸都较小，能够在小型车辆上布置，但结构更加复杂，要求布置更加紧凑
适用条件		适用于大型客车或货车，更加适应在路况较复杂的城市道路和普通公路上行驶	适用于小型汽车，更加适应在城市道路和高速公路上行	适用于各种类型的汽车，适应在各种道路上行驶，性能更加接近普通的内燃机汽车
成本造价		三大动力总成的功率较大，质量较大，因此制造成本较高	只有两大动力总成，功率均较小，质量较小，电机 / 发电机具有双重功能，还可以通过普通内燃机汽车改造而成，制造成本较低	虽然有三大动力总成，但三大动力总成的功率较小，质量较小，需要采用复杂的控制系统，制造成本较高

2. 按照混合度划分

（1）微混合型混合动力电动汽车

以发动机为主要动力源，电机作为辅助动力，具备制动能量回收功能的混合动力电动汽车；电机的峰值功率和总功率的比值小于 10%。仅具有停车怠速停机功能的汽车也可称为微混合型混合动力电动汽车。

（2）轻度混合型混合动力电动汽车

以发动机为主要动力源，电机作为辅助动力，在车辆加速和爬坡时，电机可向车辆行驶系统提供辅助驱动力矩的混合动力电动汽车。一般情况下，电机的峰值功率和总功率的比值大于 10%。

（3）重度混合（强混合）型混合动力电动汽车

以发动机和 / 或电机为动力源，一般情况下，电机的峰值功率和总功率的比值大于 30%，且电机可以独立驱动车辆正常行驶的混合动力电动汽车。

3. 按照外接充电能力划分

（1）外接充电型混合动力电动汽车

一种被设计成在正常使用情况下，可从非车载装置中获取电能量的混合动力电动汽车。仅当制造厂在其提供的使用说明书中，或者以其他明确的方式推荐或要求进行车外充电时，混合动力电动汽车方可认为是“外接充电型”的。仅用作不定期的储能装置电量调节或维护目的而非用作常规的车外能量补充，即使有车外充电能力，也不认为是“外接充电型”的车辆。插电式（plug-in）混合动力电动汽车属于此类型。

（2）非外接充电型混合动力电动汽车

一种被设计成在正常使用情况下，从车载燃料中获取全部能量的混合动力电动汽车。

4. 按照行驶模式的选择方式划分

（1）有手动选择功能的混合动力电动汽车

具备行驶模式手动选择功能的混合动力电动汽车。车辆可选择的行驶模式包括发动机模式、纯电动模式和混合动力模式三种。

（2）无手动选择功能的混合动力电动汽车

不具备行驶模式手动选择功能的混合动力电动汽车，车辆的行驶模式根据不同工况自动切换。

混合动力电动汽车按照其技术特征、燃料类型、功能结构和车辆用途等因素还有其他划分形式。

任务二　混合动力汽车的结构组成

发动机总成、电机总成、电池组为混合动力汽车的三大总成件，相应的还有驱动电机控制器及 DC 总成、高压配电箱、高压电池管理器、漏电传感器、车载充电器等组件，如图 7-11 所示。

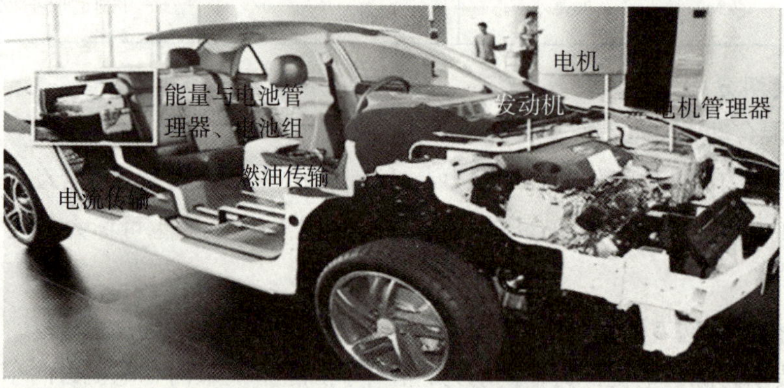

图 7-11　混合动力汽车总成结构

一、发动机总成

发动机总成是通过将燃料燃烧产生的热能转变成机械能，产生动力驱动发电机发电或驱动汽车行驶的动力源。

比亚迪秦（BYD476ZQA-2）搭载的发动机采用废气涡轮增压、缸内直接喷射、液压挺柱、全铝机体、进气 VVT 等先进技术；具有升功率大、低油耗、低噪声、低污染、结构紧凑等特点。在各种工况下，BYD476ZQA-2 发动机均可在最佳状态下工作，可以保证其搭载的整车具有可靠的安全性、最佳的经济性和完美的环保性能，如图 7-12 所示。

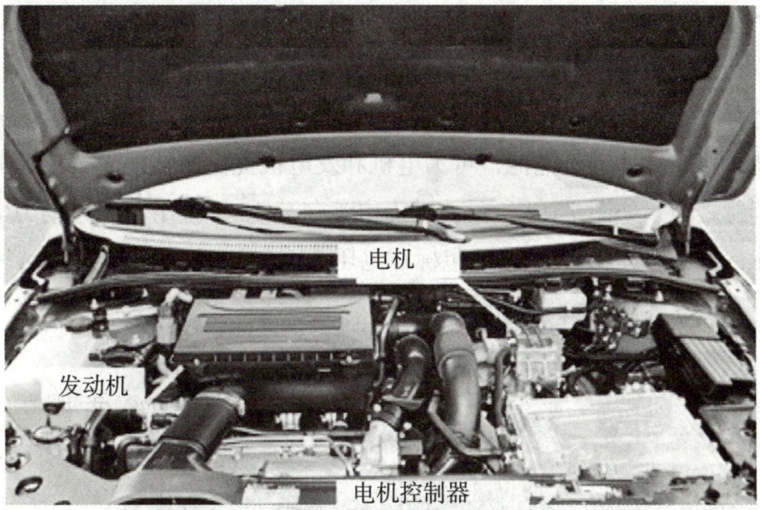

图 7-12　比亚迪秦发动机、电机及控制器总成

二、电机总成

电机总成承担着将电能转变成动能驱动汽车行驶的功能，是除燃油发动机之外的另一个驱动车辆行驶的动力装置；同时，在一定的条件下它又能向动力电池进行充电。

BYD-TYC110A 永磁同步电机，此驱动电机集成于变速器总成之内，安装于变速器的上方，如图 7-13 所示。此电机由外圈的定子与内圈的转子组成，是汽车的动力源之一，向外输出扭矩，驱动汽车前进或后退；同时也可以作为发电机发电。例如，在车辆滑行、刹车制动过程中以及发动机输出的额外扭矩的势能或者动能通过电机转化成动能存储。电机额定功率为 40 kW，最大输出功率可以提升至 110 kW，并通过增加电机扭矩最大达 250 N·m，实现了小型化和轻量化的设计、高效率、高可靠性、高适应性的交流永磁同步电机。

图 7-13　BYD-TYC110A 永磁同步电机

三、电池系统

混合动力汽车具有两套蓄电池系统：一套 12 V 直流蓄电池，它主要是为车上常规的用电器提供电压；另一套是电压更高的直流蓄电池系统，它经过 DC/DC 转换器将直流转换后给电机提供交流电能，同时它还将存储电机发电所产生并经 DC/DC 转换器转换后的直流电。高压直流蓄电池系统储电量和电

压随混合动力系统的要求而变化。混合动力汽车的高压直流蓄电池从 36 V 到 600 V 以上不等，所有混合动力设计采用串联连接的蓄电池均是为了获取所需的直流电源电压。

1. 动力电池组件

新能源动力电池采用高功率镍氢电池，可为电机和发电机提供最佳电力。比亚迪秦的动力电池包安装在后排座椅与行李舱之间，如图 7–14 所示。动力电池包分 10 个模组，通过动力电池串联线串联为一体，共计 152 节单体；每个单体 3.3 V，电池包标称电压 501.6 V，标称容量为 26 A · h。

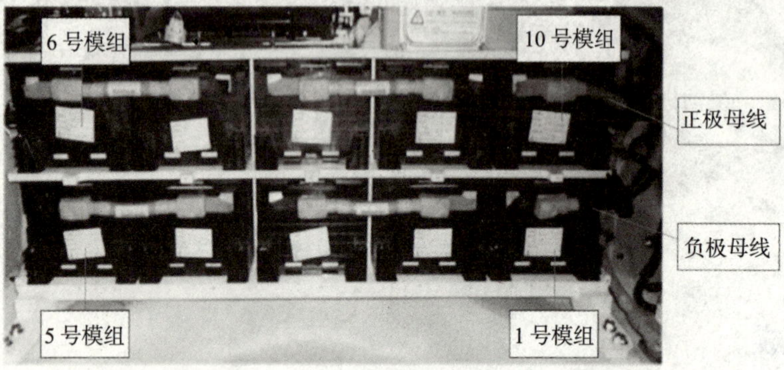

图 7–14　比亚迪秦动力电池组

2. 低压启动电池

低压启动电池与普通铅酸蓄电池相比，增加了一个启动正极桩和一个通信口，安装在动力电池组左上方，如图 7–15 所示。

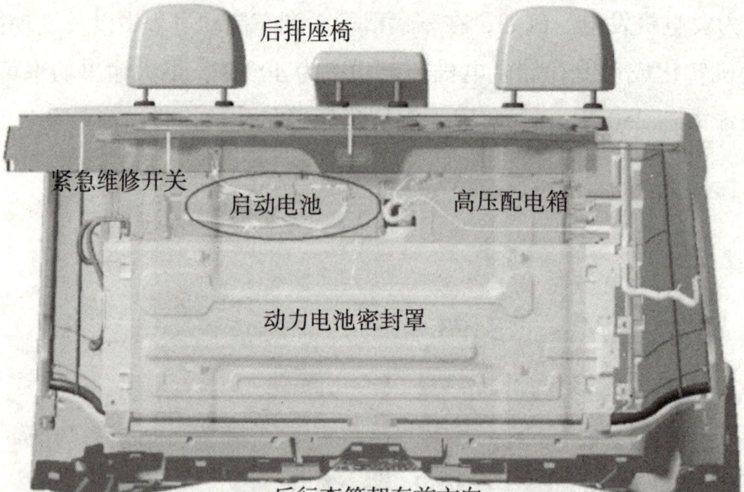

图 7–15　电压蓄电池安装位置

① 低压启动电池有三个带标识的极桩，大的是启动正极桩，周围标有“+”号；小的是低压正极桩，标有“+”号；另一个是共用的负极桩标有“–”号。

② 启动正极桩通过线束连接到启动机正极，并在车辆发动机启动过程中此路接通，低压启动电池放电形成回路启动车辆。

③ 低压正极桩开始时是整车负载的供电电源，同时并联在 DC 和发电机正极输出端上。一般情况下车辆使用以上两个供电电源在给启动电池充电工况，只有输出不足时参与整车负载供电。此极桩回路线束中电流通过能力有限，严禁使用此极桩跨接过电启动发动机。

④ 低压启动电池内部包含电池管理器，其通过通信口和整车模块交互信息。

⑤ 低压启动电池电压低时，启动智能充电功能，通过 DC 转换高压电为低压电，为启动电池充电。当无法有效进入智能充电状态，低压电池进入休眠状态，DC 极桩内 MOS 管断开，DC 极桩无电压输出。此时可在有效关闭前机舱盖、后行李箱舱盖及四个车门状态下，按左前门微动开关进行唤醒。

四、驱动电机控制器及 DC 总成

在混合动力驱动上普遍采用以计算机为核心的现代计算机技术和自动控制技术，各种智能控制系统的应用，使得混合动力汽车更加安全、节能、环保和舒适。该总成由驱动电机控制器和 DC/DC 两个高压零部件集成一体安装在发动机舱左侧，如图 7-16 所示。

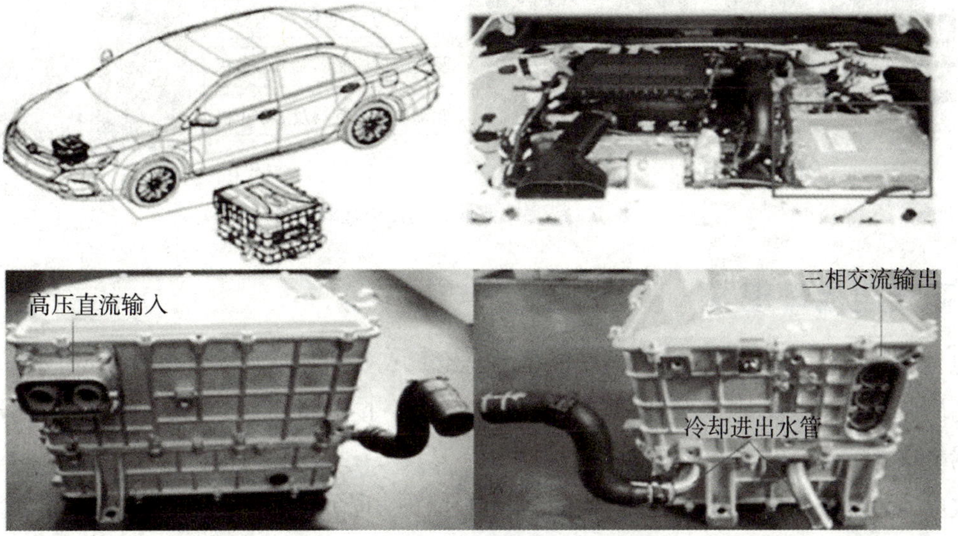

图 7-16　驱动电机控制器及 DC 总成

1. 驱动电机控制器

① 作为动力系统的总控制中心，负责驱动电机的运行，根据工况控制电机的正反转、功率、扭矩、转速等；协调发动机管理系统工作，使混合动力汽车的动力性能，能够达到或接近现代内燃机的水平，逐步实现混合动力汽车的实用化。

② 硬件采集电机的旋变、温度、制动、油门踏板开关信号。

③ 通过 CAN 通信采集刹车深度、挡位信号、驻车开关信号、启动命令、电池管理控制器相关数据、控制器的故障信息。

④ 内部处理的信号有直流侧母线电压、交流侧三相电流、IGBT 温度、电机的三相绕组阻值。

2. DC/DC 转换器

① 纯电模式下，发动机停止运转。DC 的功能替代了传统燃油车，挂接在发动机上的 12 V 发电机和蓄电池并联给各用电器提供电源。DC 在高压（500 V）输入端接触器吸合后便开始工作，输出电压标称 13.5 V，并为低压蓄电池补充电。

② 在特殊情况下，把发动机的发电量或低压蓄电池的电压，经过 DC 升压转换成 500 V 直流电给动力电池包充电，即将低压直流转变为高压直流。

五、高压配电箱

混合动力汽车的高压配电箱，安装在行李舱电池包支架右上方，如图 7-17 所示。其作用是将电池包的高压直流电分配给整车高压电器使用，其上游是电池包，下游包括驱动电机控制器及 DC 总成、PTC 水加热器、电动压缩机、漏电传感器；也将车载充电器的高压直流电分配给电池包。

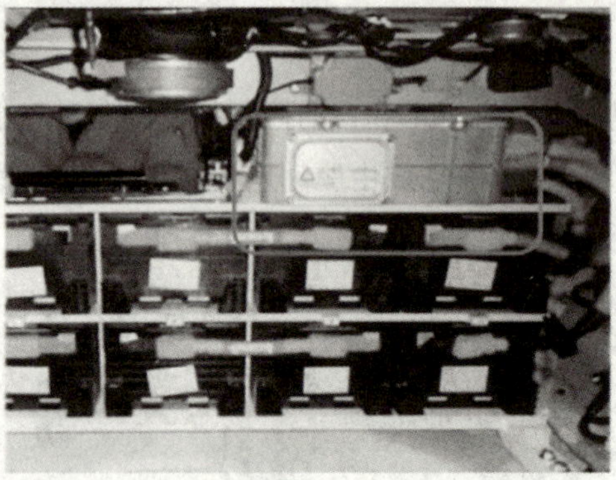

（a）

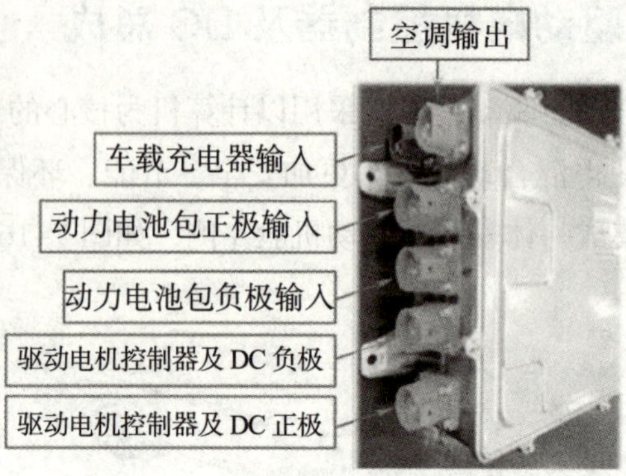

（b）

图 7-17　比亚迪秦高压配电箱

六、高压电池管理器

高压电池管理器（简称高压 BMS），安装在行李舱右 C 柱内板后段，如图 7-18 所示。BMS 的主要功能是总电压监测、总电流监测、SOC 计算、充放电管理、接触器控制、功率控制、电池异常状态报警和保护、漏电报警、碰撞保护、自检以及通信功能等。

分布式电池管理系统，由 10 个电池信息采集器（简称 BIC）和 1 个电池管理控制器（简称 BMS）组成；各 BIC 采集对应模组的电压、温度等信息后通过 CAN 线转给 BMS，即 BMS 是电池管理系统的中央控制单元。

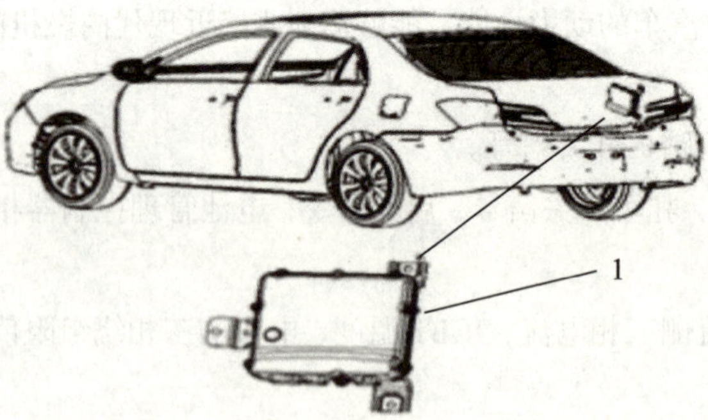

（a）

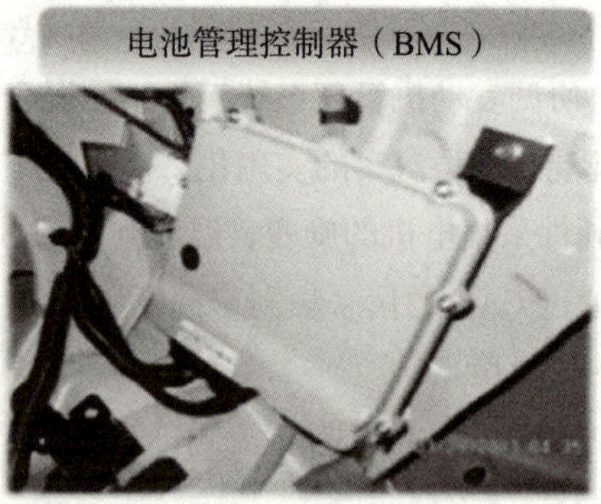

（b）

图 7-18　比亚迪秦高压电池管理器

七、漏电传感器

漏电传感器位于车身后围搁物板前加强横梁上，如图 7-19 所示。漏电传感器用于对电动汽车直流动力电源母线与其外壳、车身底盘之间的绝缘阻抗进行检测。通常检测与动力电池输出相连接的负母线与车身底盘之间的绝缘电阻，来判断动力电池包的漏电程度。当动力电池包漏电时，传感器发出一个信号给电池管理控制器，电池管理控制器接到漏电信号后，进行相关保护操作并报警，防止动力电池包的高压外泄，造成人或者是物品的伤害和损失。

动力电池的负极－车身绝缘阻值小于或等于 100 ～ 120 kΩ，为一般漏电；若绝缘阻值小于或等于 20 kΩ，为严重漏电。

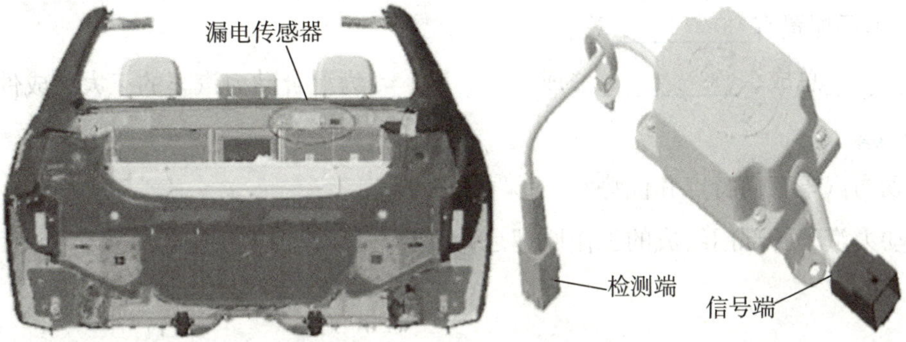

（a）　（b）

图 7–19　漏电传感器及安装位置

八、车载充电器

车载充电器（简称 OBC），安装在后行李舱右后位置，如图 7–20 所示。其功用是将交流充电口传递过来的交流电源转换为直流高压电为动力电池充电，同时在充电过程中给低压铁电池进行补充电。

（a）　（b）

1—220 V 交流输出；2—低压插接件；3—高压直流输出。

图 7–20　车载充电器

充电控制原理：交流充电连接装置与车载充电器总成连接无误后，车载充电器总成控制交流充电连接装置，输出 220 V 交流电并控制交流充电及 OFF 挡充电继电器吸合；通过交流充电及 OFF 挡充电继电器给电池管理控制器及高压配电箱提供低压电源；同时车载充电器总成与电池管理控制器进行通信，在充电允许的情况下，电池管理控制器控制交流充电接触器及负极接触器吸合；车载充电器检测到动力电池包的反灌电压后输出充电电压进行充电。

项目小练

一、填空题

1. 所谓的混合动力汽车是指携带________，且汽车在________使用方面可以根据其具体行驶情况来进行选择。

2. 通过在混合动力汽车上使用__________，使得动力系统可以按照整车的__________要求灵活调控，而发动机保持在综合性能最佳的区域内工作，

3. 混合动力汽车配置有__________、__________、__________、DC/DC 转换器，如果是插电式混合动力汽车还配置有__________等。

4. __________总成、__________总成、__________为混合动力汽车的三大总成件。

二、简答题

1. 混合动力汽车有何特点和优势?

2. 混合动力汽车各部门组成的工作原理是什么?

项目 八

其他新能源汽车简介

学习目标

知识目标

◆了解燃料电池的结构。

◆了解燃气汽车的工作原理。

◆了解醇燃料汽车的相关概念。

能力目标

◆掌握燃料电池的动力系统工作模式。

◆能够简述燃气汽车的工作原理。

◆能够简述太阳能汽车的定义及结构。

素质目标

◆认识到劳动不分贵贱，养成热爱劳动的习惯，尊重普通劳动者。

◆在日常生活中培养自己的实干精神。

思政目标

培养学生形成坚韧不拔、积极进取的人生品格。

项目引入

随着全球环境污染问题的日益严重，新能源汽车的发展也成必然趋势，这就衍生出多种方向的新能源汽车动力源。何种能源才是最环保的？何种能源才是经济性最高的？何种能源才是最容易普及和建设的？这些都是新能源汽车发展路上需要解决的问题。

任务工单

【任务实施】

1．学生分组进行资料的收搜整理，并对收搜到的资料进行讨论。

问题 1：什么是燃料电池？

____

____

问题 2：什么是燃气汽车？

____

____

2．按照实际操作过程，将操作内容及实施过程中遇到的问题或解决方法记录在表 8–1 中。

表 8–1　任务实施过程记录表

序号	操作内容	遇到的问题	解决方法
1			
2			
3			
4			

【任务评价】

学生展示任务实施的成果，并协同老师完成表 8–2 所示的任务评价表。

表 8–2　任务评价表

评价项目	评价内容	分值 / 分	评价分值 / 分		
			自评	互评	师评
职业素养考核项目	考勤、仪容仪表	10			
	团队交流与合作意识	10			
	创新意识、纪律意识	10			
专业能力考核项目	积极参与教学活动并正确理解任务要求	10			
	认真搜集并积极讨论相关资料	10			
	任务实施过程记录表的完成度	10			
	对燃料电池的了解程度	20			
	对燃气汽车的了解程度	20			
合计：综合分数____________		100			
综合评价：					
备注：					

任务一　燃料电池电动汽车

燃料电池电动汽车（FCEV）简称为燃料电池汽车，其定义是以燃料电池系统作为动力源或主动力源的车辆，如图 8-1 所示。燃料电池用于车辆驱动，为能源问题和环境污染问题提供了一个有效的解决方案。随着燃料电池技术的不断发展，如何将燃料电池应用于车辆系统，解决它与车辆众多复杂子系统之间的匹配等问题随之出现。FCEV 与其他电动汽车的根本区别是所用的动力源以燃料电池为主，而对于电机驱动、传动机构以及汽车所需的各种辅助功能等基本相同。

图 8-1　车载燃料电池底盘实物

燃料电池汽车的结构有多种形式：按照驱动形式，可分为纯燃料电池驱动和混合驱动；按照燃料电池系统的能量来源，又可分为车载纯氢和燃料重整两种方式。由于燃料电池电动汽车正处在研究的初期阶段，所以各种技术竞相试用并各有优缺点。

一、燃料电池单独驱动汽车动力系统

燃料电池的种类不同和选配的辅助电池组种类不同，构成了动力路线的多样性。燃料电池单独驱动车型驱动系统一般由燃料箱、燃料电池、电机控制器、电机、信号线路等组成，如图 8-2 所示。

燃料电池单独驱动汽车动力传动系统结构简图如图 8-3 所示，该系统实为纯燃料电池驱动系统。燃料电池系统将氢气与氧气反应产生的电能通过总线传给驱动电机，驱动电机将电能转化为机械能再传给传动系统，从而驱动汽车前进。这种系统结构的优点如下。

① 系统结构简单，便于实现系统控制和整体布置。

② 系统部件少，有利于整车的轻量化。

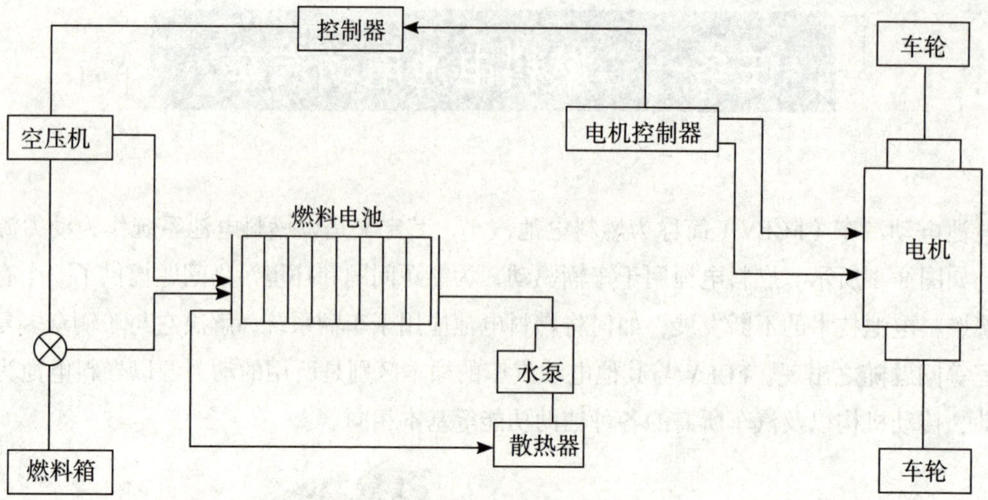

图 8-2　燃料电池单独驱动车型驱动系统结构

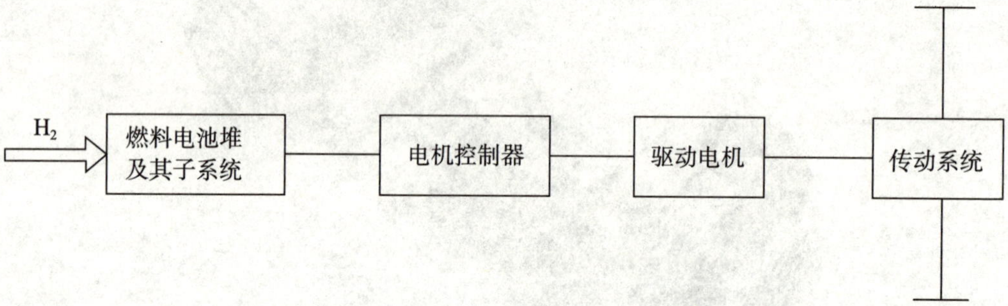

图 8-3　燃料电池单独驱动汽车动力传动系统结构简图

由于燃料电池无法充电，所以这种结构形式的燃料电池电动汽车无法实现制动能量回馈，这将影响系统能量效率的提高。单一燃料电池结构形式的汽车以巴拉德公司和戴姆勒–克莱斯勒公司的车型为代表。戴姆勒 – 克莱斯勒公司开发的燃料电池大客车长度为 9 ～ 12 m，燃料电池系统的功率为 200 ～ 250 kW，最高车速可达 80 km/h，续驶里程为 200 ～ 400 km。

纯燃料电池汽车只有燃料电池一个动力源，汽车的所有功率负荷都由燃料电池承担。其主要缺点如下。

① 燃料电池的功率大，成本高。

② 对燃料电池系统的动态性能和可靠性提出了很高要求。

③ 不能进行制动能量回收。

二、燃料电池混合动力汽车动力系统

基于纯燃料电池汽车上述这些不利因素，现在已较多地采用了混合驱动这种结构形式。这种结构形式既以燃料电池系统作为主动力源，又增加了动力电池组或超级电容作为辅助动力源，其整体结构如图 8-4 所示。图 8-5 为混合驱动型燃料电池汽车的动力系统结构原理，从图 8-5 中可知它主要由燃料电池系统、DC/DC 转换器、辅助动力源、驱动电机以及各相应的控制器，再加上机械传动与车辆行驶构等组成。

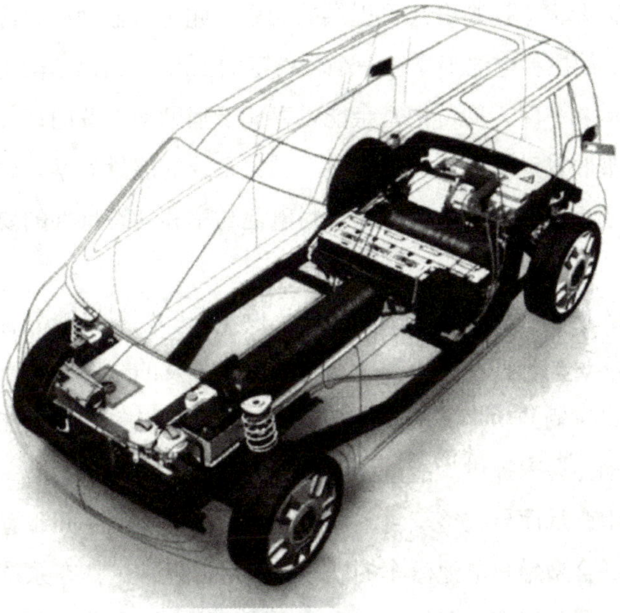

图 8-4　混合驱动燃料电池汽车整体结构

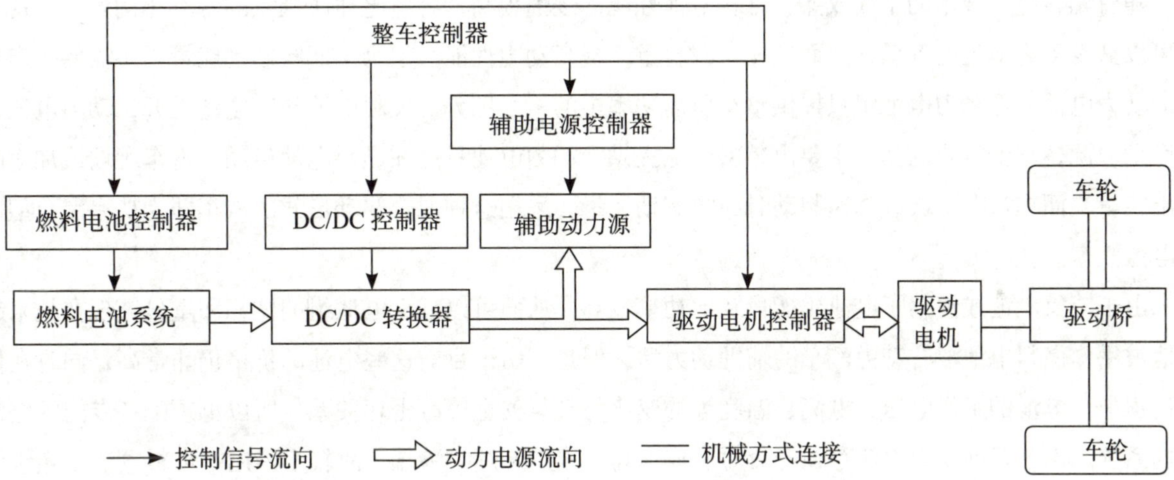

图 8-5　混合驱动型燃料电池汽车的动力系统结构原理

1. DC/DC 转换器

燃料电池由于制造工艺和对其使用安全性的考虑，其输出电压一般比电动汽车动力电源所要求的电压低，且特性较软，即随输出电流的增加，电压下降幅度较大。为了实现燃料电池系统输出电压与电机驱动电压相匹配，中间需要通过 DC/DC 转换器，即经过 DC/DC 转换起到升压和稳压的调节作用。它不仅是为了满足驱动电机的需要，也为了混合动力系统中需与辅助动力源中的动力电池等工作电压相匹配，并且 DC/DC 转换器能够对燃料电池的最大输出电流和功率进行控制，起到保护燃料电池系统的目的。

2. 辅助动力源

辅助动力源有三种方式：动力电池、超级电容或动力电池 + 超级电容，由此所构成的混合动力驱动系统分别被称为“FC +B” “FC +C” 或 “FC +B +C” 三种结构形式。考虑到目前燃料电池系统自身的一些特殊要求，例如，在燃料电池启动时，空气压缩机或鼓风机需要供电，电堆（一组燃料电池）需要预加热，氢气和空气需要预加湿等，这些过程都需要提前向燃料电池系统供电。同时，在汽车启动、加速、爬坡等工况下，驱动功率需要大于燃料电池可提供的功率，此时由辅助动力源承担部分电能，即可降低燃料电池的峰值功率需求，使燃料电池工作在一个较稳定的工况下。在汽车怠速、低速等低负荷工况下，当燃料电池的功率大于驱动功率时，即可把富余能量存储于辅助动力源内；并在滑行、下坡及减速制动时，通过电机发电回馈来吸收其动能，从而提高整个动力系统的能量效率。由辅助动力源和燃料电池系统组合起来的混合动力驱动系统，不仅降低了对燃料电池功率和动态特性的要求，同时也降低了燃料电池系统的成本。

根据燃料电池所提供的功率占整车总需求功率的比例不同，燃料电池混合动力汽车也可分为能量混合型和功率混合型两类。能量混合型主要用在燃料电池汽车开发的初期，由于技术水平的限制，燃料电池的功率较小，还难以满足车辆的功率需求。在车辆行驶过程中燃料电池只能提供整车功率需求的一部分，不足部分即需要辅助动力源来提供。能量混合型燃料电池汽车为了满足一定的性能指标，往往需要配备较大容量的动力电池组，从而导致整车自重增加，动力性变差，空间布置紧张，也增加了动力电池的维护和更换费用。能量混合型燃料电池汽车的燃料电池可以经常工作在系统效率较高的额定功率区域内，但每次运行结束后，除了要加注氢燃料外，还需要用地面电源为动力电池充电。

随着燃料电池技术的不断成熟，燃料电池性能的逐渐提高，燃料电池所提供的功率比例增大。这样就可以减少动力电池的容量，从而减轻车载自重，提高动力性能。但为了回收制动能量，还需要一定数量的动力电池，但动力电池组只提供整车所需功率中的一小部分。燃料电池作为主动力源，动力电池为辅助动力源，车辆需要的功率主要由燃料电池提供，动力电池只是在燃料电池启动、汽车爬坡或加速时输出能量，而在汽车下坡或降速制动时回收制动能量。采用这种混合驱动形式的汽车即为功率混合型燃料电池汽车。

由于镍氢电池或锂离子电池比能量及比功率较高，从而可以减少电池组的体积和重量，现在越来越多地被用作燃料电池混合动力汽车的辅助动力源。但是，由于目前这些电池的价格仍非常高，同时在使用过程中，电池的工作电压、电流、温度等的变化与其氢安全等有密切关系，所以也须配备专门的电池管理系统。由于目前动力电池存在寿命短、成本高、维护麻烦等弊端，故较多采用“燃料电池 + 超级电容”或“燃料电池 + 动力电池 + 超级电容”的功率混合型驱动形式。采用超级电容的突出优点是寿命长且效率高，有望能较大地降低使用成本，故有利于燃料电池汽车的商业化推广和应用。动力电池和超级电容都以并联的形式与动力电源主线连接。超级电容主要用于提供加速（或吸收制动能量）的尖峰电流，从而减轻动力电池的负担，延长动力电池的使用寿命。

图 8-6 为采用“燃料电池 + 电池”（FC+B）或“燃料电池 + 电池 + 超级电容”（FC+B+C）混合动力驱动型燃料电池汽车的动力系统结构。考虑到目前燃料电池系统自身的一些特殊要求，如在启动空气压缩机或鼓风机时需要供电，电堆需要加热，氢气和空气需要加湿等，同时也为了能够回收制动能量，因而将电池和燃料电池系统组合起来，形成混合动力系统。该系统降低了对燃料电池的功率和动态性的要求，同时也降低了燃料电池系统的成本，但增加了驱动系统的重量、体积和复杂性，从而增加了电池的维护、更换费用。

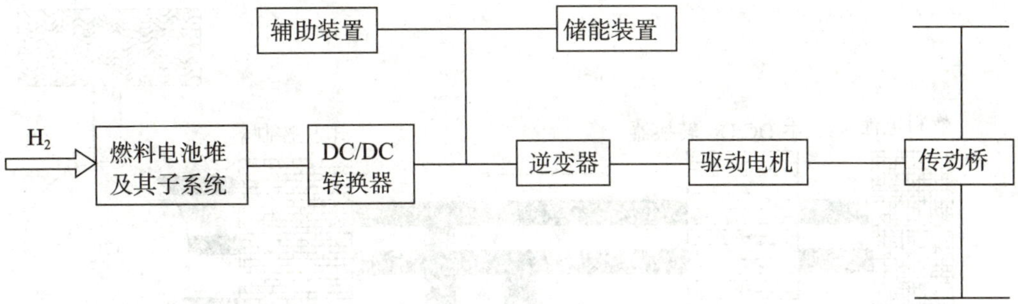

图 8-6　混合动力驱动型燃料电池汽车的动力系统结构

在“燃料电池 + 电池”动力系统结构中，燃料电池和动力电池一起为驱动电机提供能量，驱动电机将电能转化成机械能传给传动系统，从而驱动汽车前进。在汽车制动时，驱动电机变成发电机，动力电池将储存回馈的能量。FC+B 型燃料电池汽车主要组成如图 8-7 所示。

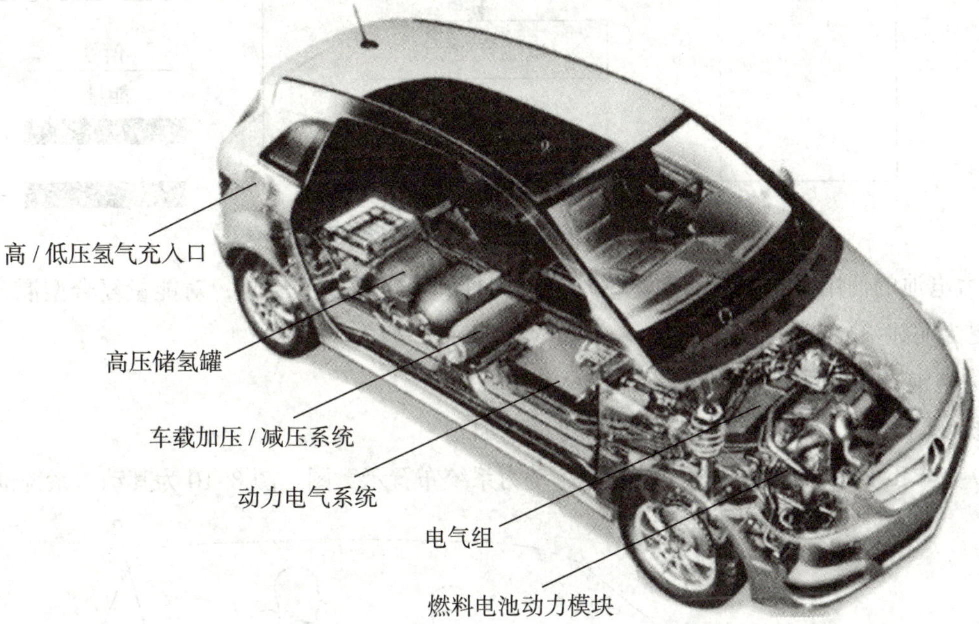

图 8-7　FC+B 型燃料电池汽车主要组成

在燃料电池和动力电池联合供能时，燃料电池的能量输出变化较为平缓，随时间变化波动较小，而能量需求变化的高频部分由动力电池分担。

FC+B 型燃料电池汽车混合动力系统结构如图 8-8 所示，其优点如下。

① 由于增加了比功率价格相对低廉得多的动力电池组，系统对燃料电池的功率要求较单一燃料电池结构形式有很大的降低，从而大大地降低了整车成本。

② 燃料电池可以在比较好的设定的工作条件下工作，工作时燃料电池的效率较高。

③ 系统对燃料电池的动态响应性能要求较低。

④ 汽车的冷启动性能较好。

⑤ 制动能量的回馈可以回收汽车制动时的部分动能，该措施可增加整车的能量效率。

FC+B 型燃料电池汽车混合动力系统结构形式也存在以下一些缺点。

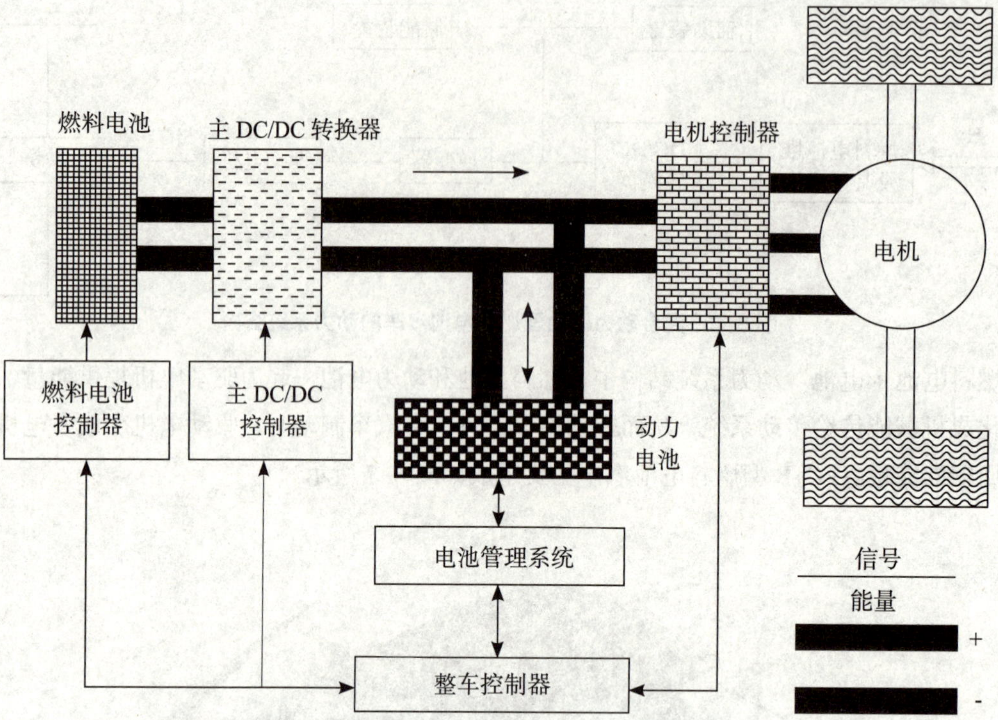

图 8-8 FC+B 型燃料电池汽车混合动力系统结构

① 动力电池的使用使得整车的质量增加，动力性和经济性受到影响，对能量复合型混合动力汽车上的影响更为明显。

② 动力电池充放电过程会有能量损耗。

③ 系统变得复杂，系统控制和整体布置难度增加。

图 8-9 为丰田 FCHV-K-2 型燃料电池汽车动力系统布置示意图。图 8-10 为其动力系统剖视图。

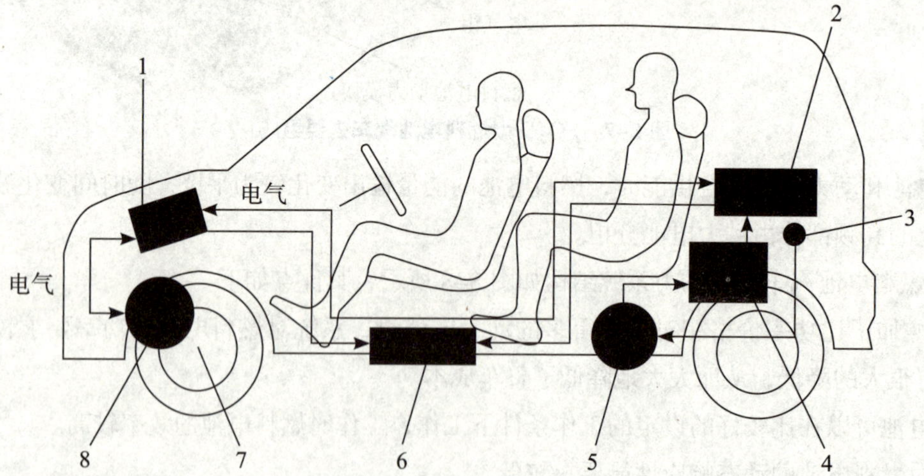

1—驱动用逆变器；2—DC/DC 转换器；3—加气口；4—动力电池组；5—高压氧气瓶；
6—动力电池；7—车轮；8—轮毂电机。

图 8-9 丰田 FCHV-K-2 型燃料电池汽车动力系统布置示意图

图 8-10 丰田 FCHV-K-2 型燃料电池汽车动力系统剖视图

该车的动力系统主要由动力控制单元、电机、电池组、高压氢气瓶和加气口等组成。动力控制单元按照驾驶人的操作指令确定动力系统应提供动力的大小或回收制动、减速的能量。燃料电池组向动力系统提供能量驱动电机使汽车行驶或向动力电池充电，以备加速和大负荷工况之用。图 8-11 为丰田 FCHV-BUS2 型燃料电池客车的组成，由于其空间较大，动力系统容易布置，故其结构与燃料电池电动轿车有较大的差别，如高压氢气瓶可以布置在车顶上。

图 8-11 丰田 FCHV-BUS2 型燃料电池客车的组成

燃料电池电动汽车的动力系统组成是很复杂的，图 8-12 为其较为详细的结构，其主要组成为燃料系统（燃料箱及其连接部分等）、空气供给系统（空气压缩机及其连接部分等）、控制器、燃料电池组（燃料电池、冷却剂、水泵等）、动力电池、DC/DC 转换器、DC/AC 逆变器、电机及驱动齿轮等。燃料电池组发出的电流经 DC/AC 逆变器后，进入电机驱动汽车行驶或经 DC/DC 转换器向动力电池充电。当汽车行驶时需要的动力超过电池的发电能力时，动力电池也参加工作，其电流经 DC/DC 转换器进入电机后驱动汽车行驶。

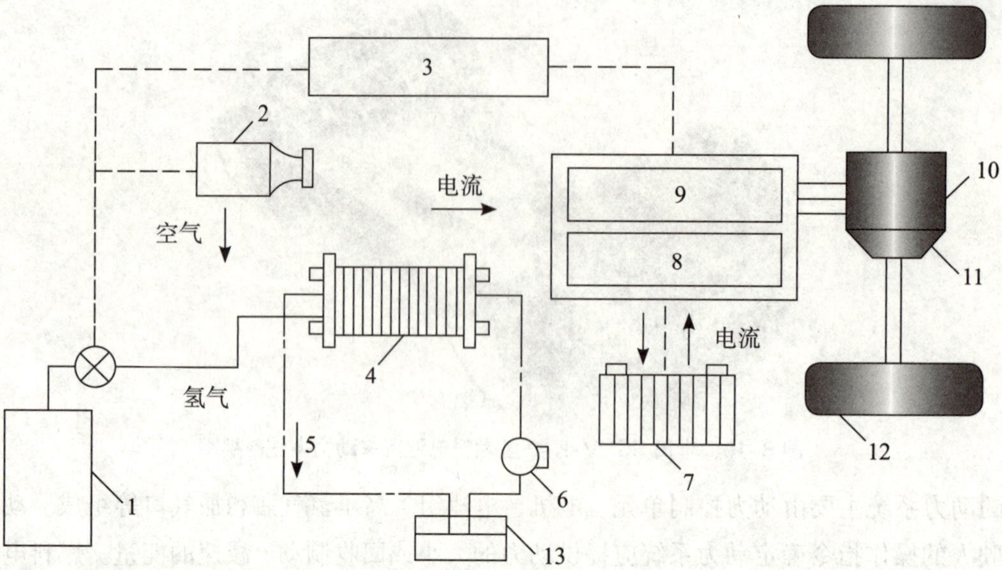

1—燃料箱；2—空气压缩机；3—控制器；4—燃料电池；5—冷却剂；6—水泵；7—动力电池；8—DC/DC 转换器；9—DC/AC 逆变器；10—电机；11—减速器；12—轮胎；13—散热器。

图 8-12　燃料电池电动汽车动力系统结构

目前，燃料电池混合动力汽车的驱动形式多种多样，除了前面介绍的“FC+B”外，近年来，功率混合型燃料电池汽车开始出现“FC+C”的驱动形式，即动力电池也被其他储能装置（如超级电容、飞轮储能器等）所代替。而采用燃料电池与超级电容组合，完全摒弃了寿命短、成本高、使用要求复杂的电池。图 8-13 为本田 FCX 燃料电池电动汽车，它使用的就是超级电容，而不是动力电池。图 8-14 为其动力系统布置图。图 8-15 为奥迪混合驱动型燃料电池电动汽车结构。采用超级电容的突出优点是寿命长和效率高，可大大降低使用成本，有利于燃料电池汽车的商业化推广和应用。

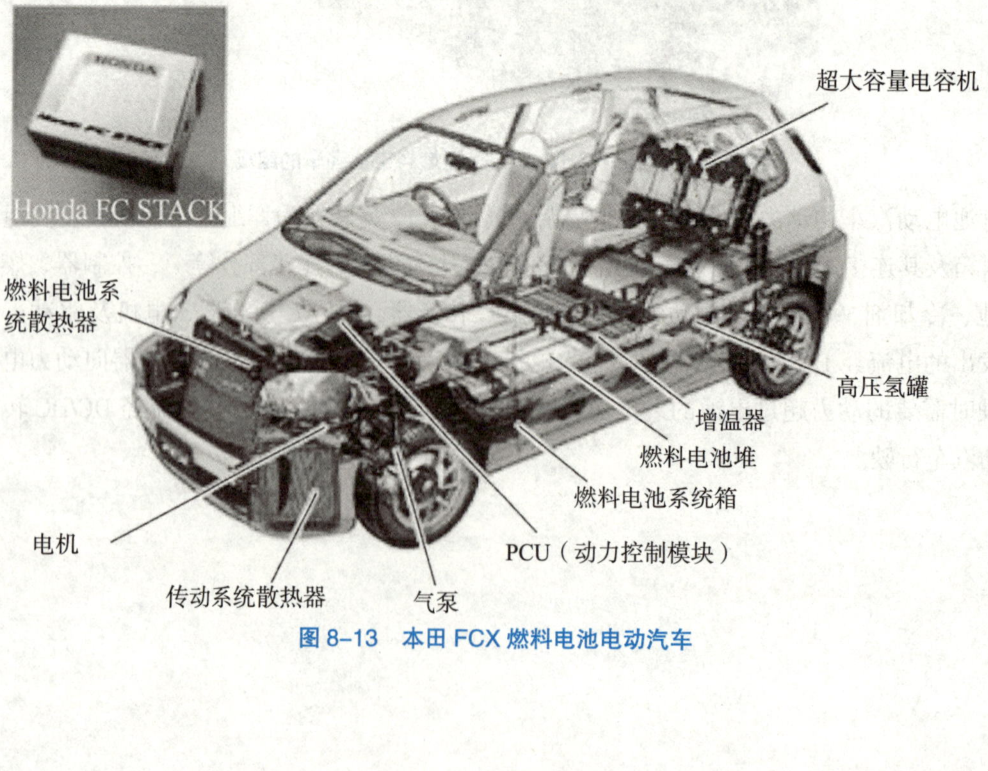

图 8-13　本田 FCX 燃料电池电动汽车

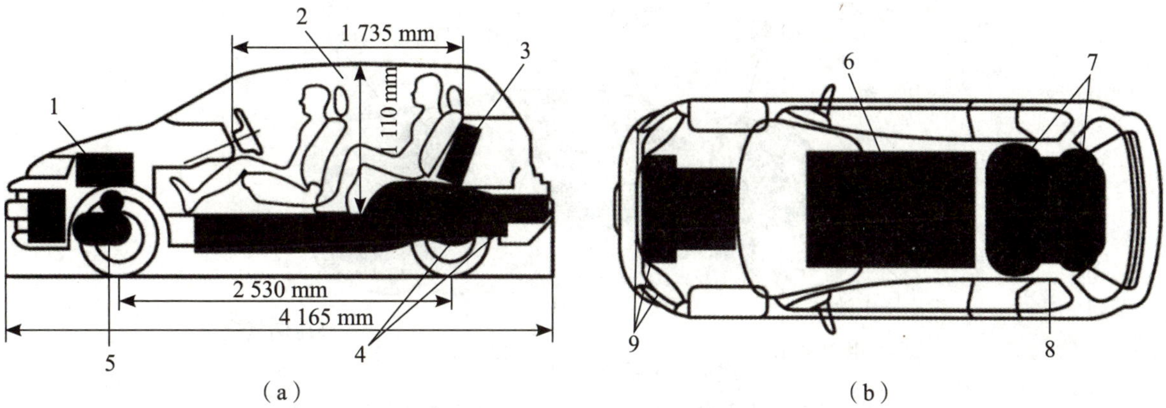

1—动力控制单元；2—车内空间；3—超电容器总成；4—车架；5—电机驱动总成；6—燃料电池总成；7—高压氢罐；8—后悬架；9—散热器。

图 8-14　本田 FCX 型燃料电池电动汽车的动力系统布置图

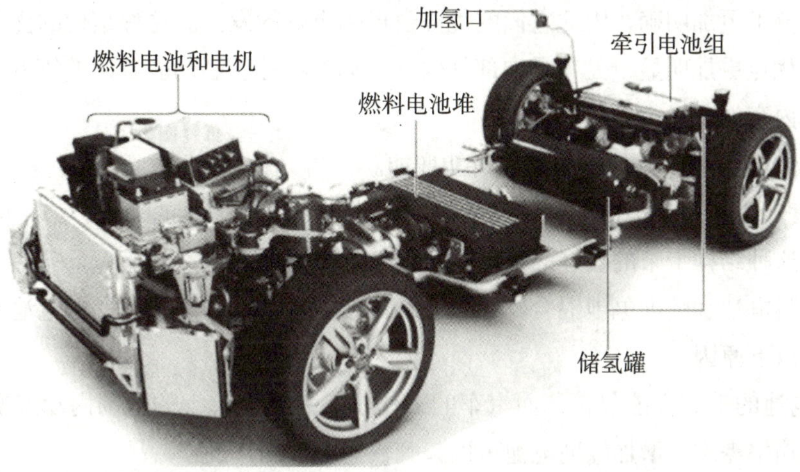

图 8-15　奥迪混合驱动型燃料电池电动汽车结构

燃料电池 + 动力电池 + 超级电容结构（FC+B+C 型）的燃料电池汽车动力系统结构，如图 8-16 所示，该结构也为串联式混合动力结构。其剖视图如图 8-17 所示。在该动力系统结构中，燃料电池、动力电池和超级电容一起为驱动电机提供能量，驱动电机将电能转化成机械能传给传动系统，从而驱动汽车前进；在汽车制动时，驱动电机变成发电机，动力电池和超级电容将储存回馈的能量。

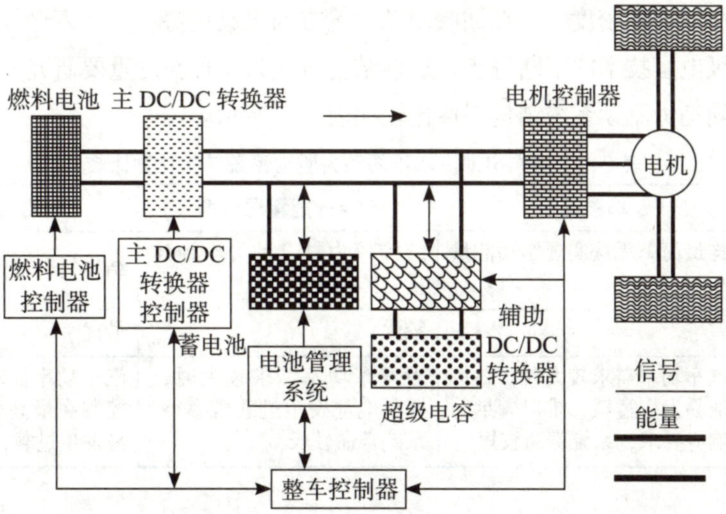

图 8-16　（FC+B+C 型）的燃料电池汽车动力系统结构

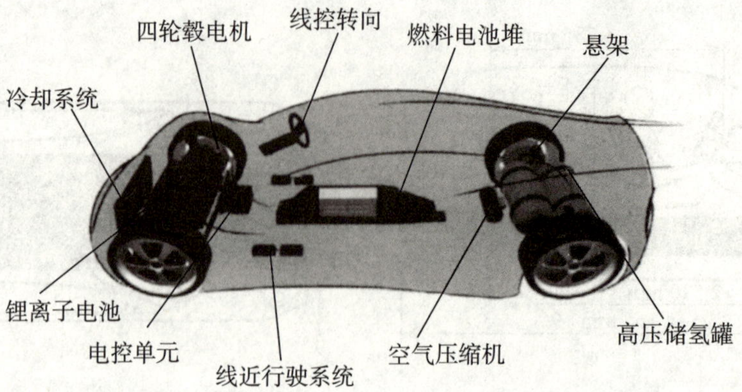

图 8-17 （FC+B+C 型）的燃料电池汽车动力系统剖视图

在燃料电池、动力电池和超级电容联合供能时，燃料电池的能量输出较为平缓，随时间变化波动较小，而能量需求变化的低频部分由动力电池承担，能量需求变化的高频部分由超级电容承担。在这种结构中，各动力源的分工更加明确，因此它们的优势也得到更好的发挥。这种结构的优点比燃料电池 + 动力电池结构形式的优点更加明显，尤其是在部件效率、动态特性、制动能量回馈等方面。而其缺点也一样更加明显，具体内容如下。

① 增加了超级电容，整个系统的质量将可能增加。

② 系统更加复杂化，系统控制和整体布置的难度也随之增大。总的来说，如果能够对系统进行很好的匹配和优化，这种结构带来的良好的性能具有很大的吸引力。

综上所述，燃料电池和辅助电池混合驱动是一种比较流行的结构。采用燃料电池和辅助电池的双动力源结构主要基于以下原因。

① 当前燃料电池的动态性能欠佳，而汽车的工作状态总是在较大的范围内动态变化，燃料电池不能随时满足汽车的功率需求，增加辅助电池可以起到快速调节功率的作用。

② 燃料电池最佳负荷率在额定功率 20% ～ 40% 的范围内，为了实现整车能量效率最佳，增加辅助电池调节燃料电池的功率输出，可使其工作点尽量保持在效率最佳的范围内。

③ 目前燃料电池的成本还很高，从降低整车价格的方面来考虑，适当减小燃料电池的额定功率，用辅助电池来弥补不足的功率输出，可以在一定程度上降低整车成本。

与燃料电池 + 动力电池结构相似的还有燃料电池 + 超级电容结构。与动力电池相比，超级电容充放电效率高，能量损失小，功率密度大，在回收制动能量方面更具优势，循环寿命长，但是超级电容的能量密度较小。随着超级电容技术的不断进步，这种结构将成为一种新的重要研究方向。

燃料电池汽车不同动力驱动系统结构特性比较如表 8-3 所示。

表 8-3 燃料电池汽车不同动力驱动系统结构特性比较

动力系统结构	FC 单独驱动	FC+B 能量混合型	FC+B+C 功率混合型
结构特点	结构最简单无法实现制动能量回收	结构较为复杂动力电池质量、体积较大	结构复杂动力电池质量、体积较小
燃料经济性	最差	较优	最优
燃料电池寿命与安全性	当汽车功率需求较大时，燃料电池易发生过载，难以满足动态响应要求，系统寿命较短	当汽车功率需求较大时，燃料电池发生过载概率小，系统寿命较长	汽车功率需求较大时，燃料电池可控制在最高效率点恒功率输出，不易发生过载，系统寿命长

三、典型的燃料电池汽车结构

燃料电池以其特有的燃料效率高、比能量大、功率大、供电时间长、使用寿命长、可靠性高、噪声低及不产生有害排放物 NOx 等优点正引起世界各国的注意。与内燃机汽车相比，氢燃料电池电动汽车有害气体的排放量减少 99%，CO_2 的生成量减少 75%，电池能量转换效率约为内燃机效率的 2.5 倍。这种电池将有可能成为继内燃机之后的汽车最佳动力源之一。近年来，一些厂家如戴姆勒–克莱斯勒、丰田、通用、本田、日产、福特等公司都开发了自己的燃料电池电动汽车。汽车界人士认为 FCEV 是汽车工业的一大革命，是 21 世纪真正的纯绿色环保车，是最具实际意义的环保车种。

1. 通用 Autonomy 燃料电池概念车

Autonomy 概念车是以氢为原料的燃料电池汽车，有超前的流线型车身，滑板一样的平坦底盘，加上四个轮子、车身加底盘，这就是 Autonomy 的构成，如图 8–18 所示。

图 8–18　通用 Autonomy 燃料电池概念车的外形

Autonomy 将汽车的“内脏”（发动机、制动和转向系统、燃料储存系统和控制器）集成在一个 4.6 m 长的“滑板”里，这个 15 cm 厚的平台上可以放置任何设备。有了这套系统，在车身的设计上就不受任何约束了。通用汽车公司最初打算自己制造并销售一种“搭扣”式连接车身，它允许车主在“滑板”上面安装不同形式的车身，在需要时，可以将轿车改成小型厢式车。

Autonomy 概念车的所有车内系统都集中在底盘中，底盘上有操纵系统的标准接口，还有车身机械锁定装置与系统外联装置，这是一种通用的固定模式。但车身（车厢）部分形状可以随心所欲，可以选择像展会的 Autonomy 模样的车身，也可以选择其他模样的车身。将车身放在底盘上，通过机械锁定装置与系统外联装置，即刻合成了一辆汽车。这样，将来客户只要拥有一个底盘，就可以根据自己的爱好和需求租用各种类型的车身，随意地变换使用，这也是 Autonomy 的魔力所在。

此外，这款概念车身上还有一个引人注目的地方，它采用了一种线传操控技术（X–by–Wire）。使用这种技术，使汽车的操纵系统、制动系统及其他辅助系统能够通过电子方式，而不是传统的机械方式进行控制。也就是说，像方向盘柱、踏板连杆、变速杆连杆等刚性传动件将会消失，用导线、继电器、电磁阀等元件组成的传动系统则会代替刚性传动件。在这样的变化下，驾驶人既可坐在左侧或右侧，也可坐在中间，甚至坐在任意位置操纵汽车。由于采用线传操控技术，Autonomy 概念车的所有操纵系统都可以集中在底盘，底盘与车身之间只需用接口连接，即可将车厢内驾驶人的操纵信息传送至底盘内的操纵系统。

据了解，这种线传操控技术不是一种不成熟的新技术，它已经作为一种技术商品应用到一些新型汽车上了。如新型宝马 7 系列轿车采用线传操控系统，用于变速器和加速踏板，使其操控更为精确。而 Autonomy 概念车上的线传操控技术则是由瑞典 SKF 公司生产的。

2. 现代 i-Blue 燃料电池电动概念车

这款全新的氢动力、零排放的概念车 i-Blue 燃料电池电动车是在位于日本千叶的现代设计与技术中心研发的。全新的 i-Blue 燃料电池电动概念车生产平台结合了现代公司第三代燃料电池技术，这种技术是由韩国 Mabuk 的现代公司生态化技术研究机构研发的。

为了体现“可持续发展与环境保护”的主题，i-Blue 概念车表明了现代公司已向其燃料电池汽车商业化的目标迈出了重要的一步。与之前基于 SUV 平台生产的车型不同，i-Blue 概念车拥有全新的 2+2 交叉型多用途运载车（CUV）的体型，如图 8-19 所示。

图 8-19　i-Blue 概念车的 CUV 体型

i-Blue 概念车是现代公司设计的第一款完全运用了燃料电池技术的车型，是其研发计划的一次巨大飞跃。

3. 通用 Sequel 燃料电池汽车

通用 Sequel 燃料电池汽车可连续行驶 300 mile（480 km），且能够在 10 s 内由静止状态加速到 60 mile/h（96 km/h）。Sequel 燃料电池系统内的氢能源可以被直接转换为电能。车辆制动时锂动力电池系统可以用来储存制动时回收的能量以提高车辆的连续行驶能力。Sequel 燃料电池汽车电气系统由三个子系统组成，其中高压系统为驱动装置提供动力，42 V 电源系统为一般电气设备供电，12 V 电源系统为辅助设备提供电源。

Sequel 燃料电池汽车是在继通用 Autonomy 和 Hy-wire 概念车之后的又一突破，采用先进的电子电气技术，可以由电能来控制方向和制动效能。这样就能减少机械部件的使用，在类似滑板的底盘上可以配置各种创新的操作装置。此外，该车有四个轮毂电机，分别装在四个轮子处，提供特别的牵引和制动控制，这也可以在舱内留出更多的空间给乘客和行李。

任务二　燃 气 汽 车

试验研究表明，考虑综合环保、价格等方面的因素，在气体代用燃料中，天然气是首选，其次是液化石油气。通常，把以气体燃料部分取代燃油的汽车称为双燃料或两用燃料汽车，而把以气体燃料全部取代燃油的汽车称为燃气汽车（又称专用燃气汽车或单一燃料燃气汽车）。

一、单一燃料燃气汽车

单一燃料燃气汽车主要包括天然气（NG）汽车（图 8-20）和液化石油气（LPG）汽车（图 8-21）。

图 8-20　天然气（NG）汽车

图 8-21　液化石油气（LPG）汽车

根据天然气的保存方法，天然气汽车大体可分为两种类型，即液化天然气（LNG）汽车（图 8-22）和压缩天然气（CNG）汽车（图 8-23）。

图 8-22　液化天然气（LNG）汽车

图 8-23　压缩天然气（CNG）汽车

天然气汽车具有环保效益明显、使用经济性较好、推广应用成本较低、安全性有保障、气源较丰富等优点，是我国实现节能减排目标的主要代用燃料汽车之一。随着我国沿海 20 多座 LNG 接收站的建成，接收处理 LNG 能力近 7 000 万吨，另外，我国现已建成 LNG 液化工厂 30 余座，年液化能力 500 万吨，可供 20 多万辆汽车使用。同时，在西气东输一线、二线、中石化上海线相继建成的情况下，管输天然气不断发展，这些都为发展 LNG 汽车奠定了良好的资源基础。

目前，液化石油气（LPG）主要是由石油和天然气精炼出来的。液化石油气的主要成分是丙烷，可存储在大型球罐中。瓶装气的工作压力小，对气瓶的耐压要求也比压缩天然气气瓶低。另外，液化石油气汽车尾气中的 NO_x 和 PM 排放低，工作噪声小。因此，液化石油气也是良好的汽车代用燃料。

二、双燃料燃气汽车

双燃料燃气汽车可以根据工况的不同，独立使用两种燃料中的一种。由于汽油与柴油的特性有很大不同，目前仅限于把汽油机改装或开发成两用燃料机。故双燃料燃气汽车一般分为 CNG- 汽油汽车和 LPG - 汽油汽车，如图 8-24 所示。

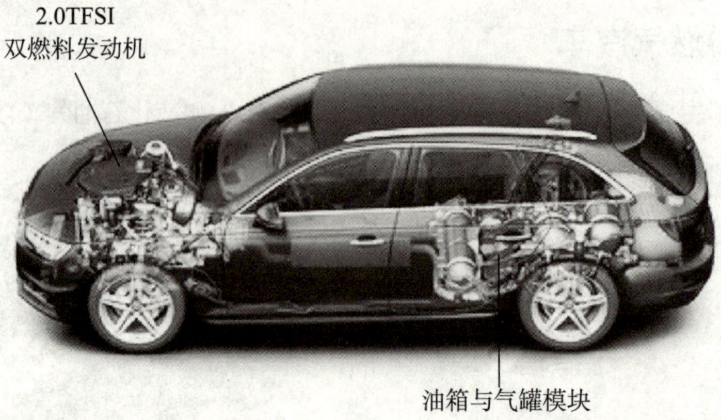

图 8-24　双燃料燃气汽车

三、燃气汽车工作原理

高压的压缩天然气从储气钢瓶中释放，经过天然气滤清器过滤后，再经高压电磁阀进入高压减压器。高压电磁阀的开合由 ECM 控制，高压减压器的作用是将高压的压缩天然气的压力调整至 0.7 ~ 0.9 MPa。高压天然气在减压过程中，由于减压膨胀，需要吸收大量的热量。为防止减压器结冰，从发动机将热冷却液引出到减压器，以对燃气加热。

经减压后的天然气进入电控调压器，电控调压器的作用是根据发动机运行工况精确控制天然气喷射量。天然气与空气在混合器内充分混合，进入发动机气缸内，经火花塞点燃后进行燃烧。火花塞的点火时刻由 ECM 控制，氧传感器即时监控燃烧尾气的氧浓度，推算出空燃比。ECM 根据氧传感器的反馈信号来控制 MAP，并及时修正天然气喷射量，如图 8-25 所示。

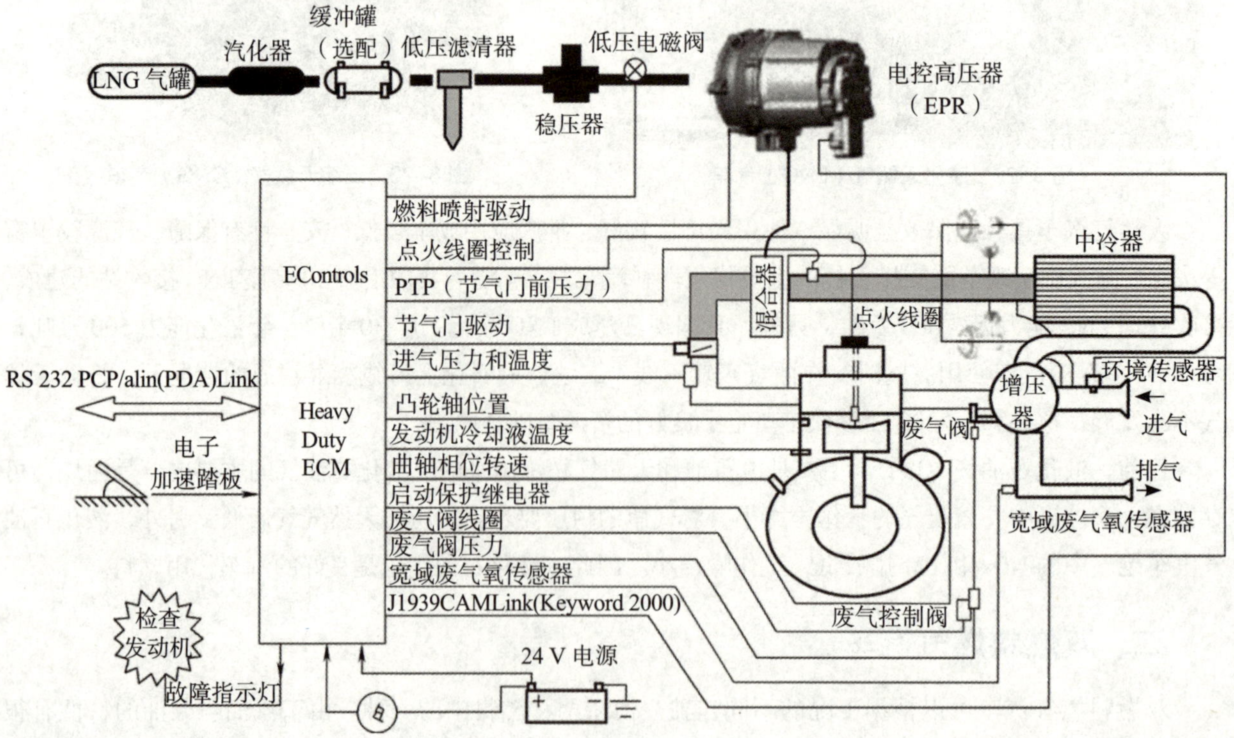

图 8-25　压缩天然气汽车动力系统工作原理

天然气发动机主要由燃料供给系统、点火系统、增压压力控制系统、传感器、电子控制模块等组成。其中，燃料供给系统包含高压燃料切断阀、高压减压器、低压电磁阀、电控调压器（EPR 阀）、混合器和电子节气门等部件。

四、燃气汽车的优势及存在的问题

1. 燃气汽车的主要优势

（1）燃气汽车是清洁燃料汽车

天然气汽车的排放污染大大低于以汽油为燃料的汽车，它的尾气中不含硫化物和铅。与汽油车相比，其排放的 CO 降低了 80%，HC 降低了 60%，NO_X 降低了 70%。因此，许多国家已将发展天然气汽车作为减轻大气污染的一种重要手段。

（2）天然气汽车有显著的经济效益

① 可降低汽车营运成本。目前，天然气的价格比汽油和柴油都低得多，燃料费用一般可节省 50% 左右，这使营运成本大幅降低。由于油气差价的存在，车辆改装费用也可在一年之内收回。

② 可节省维修费用。发动机使用天然气燃料后，运行平稳、噪声低、不积炭，能延长使用寿命，不需要经常更换机油和火花塞，可节约 50% 以上的维修费用。

（3）天然气汽车比汽油车更安全

① 燃点高。天然气燃点达 650 ℃以上，比汽油燃点（427 ℃）高出 223 ℃，不易点燃。

② 密度低。与空气的相对密度为 0.48，泄漏出的气体很快会在空气中散发，很难达到遇火燃烧的浓度。

③ 辛烷值高。辛烷值可达 130，比目前最好的 98 号汽油辛烷值高得多，抗爆性能好。

2. 燃气汽车目前存在的问题

① 标准规范欠缺。目前，车用液化石油气加气站和车用压缩天然气加气站的设计规范和车用气体燃料（LPG、CNG）等国家标准尚未完成。在加气站建设和燃料质量保证等方面上还存在较多问题，影响了燃气汽车的正常运行和发展。

② 关键零部件的技术水平与国外相比还有差距，环保效果不够显著。清洁汽车是以排放水平为标准来衡量的，这与所用燃料有关，而更重要的是其采用的技术。目前，我国采用的各类汽车尾气净化技术亟待筛选、优化和集成，并实现产业化。

③ 燃气汽车加气站等基础设施建设滞后，关键设备的产业化有待突破。燃气汽车加气站投资规模较大，主要原因之一是进口关键设备，如高性能天然气压缩机、脱硫及深度脱水装置等的投入很大，而国产设备的性能和可靠性仍需进一步提高。

五、燃气汽车典型车型实例

（一）奥迪 A3 g-tron 双燃料汽车

奥迪 A3 g-tron 是一款双燃料汽车，它以汽油和 CNG 为燃料。其发动机基于普通版 A3 的 1.4TFSI 发动机改造而来，针对天然气的特性，对气缸盖、涡轮增压器、喷射系统以及三元催化转化器都进行了改进，如图 8-26 所示。

双燃料 1.4TFSI 发动机可输出 81 kW 的最大功率和 200 N · m 的峰值转矩，0 ～ 100 km/h 加速时间在 11 s 以内，极速可达 190 km/h，如图 8-27 所示。

图 8-26　奥迪 A3 g-tron 双燃料汽车

图 8-27　双燃料 1.4TFSI 发动机

供气系统采用的电子调压器也是其亮点之一，调压装置分两级将高压储存的天然气减压到 0.5 ～ 0.9 MPa。对于使用 CNG 的车辆，减压系统直接影响 CNG 发动机的工作性能，甚至是导致诸多故障的根源，奥迪高精度的电子调压器则保证了发动机的性能和可靠性，如图 8-28 所示。

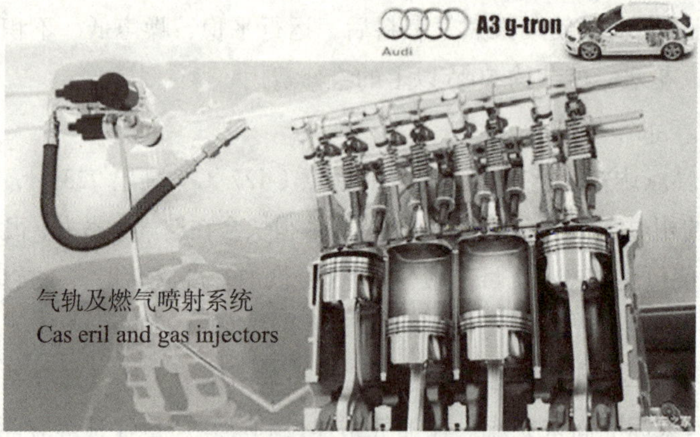

图 8-28　燃气喷射系统

用来储存压缩天然气的两个气瓶布置于车尾底部，占据了原先备胎的空间；每个气瓶能够以 20 MPa 的高压储存 7.2 kg 天然气。该气瓶采用轻量化材料制造，由内外三层材料复合而成，内层采用不透气的聚酰胺材质（尼龙），中层为高强度的碳纤维聚合材料，最外层用来保护气瓶的外壳，采用了玻璃纤维聚合材料。它的质量比传统的钢瓶减轻了 70%，如图 8-29 所示。

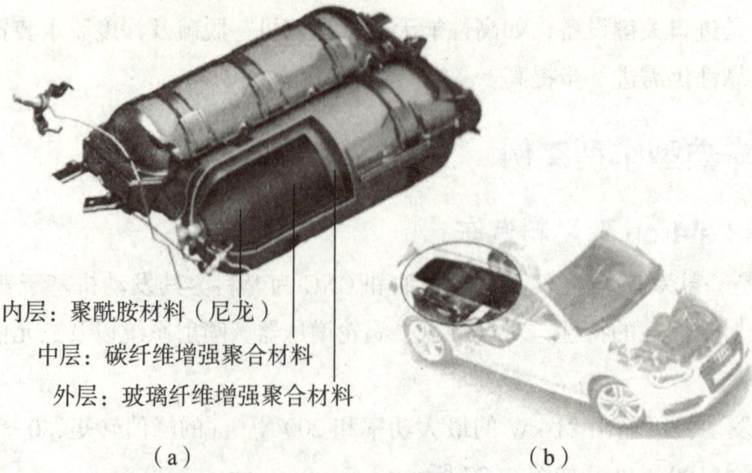

图 8-29　存储压缩天然气的气瓶

A3 g-tron 车内并没有切换燃料来源的控制按钮。通常情况下，车辆会自动优先使用天然气燃料。在低温环境中，车辆会先使用汽油启动车辆，然后切换至天然气。当气瓶内的压力低于 1 MPa 时（天然气剩余量小于 0.6 kg），A3 g-tron 才会将燃料切换成汽油。A3 g-tron 使用天然气的续驶里程可达 400 km（消耗量约 3.6 kg/100 km），而后继续使用汽油可以再行驶 900 km，总续驶里程可达 1 300 km，如图 8-30 所示。

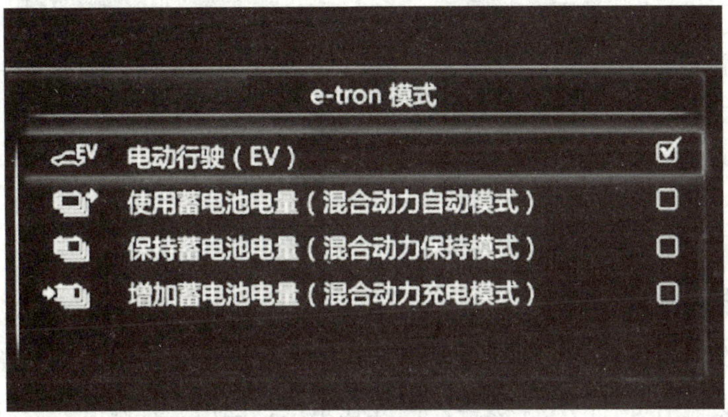

图 8-30　发动机自动转换工作模式

因为车尾装有气瓶，所以 A3 g-tron 的后悬架改为纵臂扭转梁式。另外，出于安全考虑，高温的排气管截止到气瓶之前，因此车尾看不到排气管。燃气和燃油加注口在一起，方便加注，如图 8-31 所示。

与汽油版 A3 相比，A3 g-tron 车内比较显著的变化是将原左侧仪表盘的冷却液温度表换成了气瓶的天然气余量显示表，行车电脑也相应增加了燃气消耗（以 kg/100 km 计）、燃气模式续驶里程和混合续驶里程等数据。

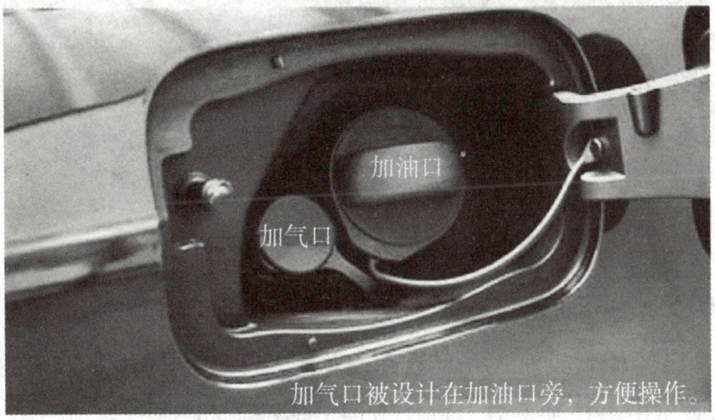

图 8-31　燃气和燃油加注口在一起

（二）雪铁龙爱丽舍手动双燃料汽车

爱丽舍双燃料汽车（CNG）适配了专用双燃料发动机，提高了压缩比，其使用汽油时可获得 78 kW 的最大功率和 142 N·m 的最大转矩。而使用天然气时其最大功率和最大转矩分别达到 70 kW 和 125 N·m，功率损耗仅为 10%。相比国内其他 CNG 车型 12% ～ 20% 的功率损耗，爱丽舍 CNG 功率损耗最小，耗气量最低，如图 8-32 所示。

图 8-32　雪铁龙爱丽舍手动双燃料汽车

（三）长安悦翔双燃料汽车

长安悦翔 CNG 的 90 km 等速燃气消耗量为 6.1 m^3，一般情况下，65 L 的气瓶一次加满后可供汽车行驶 200 km，大大降低了消费者的用车成本。因此在重庆、四川、甘肃等天然气资源丰富、充气站点多的地区大受欢迎，如图 8-33 所示。

图 8-33　长安悦翔双燃料汽车

（四）现代伊兰特双燃料汽车

现代伊兰特 CNG 技术已经相当成熟，并早已在出租车型上得到应用。该车的气瓶位于行李箱中，且油 / 气转换开关设置在驾驶室中央扶手下方，操作方便，适配手动变速器。此外，该车还采用全进口压缩天然气供气装置，选用带截止阀的 65 L 大容量钢质内胆环向缠绕气瓶，使用更为安全可靠，如图 8-34 所示。

图 8-34　现代伊兰特双燃料汽车

（五）捷达双燃料汽车

捷达 CNG 除秉承普通型捷达一贯的皮实耐用、性能稳定、维修成本低的特点外，因为使用价格低廉的天然气，而大大降低了使用成本。该车采用 Dream XXI 型燃气顺序喷射系统，消除了产生回火的外界条件（可燃混合气在进气管内聚积），从而解决了回火问题。另外，该车采用了多点燃气喷射系统，该系统按照实际车速，控制每个气缸的燃气喷射量和时间，精确供气。相比单点燃气喷射系统，动力更强，更经济，系统更稳定，如图 8-35 所示。

图 8-35　捷达双燃料汽车

任务三　醇燃料汽车

发动机代用燃料种类很多，目前技术成熟并进行推广的是生物燃料，即汽油或柴油添加甲醇、乙醇或丙醇的醇燃料。特别是在粮食主产区，把玉米等农作物加工成醇，在江苏的徐州和无锡，都建有年产 80 万吨甲醇汽油生产基地。醇燃料尽管在燃值上有所降低，但在发动机净化、抗爆性和启动性等有明显的优势，并且降低燃油成本。

一、醇燃料汽车概述

（一）甲醇燃料

甲醇是一种易溶于水的无色透明液体，具有质轻、略有臭味、易燃、易挥发、含氧高、闪点高、辛烷值高等特点。甲醇的燃烧特性接近目前使用的液体燃料，其抗爆性好，燃烧时不产生黑烟，排放少，火焰热辐射比汽油小，不易造成邻近的二次火灾。

甲醇作为内燃机燃料具有以下特点。

① 辛烷值比汽油高，因此可通过增大压缩比来提高发动机的热效率。

② 甲醇的燃烧速度和火焰传播速度比汽油快，因此燃烧的定容性好，燃烧持续期短，燃烧程度小，有利于提高热效率。

③ 甲醇具有较高的含氧量，使用甲醇汽油可以有效提高发动机的热效率，减少汽车CO及HC的排放。但未燃烧的甲醇及燃烧后的醛类排放物比普通汽油有明显增加。

④ 甲醇的汽化热比汽油高两倍多，进入气缸后要吸收周围的热量才能汽化。吸热的过程降低了燃烧室内和气缸盖的温度，使外传热量减少，提高了发动机的热效率。

⑤ 甲醇的着火燃烧浓度范围比较宽，更容易实现稀薄燃烧，这使发动机的工况范围比较宽，有利于提高排气净化性能并降低油耗。

⑥ 甲醇内燃机的有关部件和油箱需要选用合适的防腐材料。因为甲醇在生产过程中一般会含有酸性物质。在储存过程中，甲醇因氧化或细菌发酵也会产生少量的有机酸。另外，甲醇自身的吸水性使其含有少量水分。燃烧后产生的甲醛、甲酸等都会对发动机产生较为严重的腐蚀和磨损。

用甲醇代替石油燃料在国外已经推行多年，甲醇汽车控制系统的技术已经很成熟。与乙醇一样，甲醇的热值低，但是辛烷值高，也含氧，需要使用专门的发动机。但是与乙醇不同的是，甲醇本身有毒性，对有色金属有腐蚀作用，对橡胶件有溶胀作用，因此必须对发动机以及车上的燃料输配系统进行针对性设计。

甲醇汽车存在冷启动问题，因此多以与汽油混合的形式使用。最常见的是M85，即85%甲醇和15%汽油的混合溶液。

我国一些地区也在示范使用含15%甲醇的甲醇汽油，它含有可使甲醇与汽油互溶的助溶剂，也含有抑制金属腐蚀的腐蚀抑制剂。汽油发动机不需要任何改动就可以使用这种燃料。

因为甲醇有毒，所以在使用的各个环节中都要特别注意，并制定相应的管理制度和使用方法来确保使用安全。

（二）乙醇燃料

乙醇俗称酒精，它在常温、常压下是一种易燃、易挥发的无色透明液体。它的水溶液具有特殊的芳香味，并略带刺激性。以玉米为原料的淀粉质发酵生产乙醇工艺成熟，产品质量较好，是目前生产乙醇的主要工艺。

乙醇作为内燃机燃料具有以下特点。

① 辛烷值高，抗爆性能好，添加乙醇可以有效地提高汽油的抗爆性。

② 乙醇含氧量高达34.7%，在汽油中添加10%的乙醇，氧含量可达3.5%。

③ 通过添加乙醇改变汽油组成，可以有效降低汽车尾气排放量。美国一项研究表明：使用6%乙醇的新配方汽油与常规汽油相比，HC排放降低10%～27%，CO排放减少21%～28%，NOx排放降低7%～16%，有毒气体排放减少9%～32%。但非常规排放物，如醛、醇、苯、丁二烯的排放有所增加。

④ 乙醇的热值比常规汽油低。因此，使用乙醇汽油的发动机的油耗，随着乙醇掺入量的增加而增加。有资料表明，使用10%乙醇的混合汽油时，发动机的油耗增加约5%。在辛烷值相同的前提下，发动机的动力性能也会因乙醇的含量增加而有不同程度的下降。

⑤ 乙醇在生产过程中一般会含有酸性物质。另外，储存时由于空气的氧化或细菌发酵也会产生少量的有机酸。乙醇本身具有的吸水性也会使其含有少量水分，这些都会对发动机产生较为严重的腐蚀和

磨损。

⑥ 乙醇掺入汽油后，会产生明显的蒸汽压调合效应，乙醇本身的饱和蒸汽压为 18 kPa。乙醇添加量为 3% ～ 5.7% 时，乙醇汽油的调合蒸汽压随乙醇添加量增加而提高，最高达 58 kPa；当乙醇添加量大于 5.7% 时，乙醇汽油的调合蒸汽压随乙醇添加量增加而逐渐降低。

由于热值低，一般来说，乙醇汽车行驶同样的里程需要更多的燃料。但是，由于辛烷值高，如果采用专门设计的高压缩比发动机，燃烧的热效率就会有所提高，可以在一定程度上补偿热值低的缺陷。由于含氧，在燃烧时可以比汽油少消耗一些氧气，这使发动机燃料与空气混配的比例与单纯使用汽油不同。因此，要充分发挥乙醇的性能，需要设计专门的发动机。

汽车一般不会使用纯乙醇作为燃料，因为纯乙醇在汽化时需要更多的热量（汽化潜热大），这导致冷天的启动性能不好，故通常将汽油与乙醇混合使用。一般最高使用 E85 乙醇汽油，即含 85% 乙醇和 15% 汽油的混合燃料。目前使用最多的乙醇汽油是 E22。图 8–36 为乙醇汽车。

图 8–36　乙醇汽车

（三）醇类汽车存在的问题

1. 甲醇燃料汽车推广存在的问题

我国已进行了大量的甲醇燃料汽车试验和研制工作，取得一定的成果，但也出现了一些问题。

（1）燃烧甲醇燃料会对汽车性能造成影响

① 气阻现象。若汽车燃用中、低甲醇含量混合燃料（M15 ～ M30），临时停车发动机熄火时，则在油路中会产生较多的甲醇蒸气，会出现气阻和高温启动难的现象。

② 供油系统。甲醇汽油添加剂具有清洁作用，会清洗旧车供油系统的杂质，造成燃油滤清器和喷嘴的阻塞：但这种现象只在汽油车初次使用甲醇燃料时会出现，经过简单维修即可解决。

③ 腐蚀现象。某些橡胶件、塑料件受甲醇侵蚀后会发生溶胀变形或脆裂的现象。目前的解决办法是燃油供应系统的部件采用聚乙烯、氯丁橡胶和氟化橡胶等耐腐蚀、耐溶胀材料。

④ 金属元器件早期磨损问题。甲醇及其燃烧产物会腐蚀排气门座、进排气门、气门导管、活塞环、缸套等。解决的办法一方面是要改变机件的材质和热处理工艺，另一方面要使用甲醇发动机专用润滑油。

（2）受原料成本和国际市场影响，甲醇价格不稳定

甲醇燃料与汽油的替代比为 1.8 ～ 2，当甲醇价格相当于汽油的 50% ～ 55% 时，其成本与汽油持平。我国甲醇生产能力和市场容量较小，没有甲醇燃料专业生产企业，也没有相关标准，用化工甲醇代替甲

醇燃料，成本高，使用不合理。另外，甲醇价格随国际市场和化学品价格波动大，与油品缺乏对应关系。

我国进行的各类甲醇燃料汽车试验研究表明，甲醇汽车的常规排放比汽油车少，可以满足相应的排放标准。但对甲醇燃料汽车非常规排放物的控制，还需要进一步研究试验，取得更详细的研究数据。

2. 乙醇燃料汽车推广存在的问题

国内相关研究表明，传统汽车使用乙醇燃料后，没有出现严重影响汽车性能的问题，但部分零部件出现了不同程度的溶胀、腐蚀现象，对汽车性能构成潜在影响，具体如下。

① 存水会使车用乙醇汽油出现分离现象。

② 乙醇燃料会对紫铜等金属材料制成的零部件产生腐蚀，加入适量腐蚀抑制剂后可以改善腐蚀现象。

③ 通过车用乙醇汽油对国产橡胶件相溶性影响的研究，发现车用乙醇汽油会明显降低某些橡胶件的扯断强度和硬度。

制取乙醇技术尚待完善，成本尚待降低。我国的燃料乙醇技术还不成熟，有关废渣的处理还没有成熟的工艺。粮食酒精厂大部分的废渣量较小，可作为饲料或制成其他副产品。但对于燃料乙醇企业，由于废渣量较大，还没有经济可行的处理办法。国家规定乙醇汽油必须与同标号的普通汽油“同升同价”，但是企业生产乙醇成本高，加上销售环节几次降价让利后，加油站处于微利状态，导致国家不得不拿出大笔资金对厂家进行补贴。如何把乙醇的生产成本降下来，以增强乙醇汽油的市场竞争力，是需要尽快解决的现实问题。

二、醇类汽车典型车型实例

（一）萨博 BioPower100 概念车

萨博 BioPower100 概念车采用 2.0 L 直列四缸发动机，配合涡轮增压技术，以乙醇（El00）为燃料。该发动机的最大功率高达 220 kW，最大转矩可达 400 N · m。萨博 BioPower100 概念车从静止加速到 100 km/h 仅需 6.6 s，如图 8-37 所示。

图 8-37　萨博 BioPower100 概念车

（二）生物乙醇燃料型沃尔沃 C30

沃尔沃汽车公司的灵活燃料（FlexiFuel）车系使用 E85 燃料（85% 可再生生物乙醇和 15% 汽油）。这种燃料完全可再生，且可由多种原料制取，如甘蔗、小麦和木材副产品等。沃尔沃推出的生物乙醇燃料型 C30 就属于该车系，有三种发动机可供选择。其中，1.8 F 输出功率为 93.25 kW，2.0 F 输出功率为

108 kW，涡轮增压型 2.5 FT 输出功率为 172 kW，如图 8–38 所示。

图 8–38　生物乙醇燃料型沃尔沃 C30

（三）路特斯 Exige270E

路特斯 Exige270E 最大的亮点是使用了全新开发的生物燃料发动机。这台具有优异环保性能的 1.8 L 四缸发动机，可以使用甲醇、生物乙醇和汽油三种燃料，最大功率约 199 kW。该车最高速度可达 255 km/h，从静止加速到 100 km/h 仅需 3.88 s，如图 8–39 所示。

图 8–39　路特斯 Exige270E

任务四　太阳能汽车

原联合国秘书长潘基文 2008 年 9 月 12 日在美国纽约，从距工作地点几个街区外的住所坐上瑞士工程师路易斯・帕尔默驾驶的“日光出租车”，10 min 后便抵达目的地联合国总部大厦。他认为，太阳能汽车技术完全可以应用于日常生活。开发可再生能源、抵御气候变暖并非空话，而更需要人们尽快采取实际行动，他用行动呼唤人们关注全球气候变暖现象。

太阳能汽车

从某种意义上讲，太阳能汽车也是纯电动汽车，二者的区别在于纯电动汽车的蓄电池靠工业电网充电，而太阳能汽车则使用太阳能电池，它可将太阳能转化为电能，如图 8–40 所示。

图 8–40　太阳能汽车

太阳能汽车分为两种类型：一种以装在车身表面的太阳能电池为动力源，如图 8–41 所示；另一种利用太阳能电池给车载蓄电池充电，再以车载蓄电池为动力源，如图 8–42 所示。

图 8–41　太阳能电池驱动的太阳能汽车

图 8–42　车载蓄电池驱动的太阳能汽车

由于经济和技术的限制，单纯以太阳能电池为动力源的实用型太阳能汽车还很少见，距产业化还有一段距离。

一、太阳能汽车概述

太阳能电池板用于收集太阳光和其他形式的光，并在内部建立起电场以产生电流，如图 8–43 所示。

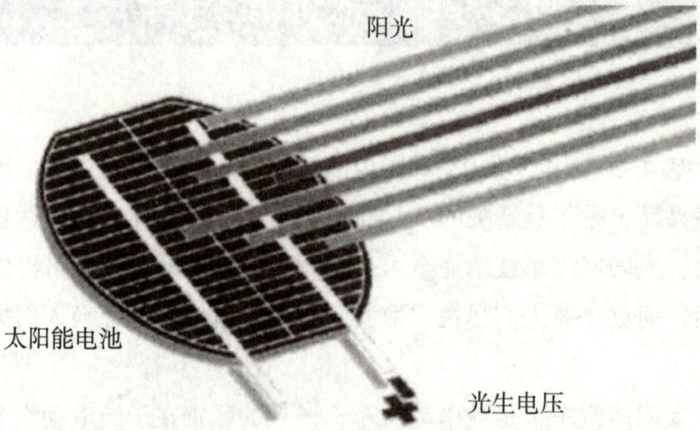

图 8–43　太阳能电池的工作原理

太阳能电池板根据行驶条件，将电流传送到蓄电池，并储存起来，也可以直接输送到电机控制器，或是根据行驶工况，与蓄电池联合为电机提供电流。

太阳能汽车在晴天行驶时，初始运行阶段，阳光转化的电能直接传送到电机控制系统。随着行驶时间的增加，来自太阳能电池板的能量将超过电机控制系统的承受范围。这种情况下，电能一部分提供给电机，另一部分被蓄电池储存起来。阴天或是雨天，太阳能电池板不能为电机提供足够电能时，蓄电池储存的电能将被利用起来使太阳能汽车仍能正常行驶。

太阳能汽车停驶时，太阳能电池板产生的能量会被蓄电池储存起来。在加速行驶或减速停车时，通过对直流电机的电流控制，使其以发电机模式工作，并用蓄电池存储电能。太阳能汽车通常装有太阳能峰值功率跟踪装置（MPPT），用于控制所用的能量，使能量分配更加合理，如图 8-44 所示。

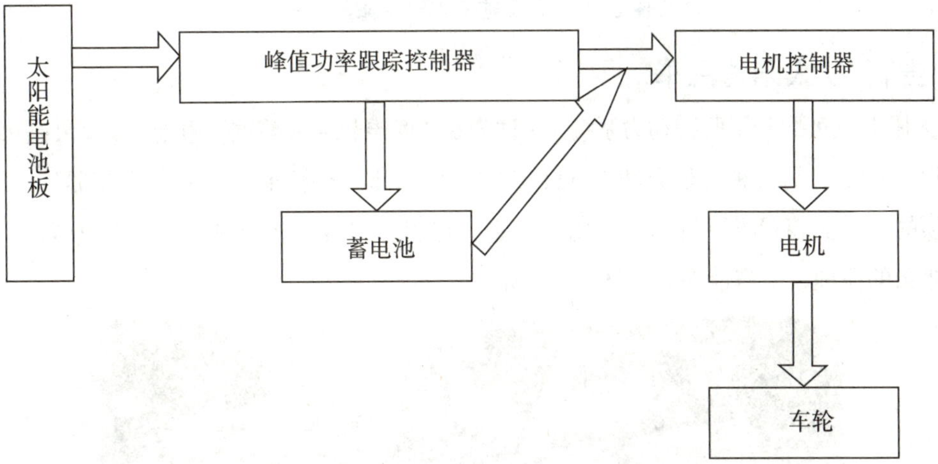

图 8-44　太阳能汽车能量匹配图

相对于传统燃油汽车，实用型太阳能汽车虽然行驶速度较低，但仍有以下优势。

① 太阳能汽车耗能少，只需采用 3 ～ 4 m^2 的太阳能电池组件便可行驶。

② 易于驾驶。太阳能汽车无需电子点火，只需踩下加速踏板便可启动，利用控制器使车速变化。

③ 太阳能汽车结构简单，除了定期更换蓄电池以外，基本不需要日常保养，省去了传统燃油汽车必须经常更换机油和冷却液的烦恼。

④ 太阳能电动车没有内燃机、离合器、变速箱、传动轴、散热器、排气管等零部件，结构简单，制造难度降低。

二、太阳能汽车典型车型实例

（一）比亚迪 F3DM 太阳能汽车

这款太阳能汽车在比亚迪 F3 DM 基础上改装而来，装载了太阳能电池充电系统。它搭载了最新的 BYD371QA 全铝发动机，升功率突破了 50 kW/L。DM 双模系统大幅度提高了发动机的输出功率和转矩，配合 75 kW 的电机，其总输出功率达 125 kW，相当于 2.4 L 汽油发动机的水平，如图 8-45 所示。

图 8-45　比亚迪 F3DM 太阳能汽车

（二）吉利 IG 太阳能汽车

吉利 IG 太阳能汽车配备了两种动力系统：一种为 60 kW 电机 + 磷酸铁锂电池，车速最高可达 150 km/h，续航里程达到 180 km；另一种为最大功率 52 kW 的三缸汽油发动机 +5 MT/4AT 变速器。

该车车顶的太阳能装置可以将阳光转化为电能，它能利用蓄电池余热为车内提供暖风，其空调制冷采用半导体冰箱的原理，节省能源，如图 8-46 所示。

图 8-46　吉利 IG 太阳能汽车

项 目 小 练

一、填空题

1. 燃料电池单独驱动车型驱动系统一般由＿＿＿＿＿、＿＿＿＿＿、电机控制器、＿＿＿＿＿、信号线路等组成。

2. 辅助动力源有三种方式：＿＿＿＿＿、＿＿＿＿＿或＿＿＿＿＿。

3. 单一燃料燃气汽车主要包括＿＿＿＿＿汽车和＿＿＿＿＿汽车。

4. 天然气发动机主要由＿＿＿＿＿、＿＿＿＿＿、增压压力控制系统、＿＿＿＿＿、电子控制模块等组成。

5．太阳能汽车分为两种类型：一种以装在车身表面的__________为动力源；另一种利用太阳能电池给__________充电，再以车载蓄电池为动力源。

二、简答题

1．甲醇作为内燃机燃料具有哪些特点？

2．简述太阳能汽车的工作过程。

参考文献

[1] 刘杰，宗长富 . 电动汽车电力电子技术应用 [M]. 北京：北京交通大学出版社，2018.

[2] 黄志坚 . 电动汽车结构 · 原理 · 应用 [M].2 版 . 北京：化学工业出版社，2018.

[3] 唐勇，王亮 . 新能源汽车电气技术 [M]. 北京：人民交通出版社股份有限公司，2017.

[4] 吕冬明，杨运来 . 新能源汽车电机及控制系统检修 [M]. 北京：机械工业出版社，2018.

[5] 尹向阳，陆海明 . 新能源汽车概论 [M]. 北京：人民交通出版社股份有限公司，2018.

[6] 李凯，王健 . 新能源汽车概论 [M]. 北京：北京交通大学出版社，2018.

[7] 文浩，曾涛，徐淳川，等 . 电动汽车前沿技术及应用 [M]. 北京：机械工业出版社，2019.